Linguistische
Arbeiten 366

Herausgegeben von Hans Altmann, Peter Blumenthal, Herbert E. Brekle,
Gerhard Helbig, Hans Jürgen Heringer, Heinz Vater und Richard Wiese

AF814367

Lexikalische Kategorien und Merkmale

Herausgegeben von
Elisabeth Löbel und Gisa Rauh

Max Niemeyer Verlag
Tübingen 1997

Universitätsbibliothek Salzburg
AUSGESCHIEDEN
Datum: 11. Jan. 2022

692.064 I

Universitätsbibliothek * Salzburg *

UB-SALZBURG
+DM50970700

Die Deutsche Bibliothek – CIP-Einheitsaufnahme

Lexikalische Kategorien und Merkmale / hrsg. von Elisabeth Löbel und Gisa Rauh. – Tübingen : Niemeyer, 1997
(Linguistische Arbeiten ; 366)

ISBN 3-484-30366-2 ISSN 0344-6727

© Max Niemeyer Verlag GmbH & Co. KG, Tübingen 1997
Das Werk einschließlich aller seiner Teile ist urheberrechtlich geschützt. Jede Verwertung außerhalb der engen Grenzen des Urheberrechtsgesetzes ist ohne Zustimmung des Verlages unzulässig und strafbar. Das gilt insbesondere für Vervielfältigungen, Übersetzungen, Mikroverfilmungen und die Einspeicherung und Verarbeitung in elektronischen Systemen.
Printed in Germany.
Gedruckt auf alterungsbeständigem Papier.
Druck: Weihert-Druck GmbH, Darmstadt
Buchbinder: Industriebuchbinderei Hugo Nädele, Nehren

97:11682

Inhaltsverzeichnis

Universitätsbibliothek * Salzburg *

Vorwort

Die Idee zu dem Sammelband "Lexikalische Kategorien und Merkmale" entstand im Zusammenhang mit einer Arbeitsgruppe, die zu diesem Thema unter der Koordination von Elisabeth Löbel und Susan Olsen auf der Jahrestagung der Deutschen Gesellschaft für Sprachwissenschaft im März 1994 in Münster durchgeführt wurde. Ziel der Arbeitsgruppe war es, neuere Arbeiten verschiedener theoretischer Ausrichtung zum Problem lexikalischer Kategorien vorzustellen. Da die Diskussion der Gesamtthematik sich als äußerst fruchtbar erwies, ergab sich seitens einiger Teilnehmer der Wunsch, diese in einem kleineren Kreis fortzuführen, um so auf einige Probleme intensiver eingehen zu können. Aus diesem Grunde fand am 2. und 3. Dezember 1994 am Institut für Sprachwissenschaft der Universität zu Köln ein Workshop zum gleichnamigen Thema statt. Die vorliegenden Beiträge repräsentieren einen Teil der aus intensiver Diskussion entstandenen Ergebnisse.

Die beiden ersten Beiträge befassen sich mit kategorienübergreifenden Problemen, während die nachfolgenden jeweils Fragen gewidmet sind, die sich in bezug auf einzelne lexikalische Kategorien ergeben.

Mit dem grundlegenden Problem der generellen Abgrenzung lexikalischer Hauptkategorien voneinander setzt sich der Beitrag von *Renate Steinitz* auseinander. Anstelle der Merkmale [±N], [±V], die sich insbesondere aus typologischer Sicht als unzulänglich erwiesen haben, schlägt sie die Merkmale [Dep] und [T] vor, wobei ersteres als "referentiell abhängig/nicht-abhängig", letzteres als "situationsbezogen/individuenbezogen" zu interpretieren ist. Durch die Kombination dieser Merkmale können die vier Hauptkategorien Nomen, Verb, Adjektiv und Präposition differenziert werden, woraus sich auch Unterschiede in bezug auf Markiertheit ableiten lassen.

Der Beitrag von *Stefanie Eschenlohr* stellt eine Fallstudie zu Fragen der Abgrenzung von lexikalischen Kategorien im Deutschen in bezug auf Nomina, Adjektive und Verben dar. Sie unterscheidet zwischen paradigmeninternen und paradigmenübergreifenden Homonymien, wobei letztere nicht nur von dem Flexions-, sondern auch von dem Derivationssystem einer Sprache abhängig sind. Auf diese Weise erhält man eine Unterscheidung von Suffixen, die wortartdeterminierend sind, und solchen, die dies nicht leisten.

Partikelverben, die in allen germanischen Sprachen vorkommen, werden in dem Beitrag von *Susan Olsen* insbesondere anhand des Englischen thematisiert. Diese Verben werden von Präfix- und Präpositionalpräfixverben abgegrenzt. Dabei wird die These vertreten, daß Partikelverben lexikalische Stämme darstellen, die auf eine (komplexe) V^{o}-Position in der syntaktischen Struktur projizieren.

Der Beitrag von *Peter Gallmann* ist – ebenso wie der nachfolgende Beitrag von *Elisabeth Löbel* – der lexikalischen Kategorie Nomen gewidmet. Peter Gallmann untersucht das Verhalten von Eigennamen im Deutschen und deren Vorkommen mit dem definiten Artikel. Dabei wird ein Merkmal [±R(eferentiell)] angenommen, das abhängig von seiner Position in D^{o} oder in *Spec*DP stark oder schwach sein kann.

Die Kategorie Numerus in zwei typologisch unterschiedlichen Sprachen, Swahili als Nominalklassen- und Vietnamesisch als Klassifikatorsprache, wird in dem Aufsatz von *Elisabeth Löbel* thematisiert. Dabei wird insbesondere die Frage diskutiert, ob Klassenpräfixe lexikalische Instantiierungen von Numerus sind und ob Merkmale wie [±belebt] Nominalstämmen inhärieren können. Ferner wird gezeigt, inwiefern auch in isolierenden Sprachen von Numerus als syntaktische Funktion gesprochen werden kann, wobei sich das Konzept der Unterspezifizierung von Merkmalen wie [±gegliedert, ±strukturiert] in sinnvoller Weise auf das Vietnamesische anwenden läßt.

Präpositionen im Englischen und das Problem der Zuordnung zu lexikalischen und/oder funktionalen Kategorien werden in dem Beitrag von *Gisa Rauh* behandelt. Dabei werden lexikalische, regierte und grammatische Präpositionen differenziert, die sich durch Thetamerkmale, Kasusmerkmale und kategoriale Projektionsmerkmale unterscheiden und die nacheinander als lexikalische und funktionale Kategorien sowie als Mischung von beiden charakterisiert werden.

Bezogen auf den englischen Komplementierer *that* wird von *Dagmar Haumann* gezeigt, daß dieser drei Varianten umfaßt, zwei indikativische und eine konjunktivische. Bei der indikativischen wird zwischen einer faktiven und einer nicht-faktiven Variante unterschieden. Diese drei Lesarten von *that* werden auf der Grundlage der Merkmale [± def(init)], [± Q] für Interrogativität und [± fin(it)] differenziert.

Die Herausgeberinnen möchten sich zusammen mit Susan Olsen bei allen Teilnehmern des Workshops für die anregende Diskussion bedanken, insbesondere aber auch bei dem Sonderforschungsbereich 282 "Theorie des Lexikons" der Universitäten Düsseldorf, Köln und Wuppertal, der die Finanzierung des Workshops übernommen hat. Unser Dank gilt auch Martin Othmar und Thomas Rehlich sowie ganz besonders Beate Abel, die mit Engagement und großer Sorgfalt die Erstellung der Druckvorlage besorgt haben.

Köln/Wuppertal, im März 1996

Elisabeth Löbel
Gisa Rauh

Renate Steinitz

Lexikalische Kategorisierung: Ein Vorschlag zur Revision[1]

Abstract

In this paper I focus on the categorial information represented in lexical entries and its impact on the semantics-syntax interplay. The set of categorization features [N], [V], discriminating the four lexical classes V, N, A and P has become standard but its disadvantages are under discussion as well. To overcome the latter I propose a new set of features [Dep] for "referentially dependent/independent", and [T] for "situation-related/individual-related". The features allow a homogenous definition and interpretation on the basis of the semantic types <e> (entities or terms), <t> (propositions with truth values), and their derivates <e,t> etc. (predicates). Terms and propositions are saturated and referentially independent, they correspond in syntax to DP and IP/CP. Predicates are not saturated, they correspond to various syntactic and lexical categories. Items of any lexical category are predicates. They are distinguished according to how their arguments are saturated, this being represented in the theta-grid. The highest argument in the hierarchy determines which lexical category the item belongs to. The combinations make N [-Dep],[-T]; V [-Dep],[+T]; A [+Dep],[-T]; P [+Dep],[+T]. In terms of markedness, N and V are unmarked categories regarding the property of referential dependency [Dep], in contrast to A and P.

With respect to universals and typology, it is not the categories N, V, A and P which are universal, but the features [Dep] and [T]. The various combinations of markedness and feature instantiation restrict possible deviations from the full set of lexical categories in different types of languages.

0 Vorbemerkung

Lexikalische Kategorisierung ist in allen kombinatorischen Modulen der Grammatik relevant. Die vorliegende Studie verfolgt vorwiegend syntaktische und semantische Teilaspekte der Kategorienbildung und deren Zusammenspiel, das sich in den Lexikon-Einträgen manifestiert. Im Mittelpunkt steht die auch typologisch motivierte Deutung der universell gültigen Merkmale zur Distinktion lexikalischer Kategorien unter einem markiertheitstheoretischen Gesichtspunkt. In Auseinandersetzung mit anderen Lösungsansätzen wird ein eigener Vorschlag zur Diskussion gestellt.

---

1 Die vorliegende Arbeit ist die überarbeitete Version eines Vortrags, den ich während eines Workshops *Lexikalische Kategorien* im Dezember 1994 in Köln gehalten habe, in englischer Fassung Steinitz (1995). Sie beruht auf zahlreichen Vorstudien, vgl. z.B. Steinitz (1993). Die vorliegende Fassung wurde inhaltlich am 4. August 1995 abgeschlossen. Ich danke allen Kollegen, die sich die Zeit genommen haben, neue und alte Probleme mit mir zu besprechen, insbesondere J. Dölling, K. Fabricius-Hansen, E. Lang, C. Maienborn und I. Zimmermann.

1 Flexionsmorphologische und inhaltliche Kriterien

Die Unterscheidung von Wortarten beruht in der traditionellen Grammatik des Deutschen im wesentlichen auf flexionsmorphologischen Eigenschaften lexikalischer Einheiten. Die auf dieser Basis gewonnenen Klassen der Deklinierbaren (Substantive, Adjektive), Konjugierbaren (Verben) und Nicht-Flektierbaren (Adverbien, Präpositionen, Konjunktionen) bedürfen aber einer weiteren Subklassifizierung. Die Flexionsmorphologie reicht also nicht einmal in einer relativ flexionsreichen Sprache wie dem Deutschen aus; als universelle Klassifizierungsmöglichkeit fällt sie ohnehin fort, sobald flexionsarme oder -lose Sprachen einbezogen werden. Die traditionelle Grammatik hat deshalb bei Bedarf auch immer funktionale und inhaltliche Eigenschaften von Wörtern hinzugenommen, ohne sich an der Vermischung von lexikalischer, syntaktischer und semantischer Ebene zu stoßen.

Inhaltliche Kriterien sind sehr viel konsequenter und im Hinblick auf universelle Gültigkeit im UNITYP-Modell benutzt worden. Semantische Kategorien oder Parameter motivieren in diesem Modell systematisch die Distinktion von Wortklassen. Beispielsweise dient der semantische Parameter "zeitstabil/zeitinstabil" – verstanden als ein Kontinuum zwischen zwei komplementären Polen – dazu, Nomen und Verb als jeweils prototypische Besetzung eines Pols zu unterscheiden, vgl. etwa Hopper/Thompson (1984), Broschart (1991).

Niemand wird die Affinität bestimmter Bedeutungskategorien zu bestimmten lexikalischen Kategorien leugnen. Tätigkeiten werden typischerweise durch Verben bezeichnet, konkrete Objekte durch Nomina, Eigenschaften durch Adjektive usw. "Typischerweise" ist jedoch in seiner Aussagekraft für die Grammatik eingeschränkt, sowohl was das Kategoriensystem einer konkreten Sprache betrifft, wie den Vergleich zwischen den Sprachen. Wenn eine lexikalische Kategorie in einer Sprache einmal etabliert ist, fungiert sie als Raster auch für nichttypische Fälle. Das trifft etwa im Deutschen für alle Kategorien zu, z.B. für die nicht verbtypische Subklasse der statischen Verben (Typ *schlafen*) vs. der typischen Realisierung durch Adjektiv + Kopula (Typ *wach sein*) und für einen großen Teil derivationeller Wortbildung. Mittels Derivationsaffixe (incl. des Spezialfalles der Konversion) wechseln Lexeme von ihrer semantisch typischen in eine semantisch nichttypische Kategorie, wo sie sich aber als syntaktische Grundbausteine genauso wie die typischen Exemplare verhalten. Das Kategoriengefüge ist damit im grammatischen System der Einzelsprache verankert und spiegelt nur sehr indirekt das System der begrifflichen Einteilung des Universums wider. Ein Nomen ist – unabhängig von seiner lexikalischen Bedeutung, aber abhängig vom grammatischen System der jeweiligen Sprache – eine Einheit, die dem nominalen Flexions- und Derivations-Paradigma folgt, mit Artikel, Klassifikatoren u.ä. verbindbar ist, bestimmte Positionen im Satz einnimmt, bestimmten Konfigurationen folgt usw.

Die bis jetzt genannten Wortklassen-Charakteristika sind – so denke ich – nicht fundierend, nehmen aber teil an der Identifizierung lexikalischer Kategorien oder sind Epiphänomene anderer fundierender Eigenschaften.

2 Die klassischen Kategorisierungsmerkmale [±V], [±N]

Wenn auch Chomsky (1970) sich irrtümlich als Quelle eingebürgert hat, die Kombinatorik der beiden Merkmale [V] und [N] mit den zwei Wertebelegungen plus und minus für die Benennung der vier Wortklassen Substantiv [+N,-V], Verb [-N,+V], Adjektiv [+N,+V] und Präposition [-N,-V] ist Standard geworden. Die Merkmalisierung war keineswegs eine bloße Umbenennung, sondern brachte eine grundsätzliche Revidierung der Vorstellungen über Kategorienbildung in der Grammatik und deren angemessene Repräsentation und stellte explizit den Anspruch auf Universalität. Das [±V]-[±N]-System ist inzwischen linguistisches Allgemeingut, aber zugleich auch Gegenstand heftiger Diskussionen aus sowohl theoretischer wie typologischer Sicht.

Auf der Hand liegen die mit diesem Repräsentationsinventar verbundenen **Vorteile**:

- Es gestattet mit zwei Merkmalen und je zwei Werten die redundanzfreie Identifikation von vier distinkten Klassen.
- Es bietet durch die Neutralisation eines Merkmals Definitionsmöglichkeiten für "natürliche Klassen", die kategorienübergreifende Eigenschaften reflektieren.

Die **Nachteile** haben sich erst allmählich herausgestellt:

- Die Merkmale belassen die definierenden Eigenschaften [N] ("nouniness") und [V] ("verbiness") in ihrer Substanz uninterpretiert. Diverse Versuche zu einer inhaltlichen Interpretation blieben meist ad hoc und waren folglich uneinheitlich.
- Die durch Merkmalsneutralisierung mögliche und die empirisch gerechtfertigte Bildung natürlicher Klassen stimmen nicht überein. Gemeinsame Eigenschaften von Nomina und Verben sind in der vorliegenden Studie fundierend für die Kategorienbildung, eine natürliche Klasse N/V gegenüber A/P sollte also explizierbar sein. Genau diese Klassenbildung ist aber im [±V]-[±N]-System ausgeschlossen.
- Daten aus außerindoeuropäischen Sprachen (Sasse (1988, 1992), Bok-Bennema (1991), Broschart (1991), Hengeveld (1992), Gasde (1993)) erschüttern die Ausgangsannahme, daß die vier lexikalischen Kategorien universal sind.

  Auch ist viel einzelsprachliche Evidenz aufgeboten worden, um zu zeigen, daß die Merkmalsmenge beziehungsweise die vier durch sie definierten Klassen keineswegs ausreichen, um das syntaktisch relevante Kategorieninventar zu erfassen (z.B. Zimmermann (1988a,b, 1994)).
- Bezüglich einer markiertheitstheoretischen Fundierung, die Wunderlich (1994a,b) in die Diskussion eingebracht hat, erweisen sich die beiden Merkmale [±V], [±N] als vollends unbrauchbar, denn nichts rechtfertigt, daß P mit der Wertebelegung [-V], [-N] die am wenigsten markierte lexikalische Kategorie ist. Die vorgeschlagene Wertebelegung von Wunderlich wird erhärtet durch meinen Versuch, markiertheitstheoretische Merkmalsinterpretationen zur Erklärung kategorieller Diversität in den Sprachen zu nutzen, vgl. Steinitz (1994, 1995) und die folgenden Abschnitte.

3 Revisionen der Standard-Kategorisierung

3.1 Inventarerweiterung

Zimmermann (1988a) exploriert die Möglichkeiten, mit einer weitergehenden Merkmalisierung lexikalischer Kategorien die kategorielle Zugehörigkeit der Wörter durch minimale Unterscheidungen in der Wertebelegung zu bestimmen. Die vielfältigen Möglichkeiten der Kreuzklassifizierung heben die starre Grenzziehung zwischen den Wortklassen auf und erlauben generalisierende Aussagen u.a. über kategorielle Verschiebungen und Kategorien-Neutralisierungen. Durch Erweiterung des Merkmalsinventars um zwei Merkmale [±A] und [±Adv] erhält Zimmermann 16 distinkte Klassen, in die zwischen den zwei kategoriellen Polen Verb und Substantiv – in einem Kontinuum von kategorialen Übergängen – verschiedene und syntaktisch unterschiedlich fungierende infinite Verbformen, polyfunktionale Kategorien und deren Einschränkung (Prädikativa und Attributiva tantum) eingeordnet werden.

In Zimmermanns sehr differenzierter Merkmalsmatrix haben jedoch die syntaktischen Funktions- beziehungsweise Positionseigenschaften lexikalischer Einheiten einen herausragenden Stellenwert, der zu hinterfragen ist. Sind die sprachlichen Fakten angemessen erfaßt, wenn schon die Repräsentation einer lexikalischen Kategorie Information über alle ihre möglichen syntaktischen Funktionen enthält, oder sollte Polyfunktionalität einer Kategorie – und umgekehrt polykategoriale Besetzungsmöglichkeiten für eine Funktion/Position – gerade Ausdruck von auf dieser Ebene nicht zu spezifizierender Vagheit sein? In der vorliegenden Arbeit plädiere ich für letzteres.

Nicht zu übersehen ist allerdings, daß im [±V]-[±N]-System – und in allen nur mit zwei Merkmalen arbeitenden Modellen – in unzulässiger Weise alle Adverbien als (intransitive) Präpositionen gehandelt werden. Diese Analyse trifft zwar auf eine Teilklasse wie *dort, dann, darauf, danach* zu, die schon in Steinitz (1969) als Pro-Adverbiale vom Typ PP beschrieben werden, nicht aber auf reine Adverbien wie *gern, sehr, hoffentlich* usw. Wider besseres Wissen bleibe ich indes in meinem Revisionsvorschlag bei nur zwei Merkmalen, um mir und dem Leser zunächst das Prinzip klarzumachen. Der nächste Schritt muß eine Vergrößerung der Merkmalsmenge einschließen.

3.2 Neuinterpretation der Merkmale und Werte

Wunderlich (1994a,b) bringt eine markiertheitstheoretische Dimension in die lexikalische Kategorisierung ein. Damit sind die Standard-Merkmale, denen zufolge P entgegen den empirischen Gegebenheiten die am wenigsten markierte Kategorie wäre, aus der Diskussion. Wunderlichs Kategorisierungsmerkmale [±Dep(endent)] und [±Rel(ational)] bringen dagegen die gewünschte Markiertheitsskala: Die Interpretation des Merkmals [±Dep] ist einfach und eindeutig, sie beruht auf der Eigenschaft "referentiell abhängig/nicht-abhängig" und markiert die vorzugsweise modifizierenden Kategorien A und P als abhängig gegenüber den referentiell unabhängigen Kategorien N und V. N und V sind damit als unmarkiert gegenüber A und P ausgezeichnet. Das Merkmal [Rel] ist für mich problematischer, weil es zum einen den anfechtbaren Begriff "typischerweise" nötig macht und zum anderen nicht auf derselben Definitionsgrundlage zu beruhen scheint wie sein Gegenpart [Dep]. Nach Wunderlich (1994a) sind Verben und Präpositionen [+Rel], Nomina und Adjektive typischerweise [-Rel]. Mit dieser Wertebelegung ist N unmarkiert, V, A und P sind anwachsend markiert. Wiewohl in den Ergebnissen ähnlich, sind Wunderlichs und mein in den folgenden Abschnitten vorgestellter Ansatz unterschiedlich, was Motivierung und Fundierung der Merkmale betrifft, vgl. auch Fußnote 5.

Hale/Keyser (1994) nehmen ein Merkmal [±Compl(ement)] an, das nur auf den ersten Blick Wunderlichs Merkmal [±Rel] gleicht. Es ist abstrakter und rigoroser zugleich, weil es die sogenannten untypischen Fälle miterfaßt. Zwei fundamentale strukturelle Relationen, die Kopf-Komplement-Relation, merkmalisiert als [±Compl], und die Subjekt-Prädikat-Relation, merkmalisiert als [±Subject], wirken auf lexikalische Einheiten klassenbildend je nach deren Teilhabe an einer, an beiden oder an keiner der Relationen. Die durch die Kombinatorik definierten vier Klassen bilden das universelle lexikalische Grundinventar mit einer strengen Tendenz zur Abbildung auf die vier lexikalischen Hauptkategorien N, V, A, P. Doch durch sprachspezifische morphosyntaktische oder -phonologische Prozesse wie Inkorporierung ergeben sich Abweichungen von diesem invarianten Aspekt der Grammatik. So haben nach Hale/Keyser Verben als [+Compl]-Kategorie in der D-Struktur generell (und nicht prototypisch) ein Komplement. Differenzen erscheinen in der S-Struktur: Intransitiven Verben wie *work* im Englischen entsprechen denominale Verben wie *sae-'a* (work-do) in Jemez (einer tanoanischen Sprache) oder Konstruktionen mit leichten Verben wie *lan egin* (work do) im Baskischen, aber auch dem Englischen *make trouble*. Hale/Keyser beschreiben nun auch das englische intransitive Verb als Ergebnis der Inkorporierung eines Nomens *work* in ein phonetisch leeres Verb, das aber das Flexionsparadigma liefert. Prozesse dieser Art splittern demnach das einheitliche universelle Grundinventar auf und begründen so die Diversität innerhalb einer Sprache und zwischen den Sprachen.

Die verblüffende Einfachheit des Bauwerkes, das mit exzellenter Kenntnis einer Reihe exotischer Sprachen gestützt ist, wird nach meinem Eindruck jedoch mit unbefriedigenden Lösungen erkauft, sobald man in einer Sprache vom Systematischen zum konkreten Einzelfall kommt, und dazu kommt man in der Wortbildung als einem nur teilweise systematischen Prozeß sehr schnell.[2] Die gewünschten Strukturen werden ohne Stipulationen über die Grundstruktur einer lexikalischen Einheit, ohne abstrakte, hypothetische Lexeme und letztlich ohne

---

2 Um nur ein Beispiel herauszugreifen: Ergative Verben sind deadjektivisch (Typ Englisch *to clear*) mit einer intransitiven und einer transitiven Alternante, sie werden nachvollziehbar als Resultat einer einfachen bzw. zweifachen Inkorporation des Adjektivs in ein phonetisch leeres Verb beschrieben. Sobald aber die Systematik in der Wortbildung bröckelt, fangen die Probleme an. Die Verben *die* und *kill* haben nicht nur kein Adjektiv als Ausgangsterm, sie inkorporieren nach Hale/Keyser in einem redundanten Prozeß jeweils sich selbst. Es ist weder ein Bezug zwischen den beiden Verben herzustellen, noch ist erklärt, warum sie beide in das Strukturmuster von *clear* gehören, und nicht etwa in das Muster der nur transitiven Verben, mal analog zu *see (someone)* mit einem phonetisch overten Verb *kill (someone)* und entsprechend einem nicht-inkorporierten Nomen, mal analog zu *sneeze* mit einem in ein leeres Verb inkorporierten Nomen, was *die* ergibt (mit der Bedeutung 'perform death', genauso wie 'perform sneeze'). Die für die Wortbildung wesentliche Unterscheidung von zufälliger und notwendiger Lücke im lexikalischen Inventar und der Status der Suppletivformen verschwimmen.

Einblick in die Semantik nicht erreicht. Der Schritt zu einer Neuauflage der Generativen Semantik der 70-er Jahre ist nur noch klein und wäre eigentlich konsequent. Die Generative Semantik verstand Syntax und Morphologie als direkte Ausbuchstabierungen von unterschiedlich portionierten semantischen Strukturen. Der begründete Zweifel an einer isomorphen Abbildung von semantischer auf die syntaktische Struktur führte zu einem modularen Modell der Sprache, in dem die semantischen und syntaktischen Module zwar systematisch aufeinander bezogen sind, jeweils aber spezifischen Prinzipien unterliegen.

3.3 Abgestufte Universalität – Typologische Arbeiten

Gasde (1993) nimmt mit Daten der Satzbildung im Chinesischen zwar die Nomen-Verb-Distinktion als universell grundlegend an, kommt aber zu dem Schluß, daß die Verb–Adjektiv- und die Verb–Präposition-Distinktion keineswegs als universell gültig nachzuweisen sind.

Andere Autoren, vornehmlich solche, die *cross*-linguistische und typologische Untersuchungen an sogenannten exotischen Sprachen durchführen, haben die angenommene Universalität von vier Grundkategorien aus anderer Richtung attackiert. Mit dem – zumindest in der Vergangenheit teilweise berechtigten – Vorwurf gegen die Universal-Grammatik der generativen Schule, alle Sprachen durch die eurozentristische (sprich englische) Brille zu betrachten, legen viele typologische Arbeiten (z.B. **Sasse** (1988, 1992), **Broschart** (1991), **Bok-Bennema** (1991)) bezüglich der lexikalischen Kategorisierung nun den Schwerpunkt so sehr auf die Unterschiede in den Sprachen, daß man den Eindruck gewinnt, daß ein Vergleich zwischen den Sprachen eigentlich nicht machbar ist.[3]

Hengeveld (1992) entwickelt ein System von vier "categories of predicates", das universell anwendbar, also auch typologisch umsetzbar sein soll, vgl. Abschnitt 9.

Nach der funktional begründeten kategorialen Distinktion baut Hengeveld folgende Taxonomie der Sprachen auf:

(A) Spezialisierte Sprachen: Vier distinkte Kategorien
(B) Nichtspezialisierte Sprachen: Weniger als vier Kategorien, wegen
  a) Kategorienzusammenfall in flexiblen Sprachen (Extremfall Tonganisch) oder
  b) Funktionsübernahme in rigiden Sprachen (Extremfall Cayuga)

---

3 Bei allem Bemühen, die vielen einschlägigen Daten und zutreffenden Beschreibungen der im funktionalistisch basierten Modell des UNITYP verfaßten Arbeiten für die eigene im Generativen Modell angesiedelte nutzbringend und zugleich die fremden Grundannahmen respektierend zu verwenden, muß die Schwierigkeit, eine modellübergreifende Sicht zu entwickeln, eingeräumt werden. Dieses grundsätzliche Problem, wie Annahmen und Fakteninterpretationen aus verschiedenen Modellen aufeinander zu beziehen und ineinander zu übersetzen sind, ist wohl auch verantwortlich für den mißlichen Umstand, daß die Vertreter unterschiedlicher linguistischer Schulen zumindest in Deutschland so wenig Notiz voneinander nehmen. Da die Vorstellung von Grammatik, innerhalb der die typologischen Daten interpretiert werden, meist weniger explizit ausformuliert ist, als das innerhalb des generativen Rahmens Programm und Usus ist, können die unter solchen Bedingungen aufbereiteten Daten und Interpretationen von Nichtspezialisten nur schwer nachvollzogen und bezüglich der theoretischen Konsequenzen geprüft und verarbeitet werden.

Trotz der genannten Schwierigkeiten, die die Rezeption der sprachtypologischen Daten bereiten (es kommen strittige oder ungesicherte Daten hinzu, etwa im Chinesischen, pers. Mitteilung D. Gasde), ist der Ansatz von großem Interesse für die Erklärung der kategoriellen Diversität in den verschiedenen Sprachen auf dem Hintergrund von Annahmen über universelle Kategorisierungsmerkmale. Mein Ziel ist es, die Werte dieser Merkmale markiertheitstheoretisch zu interpretieren und von dieser Basis aus die Hengeveldsche Taxonomie zu rekonstruieren. Die folgenden Abschnitte sind ein erster Anlauf dazu.

4 Definitionsgrundlage: "Semantischer Typ"

Untersuchungen zu Besonderheiten von Prädikativ-Konstruktionen (vgl. Steinitz (1988, 1990, 1991)) und die Variationsbreite möglicher lexikalischer Ausfüllung der prädikativen Position haben mich zu einer generellen Prüfung der kategoriellen Eigenschaften lexikalischer Köpfe und ihrer Projektionen geführt.

Im Zentrum meiner Überlegungen stehen die Beziehungen zwischen

- "Semantischen Typen", auf denen die Semantische Form lexikalischer und syntaktischer Einheiten basiert (vgl. z.B. Bierwisch (1987, 1988)) und
- den lexikalischen Einheiten und ihren Projektionen in der syntaktischen Komponente.

Das Verhältnis von semantischen Typen und syntaktischen Kategorien ist im Ansatz wie folgt:

<t>:wahrheitswertfähigen Propositionen, die auf Sachverhalte referieren, entspricht im Standardfall eine syntaktische Phrase vom Typ finiter Satz (IP oder CP).
<e>: Individuen (Entitäten, Termen) unterschiedlicher Sorten entspricht im Standardfall eine syntaktische Phrase vom Typ DP (*determiner phrase*, früher NP).

Mit Bierwisch nehme ich an, daß sowohl V wie N und nur diese neben anderen Argumenten ein referentielles Argument enthalten (vgl. auch Steinitz (in Vorb.)) und daß auf der Etage CP/IP beziehungsweise DP alle Argumentstellen incl. der referentiellen gesättigt sind. CP/IP und DP entsprechen semantisch somit abgeschlossenen Ausdrücken.

<e,t>: einstelligen Prädikaten (sie nehmen einen Term e und machen eine Proposition t), dem einfachsten abgeleiteten semantischen Typ, entspricht in der Syntax keine festgelegte oder festlegbare syntaktische oder lexikalische Kategorie, es darf nur kein geschlossener, gesättigter Ausdruck sein. Das korreliert auf der Basis der Annahmen von Bierwisch damit, daß Prädikate nicht wie <e> und <t> referieren. Wenn sie überhaupt ein referentielles Argument haben, so ist es auf dieser Stufe noch nicht gesättigt. Zur Wahl stehen für n-stellige semantische Prädikate in der Syntax alle Projektionen lexikalischer Kategorien X^o bis X^{max}, die auf der X^{max}-Etage mindestens eine noch zu sättigende Argumentstelle haben. Bei den Nomina und Verben ist es das referentielle, bei den Adjektiven und Präpositionen das externe Argument (vgl. Tabelle (ii) unten). Wichtig für unseren Zusammenhang ist, daß in der Prädikat-Argument-Struktur PAS sämtliche lexikalische Kategorien n-stellige Prädikate sind, die mit ihren Argument-Variablen Prädikationen bilden.

Für das Zusammenspiel von Semantik und Syntax gehe ich davon aus, daß es zwar jeweils eine relativ autonome Strukturbildung gibt, daß aber die beiden Module systematisch aufeinander bezogen sind, derart daß bei der Abbildung von einer Repräsentationsebene in die andere keine kategoriale Information verlorengeht. Es ist dann naheliegend anzunehmen, daß die semantischen Grundtypen <e> und <t> in allen Sprachen systematisch kodiert werden, so daß mindestens auf einer Ebene der syntaktischen Strukturbildung diese Unterscheidung sichtbar reflektiert wird. Wo muß die Unterscheidung spätestens gegeben sein? Eine Annäherung an die Antwort nutzt die gerade fixierten Entsprechungen von semantischen und syntaktischen Repräsentationen:

Lexikalische Kategorien und ihre Projektionen entsprechen unabhängig von ihrer Kategorienzugehörigkeit in einer konkreten Sprache auf der semantischen Seite dem Typ n-stelliger Prädikate <e,t>, <e <e,t>> usw. In ihrer Prädikat-Argument-Struktur PAS, die die sprachlich relevante Bedeutung einer Einheit repräsentiert, sind lexikalische Einheiten also kategoriell zunächst nicht diskriminiert, vgl. (ii) in Abschnitt 5.

Erst durch eine funktionale Etage IP/CP beziehungsweise DP oberhalb von VP beziehungsweise NP unterscheiden sich V und N notwendig von A und P, die eine solche Etage nicht aufweisen. Und erst durch die spezifischen funktionalen Kategorien I/C beziehungsweise D, die das jeweilige referentielle Argument des lexikalischen Kopfes binden, wird die unterschiedliche Referenz von IPs und DPs spezifiziert.

Die funktionalen Kategorien *I(nflection)* (die mögliche Arbeitsteilung mit dem *Complementizer* vernachlässige ich im folgenden) und *D(eterminer)* entsprechen semantischen Prädikaten besonderer Art: Der funktionalen Kategorie I entspricht in der Semantik ein Operator über Situationen, der ein semantisches Prädikat nimmt, das eine Klasse von Situationen denotiert, und einen Ausschnitt aus deren Extension auswählt, indem er sie in der Zeit und in der Welt lokalisiert und so die Referenz spezifiziert. D entspricht ein Operator über Individuen, der ein semantisches Prädikat nimmt und einen bestimmten Ausschnitt aus der Extension dieses Prädikats auswählt und so dessen Referenz auf ein Individuum spezifiziert.

Die Operation zur referentiellen Spezifizierung von Prädikaten ist die Theta-Bindung (vgl. auch Fußnote 4): Eine syntaktisch-funktionale Kategorie als Kopf einer syntaktischen Phrase theta-bindet das referentielle Argument seines Komplements. Theta-Bindung fungiert als selektive Beschränkung; I kann nur VP als Komplement nehmen. Der lexikalische Kopf V von VP hat dementsprechend ein referentielles Argument, das nur von I gebunden werden kann, oder ungebunden bleibt. Analog hat N ein referentielles Argument, das nur von D gebunden werden kann oder ungebunden bleibt. IP und DP sind nach Abney (1986) syntaktisch analog strukturiert:

(i)

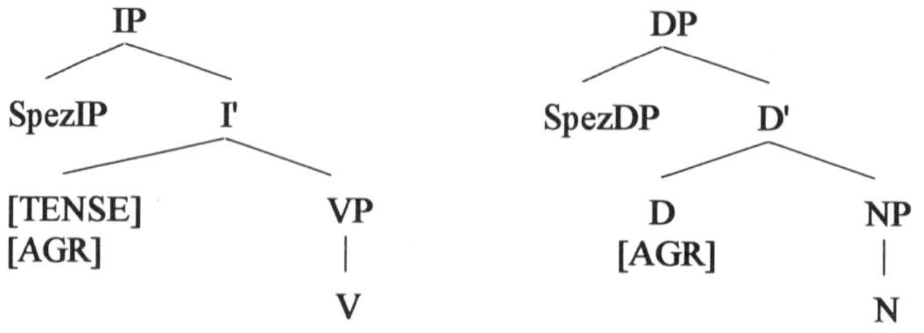

5 Lexikoneinträge im Deutschen

In einem Lexikoneintrag soll alle Information, die eine lexikalische Einheit LE enthält, repräsentiert sein als ein Quadrupel von PF (für phonologische Form, hier der Einfachheit halber orthographisch notiert), LK (für lexikalische Kategorisierung, zunächst in der Standardnotierung), Semantischer Form SF bestehend aus der PAS (für Prädikat-Argument-Struktur) und AS (für Argumentstruktur oder Theta-Raster), vgl. die stark vereinfachten illustrativen Lexikoneinträge:

(ii)

		SF	
PF	**LK**	**AS**	**PAS**
1. ähneln	-N +V	$\lambda y\ \lambda \underline{\underline{x}}\ \lambda \underline{\underline{z}}$	[z INST [ÄHNEL x,y]]
2. ähnlich	+N +V	$\lambda y\ \lambda \underline{\underline{x}}$	[ÄHNELx,y]
3. ähnlichkeit	+N -V	$(\lambda y)\ \lambda x\ \lambda \underline{\underline{z}}$	[z INST [ÄHNEL x,y]]
4. schlafen	-N +V	$\lambda \underline{y}\ \lambda \underline{\underline{x}}$	[x INST [SCHLAF y]]
5. schlaf	+N -V	$(\lambda \underline{y})\ \lambda \underline{\underline{x}}$	[x INST [SCHLAF y]]
6. schläfer	+N -V	$\lambda \underline{y}$	[x INST [SCHLAF y]]
7. auf	-N -V	$\lambda y\ \lambda \underline{\underline{x}}$	[LOC x ON y]

Ich nehme mit Bierwisch (1988) an, daß Verben außer den Prädikatkonstanten (in Versalien), die ihre lexikalische Bedeutung ausmachen, alle ein Prädikat INST haben, dessen Argument der Individuendomäne der Situationen angehört. Ob dieses Prädikat auch wie in (ii) in der PAS von Nominalisierungen zu repräsentieren ist oder nicht, soll hier kein Streitpunkt sein. Worauf es mir ankommt: In der PAS sind alle lexikalischen Einheiten vom gleichen Typ, nämlich n-stellige Prädikate, die mit ihren Argument-Variablen eine Prädikation bilden.

Distinktionen zwischen den Einheiten ergeben sich in der Argumentstruktur AS. Hier ist in Form einer Folge von Lambda-Abstraktoren λx_i Information über die Anzahl der Argumente einer lexikalischen Einheit und die Art ihrer syntaktischen Verarbeitung repräsentiert. Reihenfolge und Sättigungsart der Argumentstellen geben gleichzeitig Auskunft über mögliche Positionierung der Argumente in der syntaktischen Struktur, vom rangniedrigsten internen Argument aus von links nach rechts ansteigend zum externen und/oder referentiellen Argument (in der AS von (ii) zur Verdeutlichung jeweils gekennzeichnet durch keine, einfache oder doppelte Unterstreichung).

Die verschiedenen Arten von Argumentstellen verlangen unterschiedliche Arten der Sättigung, und das wiederum bestimmt die lexikalische Kategorisierung der Einheit.[4] Ein

---

4 Es gibt drei Arten der Sättigung von Argumentstellen, vgl. Higginbotham (1985):

1. **Theta-Markierung**: Eine Argumentstelle wird durch Theta-Markierung gesättigt, indem sie über funktionale Applikation der SF der eingesetzten syntaktischen Phrase per Lambda-Konversion eliminiert wird.

2. **Theta-Bindung**: Eine referentielle Argumentstelle wird gesättigt durch referentielle Bindung. Die SF einer Einheit der jeweiligen funktionalen Kategorie D, I/C ersetzt die Argumentstelle und bindet sie dabei.

3. **Theta-Unifikation** (Identifikation): Die externe Argumentstelle eines Modifikators wird identifiziert mit einer Argumentstelle des Modifikanden, des Wirtes. Die SF einer modifizierten Phrase VP oder NP vereint

Prädikat mit einem referentiellen Argument kann nur ein Verb oder ein Nomen sein. Es wird durch I beziehungsweise D gebunden. Bei Deverbalisierungen wie *Schlaf* und *Schläfer* in (ii) werden unterschiedliche Verb-Argumente zum referentiellen Argument des Nomens, das macht den Unterschied von Nomen Actionis und Nomen Agentis aus. Ein Prädikat ohne referentielles Argument ist ein Adjektiv oder eine Präposition.

Die **internen Argumente** (Komplemente) können nur durch Theta-Markierung gesättigt werden (oder bleiben im Falle von fakultativen Komplementen in SF ungebunden oder werden existentiell gebunden). Sie enthalten in der AS außerdem Angaben über die spezifische Art der syntaktischen und morphologischen Verarbeitung, Angaben über idiosynkratische Eigenschaften einer lexikalischen Einheit, z.B.: "hat inhärenten" oder "hat präpositionalen Kasus", wie folgende Beispiele zeigen:

(iii)			der	Mutter ähneln
		(mit)	*der*	*Mutter ähnlich sein*
	die Ähnlichkeit		mit	der Mutter

Die **externen Argumente** werden entweder auch theta-markiert (so das externe Argument von V oder das externe Argument von N, A und P in prädikativer Position, vgl. Abschnitt 7) oder sie werden mit Argumenten anderer lexikalischer Einheiten unifiziert (so das externe Argument von A oder P in modifikatorischer Position mit einem Argument des Modifikanden, vgl. Fußnote 4).

Die **referentiellen Argumente** werden theta-gebunden (vgl. Fußnote 4). In diesem Sinne ist die Argumentstruktur Schnittstelle zwischen Semantik und Syntax.

6 Der Gang der Argumentation

Lexikalische Einheiten beliebiger Kategorien sind in der Prädikat-Argument-Struktur PAS ihres Lexikoneintrags als n-stellige Prädikate repräsentiert und also kategoriell nicht diskriminiert. Was unterscheidet sie dann? Ich will mich der Antwort schrittweise nähern unter Nutzung der bisher gewonnenen Resultate.

(1) Wenn eine Sprache lexikalische Einheiten, die alle vom semantischen Typ Prädikat sind, als kategoriale Bausteine der Grammatik trotzdem unterscheidet (egal ob morphologisch, positionell oder tonal sichtbar), dann müssen die kategorialen Unterschiede in der Art der Argumentstellenverwaltung der Prädikate liegen, repräsentiert in der AS der Lexikoneinträge.

(2) Bezüglich der internen Argumente gibt es keine grundsätzlichen Differenzen zwischen den Kategorien, alle vier enthalten lexikalische Einheiten mit und solche ohne Komplement, wiewohl man gewisse Präferenzen ausmachen kann (darauf fußt Wunderlichs Kategorisierungsmerkmal [Relational]).

---

die SF von Modifikator und Kopf und bestimmt so die Eigenschaften, die dem Referenten zugeteilt werden, vgl. im Detail Zimmermann (1992:255 f.).

(3) Der kategorien-definierende Unterschied zwischen lexikalischen Einheiten ist begründet in ihren unterschiedlichen ranghöchsten Argumenten, das ist entweder ein referentielles oder externes Argument. Aus den Differenzen in der Verwaltung dieser Argumentstellen (d.h. den Bedingungen ihrer Sättigung) ergeben sich für N, V, A und P zwei Gruppierungen gemäß (4) und (5):

(4) In den lexikalischen Kategorien N und V ist die Möglichkeit angelegt, lexikalischer Kopf einer syntaktischen Phrase DP beziehungsweise IP (Satz) zu sein, die semantisch den Grundtypen <e> (Individuenterm) beziehungsweise <t> (Proposition) entspricht. Dafür ist das referentielle Argument von N und V zuständig, das von der jeweiligen funktionalen Kategorie D beziehungsweise I gebunden wird (Theta-Bindung) und so zur Bildung eines referentiell abgeschlossenen Ausdrucks führt (vgl. das ranghöchste Argument in (ii) 1, 3, 4, 5 und 6).

Anders gesagt, dem N und V ist die Eigenschaft inhärent, eine referentiell abgeschlossene Phrase von sich aus, also unabhängig von der Inanspruchnahme anderer lexikalischer Kategorien (beziehungsweise deren Projektionen) aufzubauen und zur Satzbildung beisteuern zu können.

V und N haben also jeweils ein referentielles Argument, das das Prädikat (ÄHNEL x,y) in (ii) zur Proposition *Karl ähnelt Anna* beziehungsweise zum Term *Karls Ähnlichkeit mit Anna* macht.

Die lexikalischen Kategorien A und P haben in ihrer AS keine referentielle Argumentstelle und können damit nicht lexikalischer Kopf einer syntaktischen Phrase sein, die durch eine funktionale Kategorie referentiell abzuschließen wäre. Für die Satzbildung müssen sich A- und P-Projektionen daher an Lieferanten von referentiellen Argumentstellen anschließen, an einen sog. Wirt. Anders gesagt, A und P haben inhärent die Eigenschaft, nur mit Hilfe – also abhängig von – der Inanspruchnahme anderer lexikalischer Kategorien und deren Projektionen referentiell abschließbare Phrasen zu bilden und so zur Satzbildung beizusteuern. Das prädestiniert sie geradezu für die modifikatorische Funktion, sie bleiben also n-stellige Prädikate, ihre maximalen Projektionen AP und PP prädizieren etwas:

- über ein Objekt: Adnominale Modifikation (die ihr ähnlichen Kinder, die Kinder auf der Straße),
- über eine Situation: Adverbale Modifikation (*Er schreibt so ähnlich wie seine Mutter, Die Kinder spielen auf der Straße*). (Adsententiale Modifikation bleibt zunächst unberücksichtigt.)

Als Adjunkte in adnominaler wie adverbaler Position nehmen AP und PP dafür das referentielle Argument ihres Wirts in Anspruch.

Es mag befremdlich scheinen, daß ich damit die Priorität der modifikatorischen (attributiven) Funktion von AP gegenüber ihrer prädikativen behaupte (die Priorität der modifikatorischen (adverbialen) Funktion von PP bezweifelt hingegen niemand). In Abschnitt 7 unten argumentiere ich, daß die prädikative Position neutral bezüglich der Belegung mit lexikalischem Material ist, die wortklassenspezifischen Merkmale sind in dieser Position irrelevant. In diesem Sinne ist die prädikative Position für die Diskriminierung einer lexikalischen Kategorie uninteressant.

Referentialität (genauer, ein referentielles Argument zu haben und so referentiell unabhängig zu sein) ist somit eine Eigenschaft, die V und N auszeichnet gegenüber A und P. [**Ref**(erentiell)] könnte also eines der klassischen Kategorisierungsmerkmale ersetzen (s. auch Steinitz (1993:86)). Ich schließe mich aber Wunderlich (1994a) darin an, daß im Lichte von Markiertheitserwägungen das Pendant [**Dep**(endent)] im Sinne von referentiell abhängig angemessen ist, um N und V als unmarkierte [-Dep]-Kategorien gegenüber den markierten [+Dep]-Kategorien A und P auszuzeichnen. Die Richtigkeit einer solchen Hypothese über ein universell gültiges Kategorisierungsmerkmal [Dep] wird bestätigt durch die typologisch unterschiedlichsten Sprachen. Wenn es in einer Sprache weniger als vier distinkte Kategorien gibt, dann fehlen als erstes die markierten Kategorien A und/oder P.

Die zweite Gruppierung ergibt sich durch Kreuzklassifizierung mit folgender Eigenschaft:

(5) Untereinander unterscheiden sich die beiden [-Dep]-Kategorien N und V in dem Referenz-Typ, in den ihre Projektion durch Theta-Bindung des referentiellen Arguments überführt wird und dadurch individuen- oder situationsbezogen gedeutet wird. Gebunden wird das noch offene Argument durch die funktionale Kategorie D beziehungsweise I, den Kopf von DP beziehungsweise IP. D selegiert ein Komplement, dessen lexikalischer Kopf ein N sein muß, I selegiert ein Komplement, dessen lexikalischer Kopf ein V sein muß. Theta-Bindung durch D entspricht semantisch der Überführung eines Prädikats in einen Term (semantischer Typ <e>), Theta-Bindung durch I entspricht semantisch der Überführung eines Prädikats in eine Proposition (semantischer Typ <t>). Die Tatsache, daß die funktionalen Kategorien bestimmend für die kategorielle Zuordnung ihres Komplements sind, das sie in der minimalen Domäne c-kommandieren, ist als distinktive Eigenschaft der lexikalischen Köpfe faßbar. Ich verwende dafür das Merkmal [T], deutbar als Situationsbezug. Die Kategorie N erhält den Wert [-T] durch die sie c-kommandierende funktionale Kategorie D (D nimmt NP als Komplement und bildet eine Einheit, die vom Typ nicht-<t> ist, wobei nicht-<t> = <e>) und die Kategorie V erhält den Wert [+T] durch die sie c-kommandierende funktionale Kategorie I (I nimmt VP als Komplement und bildet mit ihr eine Einheit vom Typ <t>).

Mit dieser Werteverteilung ist V gegenüber N eine markierte Kategorie. Die Entscheidung liegt diesmal nicht so auf der Hand. In einer früheren Version der vorliegenden Studie hatte ich mich für V als die am wenigsten markierte Kategorie ausgesprochen, gestützt auf Daten von Sasse (1988, 1992) und Hengeveld (1992), die sie dahingehend interpretieren, daß es keine Sprachen ohne Verb, wohl aber solche ohne Nomen gibt. Inzwischen denke ich – fußend auf noch nicht abgeschlossenen Studien zum Prädikativ (vgl. auch die folgenden Abschnitte) –, daß es auch eine andere Interpretation ihrer Daten gibt. Sie führt zu dem Schluß, daß das Nomen die einzige Kategorie ist, die ohne Veränderung lexikalischer Kopf von Phrasen in allen syntaktischen Positionen sein kann und somit minimal markiert ist.

Mit dieser Entscheidung bin ich wieder konform mit Wunderlich (1994a), dessen zweites Merkmal [Rel(ational)] N ebenfalls als unmarkierte Kategorie auszeichnet. Bei nur zwei verfügbaren Optionen V oder N ist das auch nicht weiter verwunderlich. Wunderlich, Hale/Keyser und Steinitz gleichen sich also in der Werteverteilung ihrer Merkmale und somit in den Möglichkeiten der Bildung natürlicher Klassen. Allerdings unterscheide ich mich sowohl in der Motivation wie in der Definitionsbasis der Merkmalskandidaten; die Basis bilden aus meiner Sicht die in der Argumentstruktur angelegten Eigenschaften der ranghöchsten Argumente lexikalischer Einheiten, deren semantische Fundierung und syntaktische Umsetzung.[5]

Im Verlauf der Arbeit hoffe ich weitere Evidenz dafür liefern zu können, daß die beiden Merkmale [Dep] und [T] geeignete Kandidaten für universell gültige Merkmale zur lexikalischen Kategorisierung sind.

Die resümierende Annahme ist jetzt, daß die zwei semantischen Grundkategorien <t> und <e> in der syntaktischen Struktur distinkte Pendants spätestens auf der funktionalen Etage haben. Das heißt, die Phrasen IP und DP müssen in allen natürlichen Sprachen grammatisch distinktive Kennzeichnungen haben, seien sie nun durch Morphologie, Position oder auf andere Art distinkt.

Fazit: Die zwei syntaktischen Kategorien IP und DP sind universal.

Daß es auch zwei distinkte lexikalische Kategorien V und N gibt, ist daraus nicht zwingend abzuleiten, könnte aber der Defaultfall sein (was nicht mit dem von Sasse kritisierten eurozentrierten Blick auf die exotischen Sprachen gleichzusetzen ist).

(6) Den referentiell unabhängigen Kategorien V und N steht zunächst nur eine undifferenzierte referentiell abhängige Kategorie gegenüber. Als ein n-stelliges Prädikat modifiziert diese Kategorie Projektionen von V oder N und partizipiert ihrerseits an der referentiellen Anbindung ihres jeweiligen Wirts. In Sprachen mit nur einer modifizierenden Kategorie hat es damit sein Bewenden. Wie aber ist in Sprachen wie dem Deutschen mit zwei so klaren distinkten Kategorien wie A und P der Unterschied festzumachen?

Ich möchte A und P als zwei multifunktionale Prädikatausdrücke verstehen mit Präferenzen in ihrer modifizierenden Funktion:

A modifiziert im unmarkierten Fall eine N-Projektion und schließt sich als referentiell abhängige Kategorie dem Referenztyp seines Wirts an. Weil A in derselben strukturellen Umgebung wie die [-T]-Kategorie N steht (es wird in dieser Position ebenfalls von D c-kommandiert), hat es neben dem Merkmal [+Dep] auch das Merkmal [-T].

---

5 Wunderlichs Argumentation basiert darauf, daß V und P grundsätzlich relational, N und A typischerweise nicht-relational sind. Das Urteil kommt zustande, weil Wunderlich bei Verben auch das referentielle Argument mitzählt, eine fragwürdige Gleichbehandlung, und weil er bei N und A Prototypizität in Anspruch nimmt, auch das ist angreifbar, wenn es um universelle Eigenschaften geht. Gravierend ist auch, daß die Definitionsbasis des Merkmals [Relational] eine andere als die des Merkmals [Dependent] zu sein scheint. Letzteres kann man bei Wunderlich wie bei mir auf unterschiedliche semantische Typenzuweisung zurückführen, Relationalität hat aber damit nichts zu tun. Mein Hauptbemühen liegt aber gerade in der Auffindung zweier kohärenter Kategorisierungsmerkmale, deren Definitionsbasis einheitlich ist. Schließlich ist die Begründung für die Wahl des Nomens als der am wenigsten markierte Kategorie bei Wunderlich wenig überzeugend: Nach seinen Worten ist N die produktivste Kategorie bezüglich der Wortbildung, die meisten anderen Kategorien sind nominalisierbar; es ist die häufigste Kategorie mit der größten semantischen Variation; es kann Argument aller anderen Kategorien sein; es wird im Spracherwerbsprozeß als erstes gelernt. Nach meiner Meinung sind die meisten Begründungen zwar zutreffend, aber zu heterogen, um sich zu einem wirksamen Kriterium bündeln zu lassen. Die erwerbsbezogene Beobachtung ist relevant, aber nicht unstrittig. Die ersten Einheiten, die ein Kind produziert, wie *balla, heia, atta* u.ä. können weder als Nomina noch als Verben sicher identifiziert werden, sie sind eher kategoriell unterspezifiziert. Daß sie darin den kategorien-unspezifischen Phrasen in Prädikativ-Position ähneln, wird in Abschnitt 7 deutlich.

P modifiziert im unmarkierten Fall eine V-Projektion und schließt sich als referentiell abhängige Kategorie aus dem gleichen Grunde dem Referenztyp seines Wirts, der [+T]-Kategorie V an. P hat somit als Wertebelegung [+Dep], [+T].[6]

(7) Die neuen Merkmalskandidaten für lexikalische Subkategorisierung. Die Kombinatorik der beiden zweiwertigen Merkmale [Dep] und [T] ergibt die vier lexikalischen Hauptkategorien. Im Kontrast zur klassischen Version ist die Definitionsbasis der Merkmale nicht mit vagen Interpretationsmöglichkeiten das Definiendum selbst (N hat N-Merkmale, V hat V-Merkmale); die Definitionsbasis bildet der für eine lexikalische Kategorie charakteristische Bezug auf den semantischen Typ seiner maximalen Projektion, incl. funktionaler Etage. Dieser Bezug schlägt sich beim Merkmal [Dep] unmittelbar nieder in der Sättigungsart des ranghöchsten Arguments. Der Wert von [T] hängt ab von der funktionalen Kategorie, die die lexikalische Kategorie in ihrer minimalen Domäne c-kommandiert. In einer Tabelle zusammengefaßt:

(iv)

1. [-Dep]	Theta-Bindung des höchsten (= referentiellen) Arguments	V, N
2. [+Dep]	Theta-Unifizierung des höchsten (= externen) Arguments	A, P
3. [-T]	von D c-kommandiert	N, A
4. [+T]	von I c-kommandiert	V, P

6 Gibt es für diese Option empirische Evidenz? Selbst im Deutschen, wo PP auch in adnominaler Position und AP auch in adverbaler Position stehen kann, was durchaus nicht Standard ist, liegen die Präferenzen auf der Hand. In

(i) *Helena tanzte durch die Räume*
Die Frau in Troja

ist es plausibel, die adnominale PP-Position als die markierte anzusehen. Adverbiale Subkategorien sind bezüglich dieser Position beschränkt, vgl.

(ii) *die Frau im neunzehnten Jahrhundert / damals*
die Frauen in den Städten / dort
**die Gäste wegen des Geburtstages /* deshalb*
Die Aufregung wegen des Geburtstages / deswegen
**Das Kind aus Unachtsamkeit /* deswegen*
Die Verletzung des Kindes aus Unachtsamkeit / dadurch, ?deshalb
*Der Besuch aus Vergnügen / * mit Vergnügen*

In adverbaler Position gibt es keine solche Beschränkungen, Situationen können in weitaus mehr unterschiedlichen Dimensionen modifiziert werden als Objekte. Die adverbale Position von PP ist folglich weniger markiert.

Für A ist wiederum die adverbale Position die markierte, vgl.

(iii) *die schöne Helena*
Helena bewegte sich anmutig

Nur Adjektive, die den englischen *manner adverbials* auf *-ly* entsprechen, können die adverbale Position einnehmen. Andere adjektivische Subkategorien werden in dieser Position als prädikative Attribute interpretiert, vgl.

(iv) *Peter kam krank nach Hause*
Eßt das Obst doch roh

Die Plazierung dieser Überlegungen in einer Fußnote ist Indiz für meine Unzufriedenheit mit der Beschreibung der Differenz zwischen A und P: Ich kritisiere die auf Typizität basierende Argumentation und argumentiere hier selbst in dieser Richtung.

In den Merkmalen werden Eigenschaften reflektiert, die die lexikalischen Einheiten als Köpfe von syntaktischen Kategorien in ihren Strukturzusammenhängen, ihren möglichen syntaktischen Funktionen haben. Das liefe – sehen wir von den geschilderten Problemen bei der Modifikation ab – auf eine eineindeutige Abbildung von lexikalischer Form und syntaktischer Funktion hinaus, und entweder die linke oder die rechte Spalte der folgenden Tabelle (v) wäre redundant, weil von denselben Merkmalen subkategorisiert.

(v)

syntaktische Position	lexikal. Kategorienmerkmale [Dep] [T]	lexikalische Kategorie
a) Subjekt/Objekt	- -	N
b) finite VP (Prädikat)	- +	V
c) attributive Modifikation	+ -	A
d) adverbiale Modifikation	+ +	P

Die Welt ist aber nicht so ordentlich. Zum einen komplizieren die Nebensätze das Bild, die sowohl in Argumentposition (sogenannte Subjekt- und Objektsätze mit Konjunktionen wie *daß* oder *ob*) wie in Modifikator-Position vorkommen (Nebensätze mit adverbialen Konjunktionen wie *als, bevor, weil* usw.) Wie adverbiale Konjunktionen als "Satzpräpositionen" interpretierbar sind, so könnte analog auch *daß* als "Satzdeterminierer" gelten. Für den Moment beschränke ich mich aber auf einfache Sätze. Zum anderen sind weder die lexikalischen Kategorien einfunktional, noch die syntaktischen Funktionen mit nur einer Kategorie zu belegen, nicht einmal im Deutschen, das ein voll ausgeprägtes Kategoriensystem hat. (Noch komplizierter wird es, sobald typologisch sehr unterschiedliche Sprachen einbezogen werden, darauf komme ich zurück.)

A und P können im Deutschen beide die jeweils andere modifizierende Funktion übernehmen, wenn auch wie gesagt mit unterschiedlichen Präferenzen. Und vor allem, es gibt noch die prädikative Position, die von allen lexikalischen Hauptkategorien außer dem Verb in seiner finiten Form eingenommen werden kann.

7 Belegungen der prädikativen Position

Der Datenbereich für die Konfiguration von Prädikativ + Kopula soll durch folgende Konstruktionen exemplifiziert werden.

(vi)	*aufwachen:*	***wach sein / wach werden***	(AP + Kopula)
	regieren:	***Regent sein / Regent werden***	(DP + Kopula)
	zusammenhängen:	*in Zusammenhang stehen / bringen*	(PP + Kopula)
	ohnmächtig sein / werden:	*in Ohnmacht liegen / fallen*	
		im Zimmer sein */ stehen*	
		ins Zimmer geraten / kommen / gehen	
	ähneln:	*Ähnlichkeit haben / bekommen*	(DP + *haben*-Kopula)

Es hängt nicht allzuviel davon ab, ob der Leser alle Erweiterungen des Datenbereichs "Prädikativ" und "Kopula" akzeptieren kann, auch im (fett gedruckten) harten Kern sind die drei lexikalischen Kategorien A, N und P als Köpfe von Phrasen in prädikativer Position vertreten.[7] Im einzelnen gilt:

Prädikativ ist die Funktions- beziehungsweise Positionsbezeichnung für eine Phrase XP, die folgende Eigenschaften hat:

- Sie steht in der Position eines Kopula-Komplements.
- Ihr kann von der Kopula keine echte Theta-Rolle (beziehungsweise semantische Rolle) zugewiesen werden.
- Sie ist folglich ein spezielles Komplement, nämlich eins ohne Argument-Status. Argumente (wie Subjekts- oder Objekts-DP) sind vom semantischen Typ <e>, ein Komplement der Kopula ist vom Typ <e,t> und referiert selbst nicht. Ich benutze dafür die Funktionsbezeichnung "Prädikativ", oder mit Wunderlich (1994a) "Prädikat-Argument" im Kontrast zum referierenden "Individuen-Argument".[8]
- Als Prädikat-Argument hat die Phrase verbale Eigenschaften, ihr lexikalischer Kopf hat ein externes Argument, das Subjekt, das er theta-markiert.
- Der lexikalische Kopf hat aber im Unterschied zum Verb keine referentielle Theta-Rolle, eigentlich eine Eigenschaft von Adjunkten, von denen sich das Prädikativ wiederum durch seinen Komplement-Status unterscheidet.

---

7 Ich subsumiere für meinen Bedarf, aber mit gutem Grund, unter dem Terminus Prädikativ einerseits weniger Teilbereiche als in der Linguistik üblich, indem ich nur qualifizierende, nichtreferentielle, nicht aber identifizierende, referierende Prädikative behandele, vgl. den Unterschied zwischen

(i) *Mein Bruder war Gärtner*
Der Gärtner war der Mörder

Andererseits benutze ich den Terminus expansiv, wie die Beispiele (vi) im Text zeigen.

a) Die sogenannten Funktionsverbgefüge des Typs *in Zusammenhang stehen/kommen/bringen* interpretiere ich als Prädikativ + Kopula.

b) DPs des Typs *Ähnlichkeit haben/bekommen* gehören entsprechend der Argumentation in Steinitz (1977) in dieselbe Gruppe, *haben* ist also eine "transitive Kopula".

c) In Steinitz (1990, 1991) interpretiere ich lokale und direktionale Adverbiale, die Verbkomplemente sind, ebenfalls als Prädikative, vgl. *im Zimmer sein/stehen, ins Zimmer kommen/gehen* und entsprechend Position- und Bewegungsverben als modal angereicherte Kopulaverben.

d) *Zu*-Infinitive wie in *Er hat/ist zu lieben* gehören wahrscheinlich auch hierher.

e) Schließlich ist das Zustandspassiv auf der Schneide zwischen verbaler Flexionsform und syntaktischer Fügung, *sein* also hat Züge sowohl eines Hilfs- wie eines Kopulaverbs.

8 Ich möchte ausdrücklich auf die Rigorosität meiner Terminologie aufmerksam machen: Für mich sind nur Nomina potentiell lexikalische Köpfe von Ergänzungen mit Argumentstatus im Sinne von "referierendem Individuen-Argument". Für externe Argumente versteht sich das von selbst, Subjekt muß von dieser Art sein. Anders die Verb-Komplemente, neben den Objekten gibt es PP und AP als Komplemente der Kopula, aber auch von Vollverben wie den Positions- und Bewegungsverben oder von sogenannten leichten Verben, wie *sich verhalten, stattfinden, ausbrechen* usw. Diese Komplemente sind in meiner Version keine referierenden Einheiten und somit keine Argumente. Für sie alle möchte ich den Funktionsnamen "Prädikativ" beanspruchen; "Prädikat-Argument" ist ein Kompromiß, um mich nicht zu weit von der üblichen Terminologie zu entfernen.

Die **Kopula** hat komplementär dazu die Eigenschaften:

- Sie hat keine spezifische Bedeutung außer klassenbildenden Merkmalen wie Durativität (*groß sein*) und Inchoativität (*groß werden*).
- Sie instantiiert ein Prädikat P und hat dementsprechend ein referentielles Argument.
- Aber anders als ein Vollverb hält sie nur Leerstellen bereit für die syntaktisch zu spezifizierenden Variablen, ohne sie zu theta-markieren, vgl. die SF von *sein:*
  /sein/ λP λy λx [x INST [P y]].
- Das Komplement der Kopula, die Prädikat-Variable P, ist ein internes einstelliges Prädikat-Argument, das sein externes Individuen-Argument y theta-markiert – vgl. die Eigenschaften des Prädikativs.

In die prädikative Position sind die nicht-referierenden Kategorien AP und PP ohne tiefgreifende Folgen einsetzbar, sie sind und bleiben semantisch Prädikate. Sie brauchen nur einen "Verbmacher", der die referentielle Argumentstelle beisteuert, um syntaktisch ein vollwertiges Prädikat zu ergeben, im Deutschen ist das die Kopula. A und P haben eine externe Argumentstelle, die sich in der Modifikator-Position an den Modifikanden bindet, auf dieser Eigenschaft, referentiell abhängig zu sein, fußt ihr Merkmal [+Dep]. In prädikativer Position wird die externe Argumentstelle anders verarbeitet, sie wird genauso wie die von V, einer [-Dep]-Kategorie, durch Theta-Markierung gesättigt. Aber auch [-Dep] trifft für einen lexikalischen Kopf in einer prädikativen Phrase nicht zu, eben weil er keine referentielle Argumentstelle verfügbar hat. Kurz, für die prädikative Position gilt:

Das Merkmal [Dep] ist in keiner Wertebelegung relevant. A und P sind in dieser Position möglich unter Vernachlässigung der Wertebelegung.

Dieser Befund ist auch auf die [-Dep]-Kategorie N und ihre Projektion DP in prädikativer Position anwendbar. Eine prädikative DP ist semantisch vom Typ eines Prädikats, syntaktisch defekt insofern als das referentielle Argument des lexikalischen Kopfes N nicht gesättigt werden kann. Die eingebüßte Fähigkeit zu referieren äußert sich in den verschiedenen bekannten Beschränkungen bei Artikelwahl, Relativsatzeinbettung usw. Das ranghöchste Argument von Nomina in Argumentposition (d.h. in Subjekt- oder Objektposition) ist das referentielle, das ranghöchste in prädikativer Position ist das externe, ein zur Nominalisierung (Typ *lehren / Lehrer*: externes Argument des Verbs entspricht dem referentiellen Argument des Nomens) inverser Vorgang, nur diesmal ohne Kategorienwechsel. Es wäre mißverständlich, in diesem Fall von einer Quasi-Verbalisierung zu sprechen, weil im Deutschen und in vielen anderen Sprachen die Wortbildung in dieser Richtung mit viel zusätzlicher Semantik verbunden ist, vgl. *Fisch, Quirl, Segel : fischen, quirlen, segeln* usw. Nur in einer Prädikativkonstruktion bleibt die Bedeutung unberührt (vgl. *ein Fisch/ Quirl/ Segel sein*). Ich will offenlassen, ob eine Nominalphrase in prädikativer Position in der Weise defekt ist, daß die funktionale Etage fehlt,[9] oder ob die Veränderungen sich vornehmlich in der Semantik bezie-

---

[9] Die Fakten ließen sich so beschreiben, daß D die Fähigkeit einer funktionalen Kategorie verliert, das referentielle Argument von N zu binden. Der Artikel in *Peter ist ein ausgezeichneter Lehrer* läuft bezüglich seiner normalen Funktion, Indefinitheit zu kennzeichnen, sozusagen leer, er ist alternantenlos und obligatorisch bei modifikatorischer Erweiterung der DP, ohne diese fehlt der Artikel genauso alternantenlos. (*Peter ist *(ein/dieser/der)).* Das noch ungebundene Argument des Nomens wird anders

hungsweise in der konzeptuellen Interpretation abspielen, vgl. dazu Dölling (1992) und Blutner (1992), allerdings mit sichtbarem syntaktischen Effekt. Wichtig ist, daß auch für die DP gilt: In prädikativer Position ist das Merkmal [Dep] für ihren lexikalischen Kopf in keiner Wertebelegung relevant.

Was geschieht mit dem Merkmal [T] in dieser Position? Die normale Interpretation "von D c-kommandierte Phrasen (D-Komplemente und deren Adjunkte) haben [-T]" (vgl. Abschnitt 6 (6) und (7)) trifft für Phrasen in prädikativer Position nicht zu, eben weil D hier gar nicht vorhanden oder zumindest seiner regierenden Kraft beraubt ist, so daß die NP nicht echtes Komplement sein kann. Genausowenig trifft in dieser Position die normale Interpretation "von I c-kommandierte Phrasen haben [+T]" zu: Eine Phrase in prädikativer Position ist weder eine Projektion des lexikalischen Kopfes des I-Komplements (der Kopula), noch ein Adjunkt der Projektion. Das ranghöchste Argument von Phrasen in prädikativer Position wird weder durch Theta-Bindung (es ist ein externes und kein referentielles Argument) noch Theta-Unifizierung (die Phrase ist nicht modifikatorisch) gesättigt, sondern durch Theta-Markierung.

Folglich ist in prädikativer Position für die lexikalischen Kategorien auch das Merkmal [T] in keiner Wertebelegung relevant.

Fazit:

- In prädikativer Position sind alle lexikalischen Kategorien und ihre Projektionen dem semantischen Typ Prädikat zuzuordnen. In dieser Position ist das Merkmal [Dep] und folglich auch [T] entsprechend den Festlegungen in Abschnitt 6 nicht relevant.
- Das bedeutet: Die prädikative Position ist weder eine Argument- noch eine Nicht-Argument-(d.h. Adjunkt-) Position, sondern etwas Drittes.
- Im Kontrast zu den ersten beiden Positionen, die spezielle kategorielle Bedingungen an die lexikalische Ausfüllung stellen, gibt es bei der prädikativen Position keine solchen Anforderungen. Wenn es kategoriell unspezifische lexikalische Einheiten gäbe, müßten die hier einsetzbar sein; in Abschnitt 9 kommen so konstruierte Sprachen ins Gespräch. In Sprachen mit einem morphologisch differenzierten Kategorieninventar müßten Einheiten jeder Kategorie in diese Position gewissermaßen im Leerlauf einsetzbar sein, und das stimmt auch z.B. fürs Deutsche (die *zu*-Infinitive vom Typ *Er hat/ist zu lieben* sind noch eine harte Nuß). Jetzt ist auch verständlich, warum bei aller Veränderung einer DP in prädikativer Position keine Wortbildung beteiligt zu sein braucht: Wenn sie kategoriell distinkt sind, dann können die lexikalischen Köpfe ihren Status als N, A, P oder V beibehalten, weil auch kein anderer verlangt ist.

Die prädikative Position steuert also nichts zur lexikalischen Subkategorisierung bei, lexikalische Diskriminierung wird nur in nicht-prädikativer Position relevant:

- In modifikatorischer Position wird das externe Argument unifiziert, d.h. nur [+Dep]-Kategorien, im Deutschen also nur Adjektive und Präpositionen sind hier als lexikalische

---

gesättigt, nämlich durch Theta-Markierung. Damit hat sich der Typ des ranghöchsten Arguments vom referentiellen zum externen gewandelt. Steinitz (1988) ist ein sehr unvollkommener Versuch, nominale Prädikative als defekte DPs, nämlich als NPs zu interpretieren.

Köpfe möglich.[10] Deshalb habe ich diese Position oben im Kontrast zur prädikativen als die für die A- und P-Identifizierung relevante bezeichnet.

- In der Position eines (Individuen-)Arguments gibt es für den Kopf keine externe, aber eine von D gebundene referentielle Argumentstelle; hier sind nur Nomina möglich.[11]

8 Sind die Kategorisierungsmerkmale [Dep] und [T] universal?

Die Bejahung dieser Frage ist keineswegs gleichzusetzen mit der Behauptung, daß die damit gewonnenen vier lexikalischen Hauptkategorien in allen Sprachen vorkommen. Es ist inzwischen ein Gemeinplatz, daß es Sprachen mit weniger Kategorien gibt. Was aber ist das Resultat meines Unternehmens bis hierher?

Die beiden referentiellen syntaktischen Kategorien IP und DP sind universal, diese Diskriminierung – korrespondierend mit den zwei semantischen Basiskategorien <e> und <t> – muß es in allen Sprachen geben. Es ist wahrscheinlich, daß es außerdem eine von den beiden referentiellen Kategorien abgehobene Modifikationsmarkierung gibt, durch die dem Referenten restringierende oder appositive Eigenschaften hinzugefügt werden können.

---

10 Präpositionslose DPs wie *diesen Donnerstag* und DPs mit Maßnomina wie *fünf Stunden (lang), fünf Meter (weit)* usw. in adverbialer Funktion bilden eine extra zu verhandelnde Gruppe, die spezifische Bedeutung der Nomina ist hier für die syntaktische Funktion maßgebend.

11 Auch meine Überlegungen, wie die offensichtliche Affinität bestimmter Bedeutungskategorien zu bestimmten lexikalischen Kategorien (vgl. Abschnitt 2) in das System zu integrieren sei, sind bisher gerade mal gut genug für eine Fußnote: Die beiden grammatisch definierten Merkmale [Dep] und [T], und was an Eigenschaften dahintersteckt, sind für die lexikalische Subkategorisierung fundamental. Trotzdem bleiben auch Aspekte der Bedeutung quer durch die Kategorien sichtbar. Die Lexikoneinträge 4 und 5 in (ii), Abschnitt 5, für *schlafen* und *Schlaf* z.B. haben eine identische Prädikat-Argument-Struktur, sie sind Prädikate und bilden mit ihren Argumentstellen Prädikationen der Form [x INST [SLEEP y]]. Sie unterscheiden sich aber in der Argumentstruktur und den zu addierenden Adressen ihres referentiellen Arguments x. Wenn x von I gebunden wird, ist die lexikalische Einheit ein Verb, wenn es durch D gebunden wird, ist sie ein Nomen. Im Nominalisierungsprozeß "verliert" die Einheit verbale Eigenschaften wie Temporalität, die im verbalen Flexionsparadigma fixiert sind. Doch eine DP *der Schlaf* referiert immer noch auf eine Situationsentität im Kontrast zur DP *der Schläfer,* die auf eine Individuenentität referiert und ihr eine Eigenschaft zuschreibt. Insofern ist *Schlaf* kein typisches Nomen. Nicht ganz analog, doch auch in diesen Zusammenhang passend: In prädikativer Position "verliert" ein Nomen nominale Eigenschaften wie die Individuen-Referenz, vgl. *Peter ist ein Langschläfer.* Es behält aber die kategoriale Eigenschaft bei, es bleibt auch im Prädikativ ein Nomen. Wie ist das darstellbar? Eine LE gehört zu einer lexikalischen Kategorie X entsprechend ihren Merkmalswerten. Sie ist "ein typisches X", wenn die grammatischen Eigenschaften mit den semantischen Eigenschaften im Sinne von UNITYP in Abschnitt 2 korrelieren, in ein Schema gebracht:

gebunden durch semantischer Typ	I(nflection)	D(eterminer)
situationsbezogen	typisches Verb *schläft*	Nominalisierung *der Schlaf*
individuenbezogen	Prädikativ+Kop. *ist ein Langschläfer*	typisches Nomen *der Schläfer*

Nur, die sprachlichen Mittel müssen nicht lexikalischer Natur sein. Welche Reduktionen am Inventar von vier Kategorien sind denkbar, welche werden in den natürlichen Sprachen auch verwandt?

Schon aus den unterschiedlichen Belegungsmöglichkeiten der prädikativen Position im Deutschen kann man Schlüsse auf eine mögliche Minimalausstattung einer fiktiven Sprache L_i ziehen:

L_i hat keine Kategorienunterscheidung auf der lexikalischen Ebene. Sie hat n-stellige Prädikate als lexikalische, kategorien-unspezifische Grundbausteine, die erst durch eine syntaktische Zusatzausstattung spezifiziert werden:

- durch einen "Verbmacher" (Kopula oder syntaktische oder morphologische Äquivalente, aber auch eine ausgezeichnete syntaktische Position), der die syntaktische Einheit als Prädikat des Satzes identifiziert;
- einen "Nomenmacher" (Artikel, Klassifikator, Quantifikator oder syntaktische oder morphologische Äquivalente oder eine ausgezeichnete syntaktische Position), der die Einheit zu einer DP macht.
- Sofern ein lexikalischer Grundbaustein nicht mit einem Verb- oder Nomenmacher verbunden ist, bleibt es ein Prädikat, das eine referierende Einheit modifiziert.

In einer solchen Sprache sind die Subkategorisierungsmerkmale [Dep] und [T] nicht auf der X^o-Ebene instantiiert, sondern erst auf einer höheren Projektion.

Im Lichte der **Markiertheitstheorie** ergeben sich interessante Bewertungsmöglichkeiten bezüglich des Kategorieninventars unterschiedlicher Sprachen. Ich benutze den Begriff Markiertheit im Sinne von Kiparsky (1992), Wunderlich (1994a) und Wiese (1996), die durchaus in der Tradition von Trubetzkoy über Jakobson bis Chomsky/Halle stehen, Markiertheit (markedness) aber mit Unterspezifizierung und Defaultentscheidungen verknüpfen. Gleich an meinem Thema exemplifiziert heißt das: Lexikalische Kategorien sind im Lexikon unterspezifiziert: Nur positive Werte der Kategorisierungsmerkmale sind markiert, unmarkierte Merkmale bekommen einen negativen Wert, der per Default eingesetzt wird, wann immer kein Wert angegeben ist. Merkmale, die für eine gegebene Diskriminierung nicht relevant sind (in der Phonologie etwa [Alveolar] für die Diskriminierung des Vokalsystems), gelten als nicht instantiiert, d.h. kommen in diesem System nicht vor.

Die Kombinatorik der zwei lexikalischen Merkmale im Zusammenspiel mit Markiertheit bietet für das Inventar lexikalischer Kategorien einer beliebigen Sprache nun eine Vielzahl von Möglichkeiten:

Zum einen werden Merkmale **nicht instantiiert**, weil sie nicht relevant sind. Das bedeutet Kategorienzusammenfall, in der folgenden Tabelle durch Schrägstriche gekennzeichnet:

(vii)	1. Weder [Dep] noch [T] sind instantiiert:	N/V/A/P
	2. Nur [Dep] ist instantiiert:	N/V, A/P
	3. Nur [T] ist instantiiert:	N/A, V/P
	4. [T] ist nur bei [-Dep]-Kategorien instantiiert:	N, V, A/P
	5. [T] ist nur bei [+Dep]-Kategorien instantiiert:	P, A, N/V
	6. [Dep] ist nur bei [-T]-Kategorien instantiiert:	N, A, V/P
	7. [Dep] ist nur bei [+T]-Kategorien instantiiert:	V, P, N/A

Die folgenden Einschätzungen müssen am sprachlichen Material geprüft werden. Die Kombinationen N/P und V/A sind theoretisch ausgeschlossen. Mehrere theoretisch mögliche Kombinationen von instantiierten und nichtinstantiierten Merkmalen sind faktisch wahrscheinlich, unwahrscheinlich oder ausgeschlossen. 1 ist in der skizzierten fiktiven Sprache der Fall. 2 ist unwahrscheinlich, denn wo zwei lexikalische Kategorien diskriminiert sind, müßten es die beiden Kategorien N und V sein. 3, 4 und 7 sind möglich. 5 und 6 sind faktisch nicht möglich.

Zum anderen werden Merkmale zwar instantiiert, aber **nicht markiert**. Das heißt in der Version der Markiertheitstheorie, auf die ich mich stütze, es gibt keinen positiven Wert. Das unmarkierte Merkmal bekommt wie sonst auch per Default den Minuswert zugesprochen. Das bedeutet Neutralisierung der Merkmale in dem Sinne, daß der unmarkierte Part generalisiert wird und allein die Kategorienbestimmung übernimmt. Jetzt bekommt die Entscheidung in Abschnitt 6, (5) ein Gewicht, das noch zu rechtfertigen ist: Ich hatte dort behauptet, daß das Nomen die am wenigsten markierte Kategorie ist (N hat per Default die Werte [-Dep], [-T]). Es gibt die Möglichkeiten:

(viii)

1.	Weder [Dep] noch [T] sind markiert:	N
2.	Nur [T] ist markiert:	N, V
3.	Nur [Dep] ist markiert:	N, A
4.	a) [T]] ist nur bei [-Dep]-Kategorien markiert oder b) [Dep] ist nur bei [-T]-Kategorien markiert:	N, A, V
5.	[T] ist nur bei [+Dep]-Kategorien markiert:	N, A, P
6.	[Dep] ist nur bei [+T]-Kategorien markiert:	N, V, P

Auch hier ist die Wahrscheinlichkeit für das Auftreten einer der theoretisch möglichen Kombinationen unterschiedlich. Es sind zudem noch Kombinationen von (vii) und (viii) denkbar, ich will es dabei bewenden lassen.

Ist diese Repräsentation nun ein Modell zur Erfassung der Verhältnisse in den natürlichen Sprachen oder nur eine Spielerei? Genauer: Bilden Merkmalsinstantiierung und -markierung ein Raster, in das sich die Gegebenheiten in den einzelnen Sprachen einordnen lassen?

Selbst wenn ich Hengevelds Daten aus den unterschiedlichsten Sprachen skeptisch betrachte, scheint mir die Idee in Hengeveld (1992) interessant genug, um eine Rekonstruktion in der gerade präsentierten Modellskizze zu versuchen.

9 Hengevelds Typologie und ihre Rekonstruktion im Modell

In Abschnitt 3 c) ist Hengevelds Taxonomie lexikalischer Kategorisierung vorgestellt. Interessanterweise lande ich bei meinen Kategorisierungsüberlegungen – aus einer ganz anderen theoretischen Richtung kommend – bei Hengevelds Startpunkt, bei der nicht-verbalen Prädikation, d.h. der prädikativen Position. Hengeveld (1992:58) definiert die vier lexikalischen Hauptklassen als Prädikate, deren Kategorienzugehörigkeit durch ihre mögliche nicht-prädikative Funktion "without further measures being taken" bestimmt ist: Nomen ist Kopf eines Terms, Adjektiv ist Modifikator eines nominalen Kopfes, Adverb ist Modifikator eines nichtnominalen Kopfes; das Verb hat nur eine prädikative Funktion. Meine Rekonstruktion:

A) Spezialisierte Sprachen: Vier Kategorien, im Defaultfall mit vier distinkten Funktionen. Beide Merkmale sind instantiiert und markiert. Beispiel: Deutsch.

B) Nichtspezialisierte Sprachen: Weniger als vier Kategorien, mit den Unterklassen

a) flexible Sprachen: Kategorienzusammenfall.[12] Mindestens ein Merkmal ist nicht instantiiert, wie in (vii) beschrieben. Die "Misch"- Kategorie deckt mehrere Positionen ab. Beispiele:

Quechua: N/A bilden eine Kategorie. Dieselbe Kategorie für Subjekt/Objekt und Attribut (Fall 7 in (vii)).

Lango: A/P_{itr} (manner adverbial[13]) bilden eine Kategorie, dieselbe Attributionspartikel für adnominale und adverbale Modifikation (Fall 4 in (vii)).

Tonganisch: V/N/A/P_{itr} bilden eine Kategorie. Erst auf der Phrasenebene gibt es eine Distinktion. Das wäre ein faktisches Beispiel für die hypothetisch angenommene Minimalausstattung (Fall 1 in (vii)).

(Auch Deutsch ist flexibel bezüglich der Adjektiv-Adverb-Differenz.)

b) rigide Sprachen: Fehlen mindestens einer Kategorie ("parts of speech" bei Hengeveld). Mindestens ein Merkmal ist zwar instantiiert, aber nicht markiert, wie in (viii) beschrieben. Von einem nur durch einen Merkmalswert unterschiedenen Paar bleibt also nur der Teil mit dem negativen Wert übrig. Andere, formal gekennzeichnete Kategorien übernehmen die Funktion, n.b. es muß nicht der negative Part sein. Beispiele:

Hausa: A fehlt, P_{tr} übernimmt attributive Funktion ('a person with kindness')

Wambon: P_{itr} fehlt, medialesV (verbalisiertes A) übernimmt die adverbiale Funktion. (*They-connective good verbalizer same subj go past 3.pl* = 'Did they travel well?')

Inuit: A und $P_{tr/itr}$ fehlen, es gibt nur V und N; N, modifizierende Suffixe (Typ *-lein*) und nominalisiertes V übernehmen die attributive Funktion, die adverbiale Funktion erfüllen oblique Kasusaffixe bei N.

Chinesisch: A fehlt, V und N mit Relativisator (*de*) übernehmen die attributive Funktion. P_{itr} fehlt, redupliziertes V übernimmt die adverbiale Funktion. (Aber P_{tr} gibt es nach Gasde (1993) sehr wohl, es sind etymologisch erstarrte Aspektmarker von Verben, die inzwischen voll grammatikalisiert sind).

Tuscarora (ähnlich Cayuga): N, A, P_{itr} fehlen. Es gibt nach Auskunft der Spezialisten nur einen prädikativen Gebrauch der Lexeme. Sätze bestehen aus einer Menge appositiver

---

12 Mancher Leser könnte die Redeweise "Zusammenfall" mißverstehen, als wollte ich einen sprachgeschichtlichen Prozeß in einer Sprache von einem ursprünglich vollständigen Kategorieninventar zu einem unvollständigen annehmen. Diese Lesart schließe ich ausdrücklich aus.

13 Hier macht sich besonders irritierend bemerkbar, was ich in Abschnitt 3a) eingestanden habe, nämlich daß die Kategorie Adverb nicht restlos als intransitive Präposition interpretiert werden kann. Aber mit nur zwei Merkmalen kommt man eben nicht über vier Kategorisierungsmöglichkeiten hinaus. Hengeveld (1992) nimmt die modalen Adverbien in seine Taxonomie auf und vernachlässigt die Präpositionen, ich mache es nach Chomsky-Art umgekehrt. Provisorisch benutze ich die Schreibweise P_{itr} (intransitive Präposition) für die sogenannten reinen Adverbien wie die englischen *ly*-Ableitungen oder Deutsch *gern, sehr* usw., P_{tr} für lexikalische Köpfe von PP samt ihrer Pro-Formen, wie *dort, darauf,* um jetzt nicht ein drittes Merkmal einführen zu müssen. Die dringende Notwendigkeit ist aber schon in Abschnitt 3a) angemerkt.

Prädikationen, die alle syntaktischen Funktionen übernehmen ('it is a cat, it is dead' = 'the cat is dead / the dead cat').

Zur Illustration ein Beispiel aus der rigiden Sprache Chinesisch. Nach Gasde (1993) sind im Chinesischen Adjektive eine Subklasse von Verben. In meinem Modell sind sie als lexikalische Kategorie nicht vorhanden. Chinesisch ist eine Sprache des Typs 6 in (viii), wo [Dep] nur markiert ist in Kombination mit [+T]:

(ix)

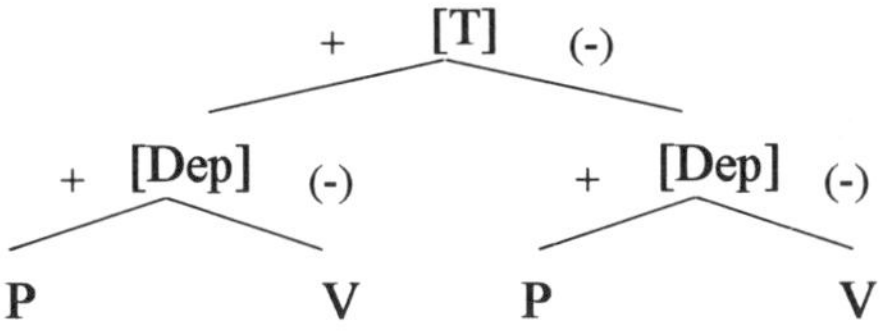

In einer Sprache mit weniger als vier, aber trotzdem eindeutig kategorisierten Kategorien, ist nicht von vornherein voraussagbar, welche Kategorie die Arbeit der "fehlenden" übernimmt. Es mag Präferenzen geben, aber wenn Hengeveld die Daten richtig deutet, dann kann z.B. die modifikatorische Funktion, die das Adjektiv etwa im Deutschen hat, von jeder anderen Kategorie übernommen werden,

- im Hausa von P,
- im Inuit von N, kombiniert mit Suffixen,
- im Chinesischen von V und N mit einem Relativierer.

Ich sehe die Probleme: Die Beispielmenge ist dürftig, die Daten sind manchmal mißdeutbar aufbereitet und Hengevelds Redeweise bei der Definition der Begriffe ist manchmal ungenau. Trotzdem, wenn an der Beobachtung und Beschreibung der Daten und an meinen Kategorisierungsmerkmalen etwas dran ist, dann kann man aus der Rekonstruktion des Paares rigide/ flexibel in Termen der Markiertheit doch etwas lernen. Zusammengefaßt:

A) In spezialisierten Sprachen gilt die vollständige Kombinatorik der Werte der beiden Merkmale; beide Merkmale sind instantiiert und markiert, es gibt vier distinkte lexikalische Kategorien.
B) In nichtspezialisierten Sprachen (weniger als vier Kategorien) gibt es zwei Verfahren:
a) In flexiblen Sprachen wird mindestens ein Kategorienmerkmal nicht instantiiert. Resultat: mehrere der generell möglichen Kategorien fallen zusammen.
b) In rigiden Sprachen werden Kategorienmerkmale zwar instantiiert, aber mindestens ein Merkmal wird nicht markiert. Das Resultat ist: weniger als vier, aber formal klar identifizierbare lexikalische Kategorien.

Angesichts dieser Situation hätte die Generative Grammatiktheorie in der Tat einen schweren Stand, wenn sie auf der universellen Gültigkeit der vier Kategorien bestünde. Mit der markiertheitstheoretischen Interpretation der beiden Merkmale [Dep] und [T] und ihrer Werte jedoch läßt sich – ganz analog zur Phonologie – einerseits die universelle Gültigkeit des Merkmalinventars und andererseits die Variationsbreite der damit definierten Kategorien erklären. Die Unterschiede der Sprachen im Kategoriensystem können als Resultat typisierbarer Auswahlen aus einem universellen Inventar in der beschriebenen Weise gedeutet werden.

10 Ist V oder N die am wenigsten markierte lexikalische Kategorie?

Meine Option für ansteigende Markiertheit lexikalischer Kategorien in der Reihenfolge N, V, A, P kann jetzt durch die Überlegungen über Prädikative in Abschnitt 7 gefestigt werden.

In einer früheren Version habe ich V für die am wenigsten markierte Kategorie gehalten und wurde motiviert von den Beschreibungen der Spezialisten rigider Sprachen wie Tuscarora und Cayuga (vgl. z.B. Sasse 1988, 1992), die für ihre Sprachen nur eine lexikalische Kategorie annehmen, die sie Verb nennen. Inzwischen habe ich eine andere Idee von der Interpretation der Daten in diesen Sprachen. Das Fazit von Abschnitt 7 bis 9 war: Die prädikative Position kann in spezialisierten Sprachen eingenommen werden von allen vier Kategorien (V nur in infiniter Form). Diese Position benötigt keine spezifische lexikalische Kategorie, ein unspezifisches (semantisch zu verstehendes) "Prädikat" würde die Funktion genauso gut ausfüllen, allerdings unter Zuhilfenahme einer irgendwie gearteten Markierung, wodurch ein externes und ein situationsbezogenes referentielles Argument identifiziert und zugleich gebunden wird und so die (offene) Satzformel in einen Satz überführt, eine IP vom Typ <t>. Ich vermute nun, daß das, was die Spezialisten in Cayuga und Tuscarora ein Verb nennen, ein solches kategorien-unspezifisches Prädikat ist.

Bestärkt fühle ich mich durch die Daten in Straits Salish, nach der Beschreibung in Jelinek/Demers (1994) eine ebenfalls nichtspezialisierte Sprache. Es gibt keine unabhängigen Lexeme, sondern nur lexikalische Wurzeln. Eine Wurzel ist lexikalischer Kopf eines Minimalsatzes, komplexe Äußerungen sind aus solchen Minimalsätzen komponiert.

Ein Satz entsteht durch Affigierung und Klitisierung einer lexikalischen Wurzel, nur Affixe und Klitika können Argumentpositionen einnehmen, Affixe interne, Klitika externe Argumentpositionen, der Kontrast intern/extern ist also morphologisch markiert. Ein Klitikum, das sowohl das Subjekt und das Tempus markiert, macht aus einem Prädikat eine IP, einen Satz (etwa *sing* + PAST + 2sgNOM = 'you sang').

Ein Prädikat im Skopus eines Demonstrativums wird zu einem subordinierten (Relativ-) Satz, die ganze Konstruktion ist eine DP (etwa DET + *sing* + PAST = 'the (one who) sang'). Demonstrativa dienen also vornehmlich als Determinierer, die aus einem Prädikat eine referierende DP machen.

In diesen Sprachen scheint die semantische Struktur in der Syntax direkter sichtbar zu sein als in den spezialisierten: In der Semantischen Form (vgl. Tabelle (ii) in Abschnitt 5) sind Nomina als n-stellige Prädikate repräsentiert, *Schläfer* als $\lambda \underline{y}$ [x INST [SCHLAF y]]. Das Prädikat bildet mit seinem Argument zusammen eine Prädikation, eine Satzformel. Zum Kern einer DP wird das Prädikat durch Spezifizierung des Arguments als ein referentielles und durch dessen Theta-Bindung mittels des Operators D. Das Demonstrativum in Straits Salish ist nun eigentlich nichts anderes als die Ausbuchstabierung eines solchen Operators für eine definite Beschreibung, im Deutschen umschreibbar als 'derjenige, der (schläft/ein Schläfer ist)'. Wird dagegen das Argument durch ein pronominales Klitikum spezifiziert, dann ergibt das ganze einen Satz, umschreibbar als 'jemand/ich/du ... schläft/schlafe/schläfst...'. Möglicherweise käme man auch in Sprachen wie Cayuga und Tonganisch zu einer ähnlichen Interpretation.

So gesehen, bliebe die Frage, ob V oder N die am wenigsten markierte Kategorie ist, aus typologischer Sicht unbeantwortet und die Behauptung nur gefestigt, daß IP und DP zur Minimalausstattung jeder Sprache gehören müssen.

Aber eine andere nominale Eigenschaft gibt den Ausschlag für die Wahl des Nomens als unmarkierte lexikalische Kategorie. In den meisten Sprachen wird im Kontrast zur prädikativen Position die Argumentposition, die Position von Subjekt und Objekt, von einer Phrase eingenommen, deren lexikalischer Kopf, ob Simplex oder abgeleitet, kategorial eigenständig, nämlich ein N ist. Und zumindest für diese Sprachen gilt: Während in prädikativer Position Einheiten jeder lexikalischen Kategorie ohne Wortbildung einsetzbar sind, müssen sie für die Argument-Position nominalisiert werden.

Das Nomen ist somit die einzige lexikalische Kategorie, die ohne die Wortklasse zu verlassen, also unverändert sowohl in Argument- wie in prädikativer Position stehen kann (und natürlich auch in modifikatorischer Position).

In diesem Sinne ist das Nomen die am wenigsten markierte Kategorie.

Literatur

Abney, Steven P. (1986): Functional Elements and Licensing. – Glow Conference 1986, Gerona.

Bierwisch, Manfred (1987): "Semantik der Graduierung". – In: M. Bierwisch, E. Lang (Hgg.): Grammatische und konzeptuelle Aspekte von Dimensionsadjektiven (Berlin: Akademie-Verlag) (studia grammatica XXVI+XXVII) 91-286.

– (1988): "On the grammar of local prepositions". – In: M. Bierwisch, W. Motsch, I. Zimmermann (Hgg.): Syntax, Semantik und Lexikon. – (Berlin: Akademie-Verlag) (studia grammatica XXIX) 1-65.

Blutner, Reinhard (1992): "Type shifts in dynamic Montague grammar and the definitness restriction in *there*-insertion contexts". – In: I. Zimmermann, A. Strigin (Hgg.): Fügungspotenzen (Berlin: Akademie-Verlag) (studia grammatica XXXIV) 1-22.

Bok-Bennema, Reineke (1991): Case and Agreement in Inuit. Studies in Generative Grammar 38. – Berlin, New York: Foris publications.

Broschart, Jürgen (1991): "Noun, verb, and PARTICIPATION". – In: J. Seiler, W. Premper (Hgg.): Partizipation. Das sprachliche Erfassen von Sachverhalten (Tübingen: Narr) 65-137.

Chomsky, Noam (1970): "Remarks on Nominalization". – In: R. A. Jacobs, P. S. Rosenbaum (eds.): Readings in English Transformation Grammar (Waltham, MA: Ginn & Co) 184-221.

Dölling, Johannes (1992): "Flexible Interpretation durch Sortenverschiebung". – In: I. Zimmermann, A. Strigin (Hgg.): Fügungspotenzen. – (Berlin: Akademie-Verlag) (studia grammatica XXXIV) 23-62.

Gasde, Horst-Dieter (1993): "Lexikalische und funktionale Kategorien des chinesischen Satzes". – In: Sprachtypologie und Universalienforschung 46: 4, 239-274.

Hale, Ken, Jay Keyser (1994): The Limits of Argument Structure. – MIT-paper.

Hengeveld, Kees (1992): Non-verbal Predication. – Berlin, New York: Mouton de Gruyter (Functional Grammar Series 15).

Higginbotham, James (1985): "On semantics". – In: Linguistic Inquiry 16: 4, 547-593.

Hopper, Paul J., Sandra A. Thompson (1984): "The discourse basis for lexical categories in universal grammar". – In: Language 60: 3, 703-752.

Jelinek, Eloise, Richard A. Demers (1994): "Predicates and pronominal arguments in Straits Salish". – In: Language 70: 4, 697-736.

Kiparsky, Paul (1992): Kasustheorie. – Vorträge im Wissenschaftskolleg Berlin.

Sasse, Hans-Jürgen (1988): "Der irokesische Sprachtyp". – In: Zeitschrift für Sprachwissenschaft 7: 2, 173-213.

– (1992): Das Nomen – eine universale Kategorie? – Arbeiten des Sonderforschungsbereichs 282: Theorie des Lexikons, Nr. 27 – Köln.

Steinitz, Renate (1969): Adverbialsyntax. – Berlin: Akademie-Verlag (studia grammatica X).

– (1977): "Zur Semantik und Syntax durativer, inchoativer und kausativer Verben". – In: Untersuchungen zur deutschen Grammatik I (Linguistische Studien des Zentralinstituts für Sprachwissenschaft der AdW der DDR 35) 85-129.

– (1988): "Bewegungen bei und um Subjazenz, Grenzknoten und Satzglied". – In: M. Bierwisch, W. Motsch, I. Zimmermann (Hgg.): Syntax, Semantik und Lexikon. – (Berlin: Akademie-Verlag) (studia grammatica XXIX) 185-218.

– (1990): "Prädikation, Modifikation und Adverbiale". – In: Linguistische Studien des Zentralinstituts für Sprachwissenschaft der AdW der DDR 206, 117-132.

– (1991): "Durative und inchoative Prädikate und die Adverbialkomplemente von Verben". – In: L. Hoffmann (Hg.) (1992): Deutsche Syntax – Ansichten und Aussichten (Berlin, New York: W. de Gruyter) (Jahrbuch 1991 des Instituts für deutsche Sprache, Mannheim) 186-205.

– (1993): "Lexikalische Kategorie und syntaktische Funktion". – In: Wuppertaler Arbeitspapiere zur Sprachwissenschaft 9, 79-107.

– (1994): Lexikalische Kategorisierung. – Vortrag auf dem Workshop 'Lexikalische Kategorien' in Köln, November 1994.

– (1995): "Towards a revision of the lexical subcategorization features." – In: FAS Papers in Linguistics 1, 101-116.

– (in Vorb.): Valenznotwendige PPs – weder Argumente noch Nicht-Argumente. – Vortrag auf der 17. Jahrestagung der DGfS 1996.

Wiese, Richard (1996): Phonology of German. – Oxford: Clarendon Press.

Wunderlich, Dieter (1994a): Lexical Categories. – unpublished paper, Universität Köln.

– (1994b): CAUSE and the Structure of Verbs. – unpublished paper, to appear in Linguistic Inquiry, 71 pp.

Zimmermann, Ilse (1988a): "Die substantivische Verwendung von Adjektiven und Partizipien". In: M. Bierwisch, W. Motsch, I. Zimmermann (Hgg.): Syntax, Semantik und Lexikon. – (Berlin: Akademie-Verlag) (studia grammatica XXIX) 279-311.

– (1988b): "Wohin mit den Affixen?". – In: Linguistische Studien des Zentralinstituts für Sprachwissenschaft der AdW der DDR 179, 157-88.

– (1992): "Der Skopus von Modifikatoren". – In: I. Zimmermann, A. Strigin (Hgg.): Fügungspotenzen. – (Berlin: Akademie-Verlag) (studia grammatica XXXIV) 251-279.

– (1994): Zur Legitimierung syntaktischer Merkmale. – Vortrag auf der 16. Jahrestagung der DGfS, Münster, März 1994.

Stefanie Eschenlohr

Zur kategorialen Determiniertheit von Wortformen im Deutschen*

Abstract

In most languages word classes are distinguished by morphological means. However, languages differ widely with respect to the extent they allow for homonymous word forms, i.e. syncretism and conversion. This paper explores how categorial distinctions are drawn in German, a language with fairly rich inflectional and derivational morphology. Individual word forms are shown to be more or less categorially determined depending on the form of the inflectional and derivational affixes involved. As the noun-verb distinction is neutralized in certain morphological environments, it is argued that clearcut categorial distinctions as used in syntax cannot be maintained in morphology.

1 Einleitung

Sprachen unterscheiden sich je nach morphologischem Typ darin, inwieweit ihre Wortformen kategorial determiniert sind. Das Chinesische und das Englische sind bekannt dafür, daß ein- und dieselbe Wortform sowohl in typisch verbalen als auch in typisch nominalen Umgebungen vorkommen kann. Im Russischen ist dies dagegen nur selten möglich.

deutsch		russisch		englisch		chinesisch	
Bett	betten	kosyr 'Trumpf'	kosyrat 'trumpfen'	stone 'Stein'	stone 'steinigen'	jiefang 'Befreiung'	jiefang 'befreien'
Bett	bett(e)	kosyr	kosyraju	stone	stone	jiefang	jiefang
Bett(e)s	bettest	kosyra	kosyraes	stones	stones		
Bett(e)	bettet	kosyru	kosyraet		stoned		
Bett	betten	kosyrom	kosyrajem		(stoning)		
Betten […]	bettet […]	kosyrje […]	kosyraetje […]				

Abb. 1: Substantivische und verbale Teilparadigmen im Deutschen, Russischen, Englischen und Chinesischen

Wie Abb. 1 zeigt, unterscheiden sich die jeweiligen substantivischen und verbalen Teilparadigmen zum einen in der Anzahl der *paradigmeninternen Homonymien* (Synkretismen) und zum anderen in der Anzahl der *paradigmenübergreifenden Homonymien* (homonyme Substantiv- und Verbformen). Diese Parameter sind zwar prinzipiell unabhängig voneinander, sie hängen aber beide wesentlich von der Anzahl der Formen in den jeweiligen Teilparadigmen ab. Es ist klar, daß paradigmenübergreifende Homonymien in einer isolierenden Sprache wie dem Chine-

* Ich danke Peter Eisenberg, Lutz Gunkel und Martin Neef für hilfreiche Kommentare.

sischen einen anderen Status haben als in flektierenden Sprachen wie dem Deutschen oder dem Russischen. Das Deutsche ist insofern interessant, als es zwar ein noch relativ ausgebautes Flexionssystem besitzt, aber nur ein kleines Inventar verschiedener Flexive verwendet.

Die Häufigkeit von paradigmenübergreifenden Homonymien in einer Sprache hat jedoch nicht allein mit der Zugehörigkeit zum Sprachtypus 'isolierend' vs. 'flektierend' zu tun,[1] sondern ist vom Ausbau des Flexions- *und* des Derivationssystems der betreffenden Sprache abhängig. So treten im heutigen Deutsch nur in einem Teilbereich des Lexikons paradigmenübergreifende Homonymien auf, vgl. (1a,b) vs. (1c,d).

(1) a. *kühle (Der kühle Sekt; ich kühle den Sekt; die Kühle des Sekts)*
b. *schluck (Ein Schluck Wein; Ich schluck es)*
c. *Frechheiten (seine Frechheiten; *sie frechheiten Karl)*
d. *ehrliche (der ehrliche Finder; *ich ehrliche ihn)*

Die Frage ist, welche formalen und semantischen Eigenschaften Wortformen haben, die in Paradigmen von Wörtern unterschiedlicher Wortart vorkommen können.[2] Ich werde mich in meinem Beitrag auf die Untersuchung der formalen Eigenschaften dieser Wortformen konzentrieren. Es wird sich zeigen, daß die kategoriale Determiniertheit von Wortformen in hohem Maße von ihrer morpho-phonologischen Struktur bestimmt ist.

Die Eigenschaft, kategorial determiniert zu sein, ist morphologisch relevant. Nicht nur Wortformen, sondern auch wortinterne Konstituenten (Stämme) werden nach Wortarten kategorisiert. In gewissen morphologischen Umgebungen ist eine kategoriale Differenzierung von Stämmen jedoch nicht möglich, wenn diese nicht durch bestimmte Formeigenschaften kategorial determiniert sind. Im folgenden werde ich dies in bezug auf die Substantiv-Verb-Unterscheidung zu zeigen versuchen .

In Abschnitt 2 wird die Fragestellung präzisiert (vgl. 2.1) und die benötigte Begrifflichkeit eingeführt (vgl. 2.2). In Abschnitt 3 wird untersucht, welchen Beitrag die morphologischen Mittel des Deutschen zur kategorialen Determinierung von Wortformen leisten. Zunächst werden die Flexionsaffixe des Deutschen (vgl. 3.1) und die morphologisch einfachen Wörter (Simplizia) behandelt (vgl. 3.2), in den folgenden Abschnitten Stammodifikation (vgl. 3.3), Affigierung (vgl. 3.4) und Komposition (vgl. 3.5). Die Diskussion der Präfigierung (vgl. 3.4.2) erhält dabei besonderes Gewicht, da der Beitrag der Präfigierung zur kategorialen Festlegung eines Wortes äußerst umstritten ist. In Abschnitt 4 werden die Ergebnisse zusammengefaßt.

---

1 Ich verwende diese Begriffe wie üblich als Etiketten für die prototypischen Ausprägungen dieser Typen.

2 Ich unterscheide im folgenden zwischen (lexikalischen) *Wörtern* (Paradigma-Bedeutungspaaren) und *Wortformen*, die eine morphologische, phonologische und prosodische Struktur haben (vgl. dazu auch Eisenberg 1991). Der Begriff "Stamm(form)" ist für die Bezeichnung wortinterner Konstituenten reserviert. "Stamm" heißt immer "Stamm eines Wortes" (genauer "Stammform von einer Wortform"). Im Deutschen kommen alle Stämme auch als Wortformen vor. Auch Stämme von Verben entsprechen Wortformen, z.B *(ich) schluck* {1.P. Sg, Präs, Ind} *schluck* {Imp, Sg} und *schluck* {Inflektiv}. Zum 'Inflektiv' (z.B. *Schluck! Auch das noch*), vgl. Teuber (1995).

2 Wortart und Wortstruktur

2.1 Wortarten: Syntaktische und morphologische Kategorien

Durch die Wortartkategorisierung werden unterschiedliche *syntaktische* Verhaltensweisen von Wörtern im *Lexikon* kodiert. In den europäischen Sprachen haben die einer Wortart zugeordneten Wörter in der Regel eine Reihe von Eigenschaften *unterschiedlichen Typs* (syntaktische, morphologische, wort- und satzsemantische Eigenschaften) gemeinsam. Man kann kategoriale Prototypen auszeichnen, denen tatsächlich alle diese Eigenschaften zukommen.

Die einer Kategorie zugehörigen Wörter können jedoch in unterschiedlichem Maße von diesem Prototyp abweichen. Die Frage stellt sich also, welche Eigenschaften ein Wort mindestens haben muß, damit es einer bestimmten Wortart zugeordnet werden kann. Insbesondere sind in diesem Zusammenhang Kriterien zu formulieren, nach denen Kategorienwechsel von Funktionsvariation unterschieden werden kann. So stellt sich für die hervorgehobenen Wortformen in (2a) und (2b) die Frage, ob Kategorienwechsel oder Funktionsvariation vorliegt. Für die fraglichen Formen in (2c) und in (2d) stellt sich diese Frage normalerweise nicht; hier wird üblicherweise Kategorienwechsel (durch Konversion bzw. Derivation) angenommen. Der jeweilige funktionale Spielraum der einzelnen Wortarten wird also offenbar als unterschiedlich groß betrachtet.[3]

(2) a. Fritz antwortete **kühl**
b. Das **Kühlen** des Sekts
c. ich **kühle** den Sekt
d. Die **Kühle** des Sekts

Während durch die Wortart das syntaktische Verhalten eines Wortes kodiert wird, beruht die Kategorisierung von Stämmen darauf, daß sie in Wortformen vorkommen, die einer bestimmten syntaktischen Kategorie angehören. Wenn gleichlautende Stämme in Wortformen verschiedener Wortart vorkommen (z.B. *kühl(en)* vs. *kühl*), ordnet man die Stämme in der Regel verschiedenen Kategorien zu. Es gibt jedoch bestimmte morphologische Umgebungen, wo nicht entscheidbar ist, welcher Kategorie ein Stamm angehört. So stellen substantivische Determinativkomposita keine Anforderungen an die Kategorienzugehörigkeit der Erstkonstituente, da die modifizierende Funktion prinzipiell von Konstituenten jeder Kategorie erfüllt werden kann. Die determinierenden Konstituenten in (3a) sind sowohl auf Substantive als auch auf Verben beziehbar; in (3b) sind sie dagegen eindeutig als Substantive identifizierbar, und zwar ohne Rückgriff auf die Semantik der Formen.[4]

---

3 In einigen neueren Arbeiten wird versucht, die in Beispiel (2) illustrierten Phänomene einheitlich zu behandeln, indem die syntaktischen Kategorien durch geeignete Merkmalssysteme weiter ausdifferenziert werden (vgl. Zimmermann 1988, 1994). Andere setzen Kategorienkontinua an, auf denen Wortformklassen nach dem Grad ihrer Nominalität angeordnet sind (vgl. Lehmann 1992, Eisenberg 1994). Die von Wunderlich (1994) und Steinitz (in diesem Band) vorgeschlagenen Merkmalssysteme basieren auf den zentralen satzsemantischen Funktionen Referenz, Modifikation und Prädikation, mit denen die sogenannten Hauptwortarten verbunden sind.

4 Derartige 'Doppelmotivationen' treten in dieser morphologischen Umgebung recht häufig auf (vgl. Fleischer/Barz 1992:109).

(3) a. *Bauaufsicht, Pflegedienst, Trauerjahr, Klagemauer, Verzehrgeld*
b. *Rettungsdienst, Befehlston, Trittbrett, Wahljahr*

In den folgenden Abschnitten wird der Frage nachgegangen, aufgrund welcher formaler Eigenschaften eine Wortform kategorial determiniert ist. Eine Wortform ist kategorial eindeutig determiniert, wenn sie genau einer Wortart zugeordnet werden kann. Kann eine Wortform umgekehrt mehr als einer Wortart zugeordnet werden, so kann immer von Konversion ausgegangen werden.[5] Kategorial eindeutig determinierte Wortformen sind also nie durch Konversion umkategorisierbar.

2.2 Morphologisch einfach – morphologisch komplex

Im folgenden betrachte ich nur solche Wortformen als *strukturell komplex*, die mindestens zwei morphologische Konstituenten besitzen. Strukturell komplex sind einerseits Komposita, andererseits Derivata und flektierte Formen, die mindestens ein Affix enthalten. Damit wird den konkatenierenden morphologischen Mitteln eine besondere Stellung eingeräumt, die für das Deutsche aber gerechtfertigt werden kann. Nicht-konkatenierende Mittel sind im Deutschen kaum produktiv (Ablaut) oder treten meist in Verbindung mit konkatenierenden Mitteln auf (Umlaut). *Strukturell einfach* sind alle unflektierten Simplizia, Wortformen mit Pseudoaffix und stammodifizierte Wortformen. Unter Stammodifikation fasse ich Ablautung und Umlautung zusammen. Komposita und affigierte Derivata bezeichne ich als *wortbildungsmorphologisch komplex*, Wortformen mit Flexionsaffix als *flexivisch komplex*. Alle anderen Wörter sind *morphologisch einfach* (Simplizia). Strukturell komplexe Wortformen können demnach entweder flexivisch oder wortbildungsmorphologisch komplex sein oder beides.

Die Unterscheidung "morphologisch einfach vs. komplex" ist jedoch oft nicht so einfach zu treffen, wie es den Anschein hat. Es gibt im Deutschen viele Wörter, die bezüglich morphologischer Komplexität einen unsicheren Status haben. Viele dieser Wörter enden auf einem sogenannten 'charakteristischen Wortauslaut', nämlich auf *-e, -(e)n, -er* oder *-(e)l.* Diese diachron auf Suffixe zurückführbaren Wortenden werden auch als *Pseudosuffixe* bezeichnet, weil sie zwar einige suffixähnliche Eigenschaften aufweisen, aber synchron keinen Bezug auf eine Ableitungsbasis erlauben (vgl. Abschnitt 3.2.2).[6] Nach Eisenberg (1992[93]:98) haben Wortformen mit Pseudosuffix "eine Disposition zur morphologischen Segmentierung"; sie sind aber nicht notwendigerweise morphologisch komplex. So ist z.B. unklar, ob die Elemente *-e*, *-er* und *-en* in *Dusche*, *Ketzer*, *Garten* Suffixe sind oder zum Stamm gehören. Wenn das *-e* in *Dusche* ein Derivationssuffix ist, dann sollte es innerhalb von Komposita (*Duschvorhang*) nicht

---

5 Dabei bleibt die notorisch problematische 'syntaktische Umkategorisierung' ('substantivierte Adjektive und Infinitive', 'adjektivierte Partizipien') ausgeklammert. Die Unterscheidung der verschiedenen Typen von Kategorienwechsel und die Abgrenzung zur Funktionsvariation kann im Rahmen dieser Arbeit nicht geleistet werden (vgl. dazu Eschenlohr (in Vorb.)).

6 Köpke (1993:112) siedelt Wortformen mit Pseudosuffix (bei ihm nur *-el, -er* und *-en*) zwischen den Polen 'Simplex' und 'Derivat' an. So verhalten sich z.B. Adjektive auf *-el, -er* und *-er* in bezug auf die *-heit/-keit*-Affigierung teils wie morphologisch einfache, teils wie morphologisch komplexe Wörter. Auch in bezug auf Genus- und Flexionsklassenzuweisung haben Pseudosuffixe ähnliche Eigenschaften wie 'echte' Suffixe (vgl. Köpke 1993).

getilgt werden können. Das *-er* in *Ketzer* dürfte zwar meist als Stammauslaut analysiert werden, eine Reanalyse als Derivationssuffix scheint aber nicht ausgeschlossen (vgl. *ketzen* als mögliche Rückbildung zu *Ketzer*). Das *-en* in *Garten muß* unter bestimmten Bedingungen sogar wegfallen (*Gärtchen*), obwohl es zum Stamm zu gehören scheint.

Zu jedem morphologischen Mittel gehören morphologische Regeln, die mehr oder weniger produktiv sein können. Wortformen stehen in einer morphologischen Beziehung zueinander, wenn es eine morphologische Regel gibt, durch die sie aufeinander beziehbar sind.[7] Wichtig ist, daß Wortformen zwar strukturell einfach sein können, aber dennoch in einer morphologischen Beziehung, d.h. in einer synchron durchsichtigen Form- und Bedeutungsbeziehung zu anderen Wortformen stehen können. Dies ist typischerweise bei solchen Wortformen der Fall, wo Ablaut und Umlaut nicht mit Affigierung einhergehen. Wortformen wie *Tritt*, *Väter*, *kürz(en)*, *haus(en)* sind zwar strukturell einfach, sie stehen aber in einer morphologischen Beziehung zu anderen Wortformen, i.e. *tret(en)*, *Vater*, *kurz*, *Haus*. Solche Beziehungen werden aber nicht in der Struktur repräsentiert, sondern durch (Analogie)regeln ausgedrückt.

3 Wortstruktur und kategoriale Determiniertheit

3.1 Flexionsaffixe

In Abb. 2 sind die Flexionssuffixe des Deutschen nach dem Grad ihrer Wortartdeterminiertheit geordnet. Ein Flexionssuffix ist maximal wortartdeterminierend, wenn es auf genau einen Paradigmentyp beschränkt ist. Das Gesamtinventar umfaßt nur sieben Suffixe (ohne die prosodischen Varianten). Nur *-em*, *-st* und *-t* sind maximal wortartdeterminierend, während *-e* und *-(e)n* in den Paradigmen aller flektierenden Wörter vertreten sind.

				Verb
				-st
				-t
Substantiv				-e
Adjektiv	-em	-(e)s	-er	-(e)n

Abb. 2: Inventar der deutschen Flexionssuffixe, geordnet nach Wortartdeterminiertheit

-em kommt ausschließlich in adjektivischen bzw. pronominalen Paradigmen vor. Verbspezifisch sind *-t* und *-st*.[8] Die Endungen *-er* und *-(e)s* kommen sowohl in adjektivischen als auch substantivischen Paradigmen vor; allerdings ist die Variante *-s* auf Substantive beschränkt (*Zwergs*, *Zwerges*, **guts Kind*). Adjektivische Flexionsformen sind immer mindestens zwei-

---

7 Solche Regeln könnten Analogieregeln in Form von Proportionalgleichungen sein. Dieses Regelkonzept ist bei Becker (1990) ausgearbeitet.

8 Ausnahmen sind Adverbien wie *schnellst*, *innigst*, *höchst*, *möglichst*, die jedoch nur ad-adjektivisch vorkommen können (*höchst bedenklich*, *schnellst möglich*). Es besteht eine starke Tendenz zur Univerbierung (*Höchstgeschwindigkeit*, *höchstbedenklich*, *schnellstmöglich*).

silbig.[9] Der unbetonbare Schwavokal ist der einzige Vokal, der in Flexionsendungen im Deutschen vorkommen kann.

Die Endungen *-e, -en, -er* können auch wortintern vorkommen und zeigen damit ein für Flexive untypisches Verhalten. *-e, -(e)n* und *-er* bilden den Großteil der sogenannten paradigmischen Fugenelemente.[10] Die auf *-er* auslautenden adjektivischen Komparativformen sowie die substantivischen Pluralformen können als Derivationsbasen auftreten, vgl. (4).

(4) a. *schmäler(n), milder(n), näher(n), verkleiner(n), vergrößer(n), verschöner(n)*
b. *löcher(n), blätter(n), eier(n), räder(n), ränder(n)*

Auffällig ist, daß die am wenigsten wortartdeterminierten Endungen *-e, -en, -er* nicht nur als Flexionssuffixe, sondern auch als Derivations- und Pseudosuffixe fungieren, vgl. Abschnitt 3.2.1 und 3.4. Diese Formative sind also im Deutschen hochgradig polyfunktional.

3.2 Simplizia

Simplizia (Einsilber und Wortformen mit Pseudosuffix) sind aufgrund ihrer Formeigenschaften kategorial nicht festgelegt. Homonymien treten insbesondere in substantivischen und verbalen Paradigmen auf. Konversion ist jedoch nicht in allen Richtungen möglich. Am produktivsten ist Substantiv-Verb-Konversion.

3.2.1 Einsilber

Einsilbige Wortformen sind besonders typisch für Funktionswörter und Adjektive. Aber auch in den Paradigmen von Substantiven und Verben finden sich einsilbige Wortformen, zumindest in den singularischen Teilparadigmen.

In (5) sind Konversionspaare aufgelistet. Konversion wird normalerweise als gerichtete Beziehung aufgefaßt. Das zweite Wort des jeweiligen Paares gilt als vom ersten Wort abgeleitet. Handfeste Kriterien für die Bestimmung der Ableitungsrichtung gibt es aber nicht.[11] Während in (5a,b) die Ableitungsrichtung intuitiv klar ist, scheinen in (5c) beide Richtungen möglich.

---

9 In manchen Fällen tritt das Schwa schon als Stammauslaut auf (*müdes, träges*) oder ist phonotaktisch begründbar (*edles, übles*). Dies sind jedoch keine Gegenbeispiele, denn diese Formen enden wie alle flektierten Adjektivformen auf eine Schwasilbe. Jede flektierte Form eines Adjektivs ist also mindestens zweisilbig und konstituiert einen Trochäus. Im singularischen Substantivparadigma sind dagegen auch einsilbige Formen erlaubt.

10 Paradigmisch heißt, daß die Erstkonstituente des Kompositums auch im Paradigma des betreffenden Wortes enthalten ist. *-(e)s* ist als paradigmisches Fugenelement vergleichsweise selten. Als nicht-paradigmisches Fugenelement kommt nur *-s* und in ganz wenigen Fällen auch *-en* vor (vgl. Ortner et al. 1991:50ff.).

11 Meist wird die Ableitungsrichtung semantisch motiviert: "A word that for its analysis is dependent on the content of the other pair member is necessarily the derivative." (Marchand 1964:12). In vielen Fällen läßt sich jedoch nicht entscheiden, ob ein Wort von einem anderen 'semantisch abhängig' ist. Letztlich bleiben zwei Lösungsmöglichkeiten: Entweder legt man eine Ableitungsrichtung intuitiv fest oder man läßt ungerichtete Ableitungsbeziehungen zu.

(5) a. *bau(en) - Bau, - lauf(en) - Lauf, sitz(en) - Sitz*
b. *Haus - haus(en), Maus - maus(en), Laus - laus(en)*
c. *Duft - duft(en), Dampf - dampf(en), Plan - plan(en)*
d. *reif - reif(en), scheu - scheu(en), spitz - spitz(en)*
e. *Ernst - ernst, gut - Gut, Wert - wert*
f. *gut - Gut, rot - Rot, blau - Blau*

Besonders eng ist die morphologische Beziehung zwischen Substantiv und Verb. Konversion ist im Prinzip in beiden Richtungen möglich, allerdings ist die sogenannte Stammkonversion vom Verb zum Substantiv nur eingeschränkt produktiv (vgl. (5a)). Es gibt nur wenige deadjektivische Konversionsverben (vgl. (5d)), und die umgekehrte Richtung vom Verb zum Adjektiv ist gar nicht möglich. Auffällig ist auch, daß es keinen Austausch zwischen einsilbigen Substantiven und Adjektiven gibt. Substantiv-Adjektiv-Konversion ist im Deutschen nicht produktiv (vgl. *Maus* -> **maus*) und die Substantivierung von Adjektiven führt zu zweisilbigen Substantiven (vgl. *das Echte*, *der Alte*). Einige Ausnahmen sind in (5e,f) aufgelistet. Festzuhalten ist, daß einsilbige Simplizia formseitig zwar auf keine bestimmte Wortart festgelegt sind, daß sie aber nur eingeschränkt konversionsfähig sind.

3.2.2 Wörter mit Pseudosuffix

Der native Kernwortschatz des Deutschen weist eine große Menge von Wortformen auf, die auf ein sogenanntes Pseudosuffix (*-e*, *-(e)n*, *-er* oder *-(e)l*) enden. Pseudosuffixe sind unbetonbar und konstituieren einen für das Deutsche typischen Fußtyp, den Trochäus, der insbesondere für die deutschen Substantive eine prosodische Zielstruktur darstellt (vgl. Eisenberg 1991).

Für unsere Fragestellung ist relevant, daß Pseudosuffixe, insbesondere *-er* und *-el*, sehr häufig im Wortauslaut sowohl von Substantiven als auch von Verben (und in eingeschränktem Maße auch von Adjektiven) vorkommen (vgl. (6)).[12] Damit unterscheiden sie sich wesentlich von den 'echten' Derivationssuffixen, die kategorial stets auf eine bestimmte Wortart festgelegt sind (vgl. Abschnitt 3.4.1).

(6) a. *Eimer, Leber, Ketzer, Sessel, Senkel, Flügel*
b. *bummel(n), kribbel(n), lümmel(n), mecker(n), schluder(n), laber(n)*
c. *sauer, bitter, düster, heiter, mittel, eitel, simpel, dunkel, übel*

---

[12] Das Pseudosuffix *-en* ist insgesamt weit weniger häufig als *-er* und *-el*. Es gibt meines Wissens nur 2 Adjektive auf *-en* (*trocken*, *offen*). Bei den Substantiven ergibt sich nach einer Auszählung von Köpcke (1993:113) folgendes Bild: 602 Substantive enden auf *-el*, 620 auf *-er*, aber nur 295 auf *-en*. Bei den Verben kommt das Pseudosuffix *-en* nicht vor. Bei der Konversion von *-en*-Substantiven und Adjektiven, die insgesamt sehr beschränkt ist (vgl. Kühnhold/Wellmann 1973:25), wird das *-(e)n* entweder als "als Infinitivendung uminterpretiert" (Fleischer/Barz 1992:305), oder es rückt nach Schwatilgung in den Anlaut der zweiten Silbe des Verbs (vgl. *rahmen*, *fohlen*, *albern* vs. *wappn(en)*, *segn(en)*, *trockn(en)*). Dieses Verhalten wird in der Regel durch Haplologie erklärt (Vermeidung von *-en -en*). Verben des Typs *wappnen* stellen jedoch eine geschlossene Klasse von 16 Elementen dar und lassen sich nicht neu bilden (vgl. Neef 1996).

In den meisten Wortbildungslehren werden die Verben unter (7a,b) als denominal analysiert (z.B. Paul 1920:113). Formseitig gibt es jedoch kein Indiz für eine bestimmte Ableitungsrichtung. Was die möglichen Konversionsrichtungen angeht, so gelten für Wörter mit Pseudosuffix generell die gleichen Einschränkungen wie für die einsilbigen Simplizia. Die Verben in (7) verhalten sich morphologisch wie Simplizia und sind deshalb als strukturell einfach zu betrachten (dasselbe gilt für die einsilbigen Simplizia in (5)).[13] Die Tatsache, daß zwischen zwei stammgleichen Wörtern eine derivationelle Beziehung besteht, braucht nicht durch ein Nullsuffix repräsentiert zu werden, sondern kann durch eine Analogieregel ausgedrückt werden.

(7) a. *gabel(n), gurgel(n), kurbel(n), löffel(n), meißel(n), nagel(n)*
b. *eiter(n), feuer(n), mauer(n), pfeffer(n), pflaster(n), zucker(n), feier(n)*
c. *Wiege - wieg(en), Reise - reis(en), Frage - frag(en), Ernte - ernt(en)*

Problematisch sind die Fälle in (7c). Hier ist nicht klar, ob das auslautende Schwa bei den Substantiven Derivationssuffix oder Pseudosuffix ist. Ob es sich um morphologisch komplexe oder morphologisch einfache Wörter handelt, läßt sich nur dann entscheiden, wenn man eine bestimmte Ableitungsrichtung annimmt.[14]

Wenn Einsilber und Wortformen mit Pseudosuffix als Konstituenten von morphologisch komplexen Wörtern vorkommen, ist unter Umständen nicht entscheidbar, welcher Kategorie sie angehören. Als Testfall können substantivische Determinativkomposita herangezogen werden (vgl. Abschnitt 2.1).

(8) *Bauaufsicht, Klagemauer, Schreikrampf, Streikaufruf, Trauerjahr*

Die Erstkonstituenten in den Komposita in (8) sind sowohl auf Substantive als auch auf Verben beziehbar.[15] Kategoriale Ambiguität kann auch in solchen Fällen vorliegen, wo die Ableitungsrichtung in einem Konversionspaar intuitiv klar scheint (z.B. bei *bauen* -> *Bau*).

---

[13] In bezug auf ihre Kombinationsfähigkeit mit anderen Derivationsaffixen verhalten sich Konversionsverben genauso wie morphologisch einfache Verben. Derivationsbeschränkungen sind in der Regel auf syntaktisch-semantische Faktoren wie Transitivität und Telizität zurückführbar, teilweise aber auch idiosynkratisch, vgl. *Färbung*, *Spiegelung*, *Fütterung* vs. **Kämmung*, **Köpfung*, **Stempelung*. Die Tatsache, daß viele Konversionsverben atelisch und intransitiv sind und deshalb z.B. nicht mit *-ung* oder *-bar* deriviert werden können, spricht eher dafür, sie als Simplizia zu behandeln. Morphologisch komplexe Verben (i.e. Präfixverben) sind nämlich typischerweise transitiv und telisch. Olsen (1991) setzt für denominale Konversionsverben Wortstrukturen an, in denen Null-Suffixe als (rechtsstehende) leere Köpfe fungieren. Die Ungrammatikalität von Ableitungen wie *ein Buch* > *buchen* > **ein Buch* (im Sinne von Buchungsvorgang) läßt sich nach ihrer Analyse als eine durch Nullaffixe bzw. leere Köpfe induzierte Derivationsbeschränkung erklären. Meines Erachtens ist sie einfach dadurch erklärbar, daß die sogenannte Stammkonversion im heutigen Deutsch kaum produktiv ist.

[14] Das Schwa kann hier zwar nicht als *Nominalisierungs*suffix analysiert werden, wohl aber als *Nominal*suffix. (Dieser Vorschlag stammt von Matthias Butt, Potsdam). Dasselbe gilt für Ablautnominalisierungen (vgl. Abschnitt 3.3.1), die zusätzlich durch Schwa markiert sind, z.B. *Waage*, *Hilfe*, *Lage*. Die schwahaltigen Formen passen sich damit einer präferierten prosodischen Struktur für Substantive an.

[15] In vielen Fällen fungieren Fugenelemente als Kategorienindikatoren. Das Fugenelement *-n* markiert substantivische Erstkonstituenten (vgl. *Probenassistent*, *Speisenkarte*). Verbformen auf *-(e)n* (Infinitive) kommen wortintern nicht vor. Substantivierte Infinitive nehmen wortintern das Fugenelement *-s* (*Essenszeit*, *Lebenslauf*). *-e* markiert dagegen verbale Erstglieder.

3.3 Stammodifikation

Stammodifizierte Wörter sind kategorial markiert. Die kategoriale Festlegung ergibt sich jedoch nicht aufgrund ihrer morphologischen Struktur – sie sind strukturell nicht von Simplizia zu unterscheiden –, sondern aufgrund der asymmetrischen Ableitungsbeziehung. Ablaut ist immer deverbal, Umlautung tritt nur bei deadjektivischen und desubstantivischen Verben auf.

3.3.1 Ablaut

Nach unserer Einteilung sind Ablautnominalisierungen Simplizia, weil sie keine wortinternen morphologischen Konstituenten enthalten. Diese Analyse findet Bestätigung im morphologischen Verhalten der Ablautnominalisierungen. Anders als morphologisch komplexe Nominalisierungen auf *-ung* sind Ablautnominalisierungen unter bestimmten Umständen verbalisierbar (vgl. (9a) vs. (9b)) und mit den Adjektivsuffixen *-ig* und *-lich* kombinierbar (vgl. (9c) vs. (9d)).[16]

(9) a. *vereinnnahm(en), bezuschuss(en), beanspruch(en), bevorzug(en), veranlag(en), verausgab(en), begab(en), beschrift(en)*
b. **berüstungen, *beheizungen, *verböschungen, *verleitungen*
c. *brandig, sprachlich, stichig, tätlich, klanglich, griffig, flüssig, rissig, süffig*
d. **untersuchunglich, *befreiunglich, *böschungig, *heizungig, *leitunglich*

Ablautende Stammodifikation ist im heutigen Deutsch nicht mehr produktiv. Paare wie

(10) a. *fließ(en) - Fluß, gieß(en) - Guß, flieg(en) - Flug*
b. *tret(en) - Tritt, zwing(en) - Zwang, schneid(en) - Schnitt*

sind aber synchron noch klar aufeinander beziehbar. Paradigmenübergreifende Homonymien (z.B. *tritt* - *Tritt*) treten nicht bei allen ablautenden Verb-Substantiv-Paaren auf, vgl. (10a). Zu den Substantiven in (10a) gibt es homonyme Verbformen, die Ableitungsrichtung ist aber eindeutig deverbal. Anders als bei Konversion (Wortartwechsel ohne formale Markierung) ist die Ableitung durch Ablaut immer nur in einer Richtung möglich. Daß bei *tritt* - *Tritt* keine Konversionsbeziehung vorliegt, ist klar, weil finite Verbformen nicht als Ableitungsbasen fungieren können.

Als Testfall für die kategoriale Identifizierung dienen wieder Substantivkomposita. Wenn Formen wie *Tritt*, *Griff*, *Schnitt* als wortinterne Konstituenten vorkommen (*Trittbrett*, *Griffbrett*, *Schnittkäse*), ist der Bezug auf eine Verbform nicht möglich (obwohl semantisch plausibel), weil finite, tempusmarkierte Verbformen als Erstkonstituenten von Komposita ausgeschlossen sind.

---

[16] Auch als Erstglieder von Komposita weisen Ablautnominalisierungen nicht die für morphologisch komplexe Wörter typischen Eigenschaften auf. Morphologisch komplexe Erstkonstituenten von Komposita haben die starke Tendenz, das Fugenelement *-s* zu nehmen. Das gilt insbesondere für alle Nominalisierungen mit *-ung* und *-heit*, aber auch für die sogenannten Stammkonversionen von Präfixverben (vgl. Ortner et al. 1991:73ff.). Ablautnominalisierungen nehmen dagegen in der Regel kein Fugen-*s*, vgl. *Trittbrett*, *Klangfarbe*, *Flugsimulator* etc. (Ausnahmen: *Hilfs-(konvoi)*, *Zwangs-(jacke)*, *Bundes-(adler)*).

3.3.2 Umlaut

Umlaut findet sich in der Derivationsmorphologie vor allem bei deadjektivischen Verben (vgl. (11)), die allerdings meist zusätzlich präfigiert werden (vgl. (15c) in Abschnitt 3.4.2).

(11) *kürz(en), läng(en), härt(en), schärf(en), stärk(en), töt(en), krümm(en)*

Paradigmenübergreifende Homonymien zwischen umgelauteten deadjektivischen Verben und Adjektiven gibt es nicht. Nur einige morphologisch komplexe Substantive haben gleichlautende Formen. Ein Teil der Adjektive des Kernbereichs (Dimensionsadjektive) bildet Nominalisierungen mit Umlaut und Schwa (vgl. *Kürze*, *Härte*, *Stärke*), die mit Verbformen homonym sind. Die Zahl dieser Bildungen ist aber relativ gering.

Umlautung spielt auch in der derivationellen Beziehung zwischen Substantiv und Verb eine Rolle, vgl. (12). Umgelautet sind immer die (schwachen) Verben. Da Umlautung als gerichtete phonologische Beziehung (Frontierung) gilt, ist die Ableitungsrichtung formal eindeutig.[17] Intuitiv dürfte aber in den manchen Fällen das Substantiv als abgeleitet gelten (*quälen -> Qual*, *wählen -> Wahl*, *wünschen -> Wunsch*).

(12) a. *Traum - träum(en), Wunsch - wünsch(en), Strom - ström(en)*
b. *Qual - quäl(en), Zahl - zähl(en), Wahl - wähl(en), Auge - äug(en)*

Homonyme Verb- und Substantivformen (*träume* - *Träume*) kommen nur in den Paradigmen der Wörter in (12a) vor. Ein systematischer Zusammenhang zwischen umlautender Pluralbildung (in der Regel kombinatorisch mit Suffix) und umlautender Verbalisierung scheint nicht zu bestehen.

Trotz der obengenannten Homonymien sind durch Umlautung derivierte Wortformen kategorial eindeutig. Als determinierende Glieder von Komposita sind umgelautete Formen immer nur auf Verben beziehbar (*Quälgeist*, *Wählscheibe*, *Zählwerk*), die nichtumgelauteten nur auf Substantive (*Wunschtraum*, *Sturmnacht*, *Traumbild*).

3.4 Affigierung

Sowohl Präfixe als auch Suffixe fungieren als Kategorienindikatoren. Die Kategorie einer Wortform läßt sich in der Regel durch das jeweilige Affix identifizieren. Der Unterschied besteht darin, daß einige präfigierte Verben außer der Infinitivnominalisierung auch Stammkonversion erlauben, während suffigierte Adjektive und Substantive meist nicht durch Konversion umkategorisiert werden können.

3.4.1 Suffigierung

Suffigierung ist das dominierende morphologische Mittel in der Wortbildung des Substantivs und des Adjektivs. In der verbalen Wortbildung spielt Suffigierung nur eine marginale Rolle. *-(e)ln* ist das einzige native Verbsuffix.

---

[17] Man vgl. dazu Wilmanns (1899:62): "Durch das lebendige Verhältnis zwischen dem umgelautetem Verbum und dem nicht umgelautetem Stammwort erscheint der Umlaut als ein Mittel der Ableitung [...]."

Produktive Derivationssuffixe zeichnen sich formal dadurch aus, daß sie mindestens einen Vollvokal enthalten (*-ung*, *-isch*, *-lich* etc.) und/oder konsonantisch anlauten (*-chen*, *-ler*, *-schaft*, *-heit* etc.). Die einzigen produktiven Derivationssuffixe, die diese Formeigenschaften nicht besitzen, sind das Substantivsuffix *-er* und das Verbsuffix *-(e)l(n)*.

Jedes Suffix ist auf genau eine Kategorie festgelegt.[18] Suffigierte Derivata können nicht durch Konversion umkategorisiert werden, vgl. (13a,b).[19] Eine Ausnahme bilden *-er*-Substantive, die in bestimmten Fällen verbalisiert werden können (vgl. (13c)).

(13) a. **häßlich(en), *boshaft(en), *rosig(en) *tierisch(en)*
b. **freiheit(en), *leitung(en), *eigentum(en), *schwangerschaft(en), *jüngling(en)*
c. *berliner(n), gärtner(n,) fußballer(n), schreiner(n), diener(n), streber(n)*

Die *-er*-Derivata lehnen sich damit an die strukturell einfachen Substantive mit Pseudosuffix *-er* an, zu denen es in vielen Fällen Konversionsverben gibt.

3.4.2 Präfigierung

Präfigierung ist im Deutschen ein verbtypisches Wortbildungsmuster. Ich betrachte im folgenden nur die untrennbaren Präfixe (*be-*, *ent-*, *er-*, *ver-* und *zer-*), deren Affixstatus unumstritten ist. Als produktive nominale Präfixe sind vor allem das adjektivische *un-* (*untreu*) und das substantivische *Ge-* bzw. *Ge - e* (*Geschrei, Geschreie*) zu nennen.[20]

Wie alle Verben besitzen auch die Präfixverben mit den Infinitiven und Partizipien Formen, die auch in substantivischen und adjektivischen Paradigmen vorkommen können. Darüberhinaus scheint Substantivierung durch Stammkonversion bei den Präfixverben produktiver zu sein als bei Simplexverben. Die Substantive in (14a,b) sind durch die verbtypischen Präfixe jedoch eindeutig als deverbal markiert. Probleme bei der Bestimmung der Ableitungsrichtung ergeben sich hier nicht.

---

18 Eine mögliche Ausnahme ist das Suffix *-er*. Bei Fleischer/Barz (1992) ist es als substantivisches und als adjektivisches Derivationssuffix aufgeführt. Das Suffix *-er* dient laut Fleischer/Barz (1992:239) "zur adjektivischen Derivation von onymischer Basis." Ob *-er* zu den adjektivischen Derivationssuffixen gerechnet werden kann, ist meines Erachtens jedoch fraglich. Die infragestehenden Derivata (z.B. *Münchner*, *Berliner*, *Schweizer*) sind weder flektierbar, noch komparierbar, noch können sie in prädikativer Funktion stehen. (Es stellt sich demnach die Frage, ob man es hier überhaupt mit Adjektiven zu tun hat). Wenn man sie als Konversionen von *-er*-Substantiven analysiert, dann läßt sich zwar nicht ihren semantischen, zumindest aber ihren morphosyntaktischen Besonderheiten Rechnung tragen. Konversionsbildungen nach einem prinzipiell unproduktiven Muster führen in der Regel zu defektiven Paradigmen.

19 Ausnahmen gibt es nur sehr vereinzelt, z.B. *offenbar(en), ehelich(en), wirtschaft(en), fuhrwerk(en)*. Etwas häufiger sind Verben auf *-ig(en)*, z.B. *kräftig(en)*, *heilig(en)*, *sündig(en)* etc. Produktiv sind diese Muster jedoch nicht. Fälle von Affixkonversion gibt es also zumindest im Deutschen nicht. Auch diachron sind sie nicht nachweisbar (vgl. Fuhrhop 1993).

20 Bei Fleischer/Barz (1992) sind *erz-*, *haupt-*, *miß-*, *ur-* und *un-* als nominale Präfixe aufgelistet. Nur *erz-* und *ur-* sind sowohl als substantivische als auch als adjektivische Präfixe produktiv. Substantivisches *un-* ist im heutigen Deutsch nicht produktiv. Die meisten *Un*-Substantive sind Nominalisierungen von Adjektiven (vgl. Lenz 1995:17ff.). Das Präfix *miß-* wird von Fleischer/Barz (1992) als substantivisch, verbal und adjektivisch klassifiziert. Produktiv scheint es aber, wenn überhaupt, nur als Substantivpräfix zu sein. Die Tatsache, daß alle diese Präfixe in der Regel den Akzent auf sich ziehen, spricht möglicherweise dafür, sie als Erstglieder von Komposita zu behandeln (vgl. Eisenberg 1991:40).

(14) a. *Begehr, Befehl, Beweis, Befall, Besuch, Erhalt, Verzehr, Ertrag*
b. *Verriß, Entwurf, Begriff, Befund, Verschnitt, Betrug*

Viele starke Partikel- und Präfixverben bilden ablautende Nominalisierungen, vgl. (14b).[21] Im Gegensatz zu den Konversionsbildungen in (14a) sind diese Bildungen durch den Stammablaut als Substantive markiert (vgl. Abschnitt 3.3.1). Innerhalb von Komposita können demnach nur die Bildungen in (14a) kategorial ambig sein, vgl. *Verzehrgeld*, *Beweiskraft*, *Verzichtleistung*. In den meisten Fällen werden sie jedoch durch ein Fugen-*s* als Substantive markiert, vgl. *Besuchszeit*, *Befehlston*, *Ertragslage*.

Die Frage, ob Präfixe Wortformen kategorial festlegen können, gehört zu den umstrittensten Fragen in der Morphologie.[22] Obwohl in bezug auf die kategoriale Festlegung im Deutschen eine Links/Rechts-Asymmetrie (Suffixpräferenz, vgl. dazu Wandruszka 1992) zu beobachten ist, wäre es zu einfach zu behaupten, daß die Wortart im Deutschen immer am rechten Wortende markiert wird. Wenn man sich genauer ansieht, welchen Beitrag Suffixe und Präfixe zur kategorialen Festlegung eines Wortes leisten, ergibt sich ein differenzierteres Bild.

Verbpräfixe verbinden sich im Gegensatz zu den Suffixen mit Derivationsbasen verschiedener Kategorien (vgl. (15)). Diese Annahme ist umstritten. Die Beispiele in (15c,d) zeigen, daß Präfixe substantivische und adjektivische Basen nehmen. In (15b) ist die Annahme, daß Präfixe Kategorienwechsel bewirken können, dagegen nicht zwingend, weil die Derivationsbasen hier auch als Konversionsverben analysiert werden können (z.B *polster(n)*). Die Frage stellt sich demnach, ob die Kategorie der Formen in (15c,d) durch die Präfixe festgelegt wird.

(15) a. deverb.: *begeh(en), zerred(en), verlauf(en), erleb(en)*
b. *bepolster(n), bepinsel(n), begrün(en), verschöner(n)*
c. deadj.: *vertief(en), erhöh(en), erröt(en), verdick(en)*
d. desubst.: *beseel(en), zertrümmer(n), enthaar(en)*

Daß Präfixe kategorienveränderndes Potential besitzen *müssen*, zeigen die Daten in (16). *Unpräfigierte* Adjektive können nicht durch Konversion verbalisiert werden (vgl. (16a)), obwohl Adjektiv-Verb-Konversion prinzipiell möglich ist. Die Beispiele in (16b) demonstrieren, daß

---

21 Becker (1993) behandelt Ablautnominalisierungen in komplexen Verben als Ersetzungsbildungen. Mir ist allerdings nicht ganz klar, wie Beckers Konversionsregeln von seinen Ersetzungsbildungen zu unterscheiden sind. Als Konversion analysiert Becker Bildungen wie *Betrag*, *Bescheid*, *Besuch* etc., weil es die entsprechenden Nominalisierungen nicht als frei vorkommende Wörter gibt, vgl. **Trag*, **Scheid*, **Such*. Dies gilt allerdings auch für einige Ablautnominalisierungen, die er zu den Ersetzungsbildungen rechnet, z.B. *Abrieb, Einnahme, Abfuhr* vs. **Nahme, *Rieb, *Fuhr*.

22 Es geht mit anderen Worten um die Gretchenfrage, ob Präfixe im Deutschen morphologische Köpfe sein können. Die meisten Morphologen nehmen an, daß der Kopf eines Wortes, also die Konstituente, die die grammatischen Eigenschaften des Gesamtwortes bestimmt, in einer Einzelsprache positional festgelegt ist. Für das Deutsche wird der Standpunkt vertreten, daß der Kopf immer rechts steht; Präfixe können demnach keine Köpfe sein (z.B. Wunderlich 1986, Stiebels 1995, Olsen 1991). Es ist allerdings umstritten, ob das Konzept des Kopfes überhaupt für die Morphologie taugt (vgl. Zwicky 1985, Bauer 1990, Becker 1990a). Ich schließe mich den Kritikern an, zumal es meines Wissens bisher nicht gelungen ist, einheitliche Kriterien für die Identifikation von morphologischen Köpfen zu formulieren. Die Tatsache, daß Präfixe worartverändernd sein können, zwingt nicht zu der Annahme, daß sie morphologische Köpfe sind. Derivationsmorphologische Regularien lassen sich auch ohne Rückgriff auf den Kopfbegriff formulieren (vgl. Becker 1990a, Plank 1981).

die Verbalisierung von *un*-Adjektiven durch Präfigierung möglich ist. Gerade dann, wenn Konversion ausgeschlossen ist, können Präfixe Umkategorisierung bewirken (vgl. auch Beispiel (9) in Abschnitt 3.3.1).

(16) a. **untreu(en), *unklar(en), *unsicher(n), *unheilig(en)*
b. *veruntreu(en), verunklar(en), verunsicher(n), verunheilig(en)*

Wenn in einer Wortform ein Derivationspräfix und -suffix zusammen auftreten, legt in der Regel das Suffix die Wortart fest (z.B. *Verdunkelung, Unfreundlichkeit, Beschützer, verletzbar, zerbrechlich*). Interessant sind die Fälle, wo diese Regel nicht gilt.

(17) a. *verlangsam(en), vereinsam(en), verharmlos(en), verwahrlos(en)*
b. *vergegenwärtig(en), vernachlässig(en), vereinig(en), versündig(en)*
c. *verdeutlich(en), verheimlich(en), verwirklich(en), vergöttlich(en)*

Die Daten in (17) zeigen einmal mehr, daß Präfixe die kategoriale Festlegung eines Wortes durch ein Suffix 'überschreiben' können. Die Beispiele in (17b) mit dem Suffix *-ig* sind Sonderfälle, weil *-ig* beziehungsweise Kombinationen aus Präfix und *-ig* in früheren Sprachstufen als Verbalsuffix fungierte (vgl. Paul 1920:122). Neubildungen nach diesem Muster scheint es nicht zu geben. Im heutigen Deutsch sind nur *-lich*-Adjektive (vgl. (17c)) in beschränktem Maße umkategorisierbar. Die Struktur "unbetontes Verbpräfix + Stamm + *-lich*" ist eine mögliche Struktur für Adjektive *und* für Verben (vgl. *verächtlich* vs. *verdeutlich(en)*), wobei allerdings die Zahl der Adjektive weitaus größer ist als die der Verben. Die Struktur "unbetontes Verbpräfix + Stamm + *-ig*" ist immer verbal.

Eine Links/Rechts-Asymmetrie manifestiert sich in der Derivationsmorphologie des Deutschen also gerade dadurch, daß Präfixe fast ausschließlich auf die verbale Wortbildung beschränkt sind. Für Verben leisten Präfixe das, was Suffixe für Adjektive in der nominalen Wortbildung leisten.

3.5 Komposition

Komposition ist *das* Wortbildungsmuster für Substantive. Adjektivkomposita spielen demgegenüber eine vergleichsweise geringe Rolle.[23] Bei den Verben ist die Situation komplizierter, weil nicht klar ist, ob Komposition im verbalen Bereich ein produktives Wortbildungsmittel ist (vgl. Wunderlich 1986, 1987).

(18) a. *raffgeier(n), schriftsteller(n), schulmeister(n), klugscheißer(n)*
b. *hungerstreik(en), leisetret(en), brustschwimm(en), staubsaug(en)*
c. **überreif(en), *hellgrün(en), *kreidebleich(en), *beinhärt(en)*

Die Verben in (18a) sind von Substantiven abgeleitet. Die Umkategorisierung von Substantivkomposita ist zwar möglich, kommt aber de facto selten vor, eben weil Komposition

23 Vgl. Ortner et al. (1991). In dem dort ausgewerteten Korpus waren 83,6% der Nominalkomposita Substantivkomposita, 8,6% Adjektivkomposita und der Rest Partizipialbildungen.

kein verbales Wortbildungsmittel ist. Semantisch sind diese Beschränkungen nicht erklärbar.[24] Begünstigend wirken bestimmte formale Eigenschaften des Zweitglieds. Sämtliche unter (18a) aufgelisteten Wortformen enden auf Pseudosuffixe *-er* oder *-el* , die – wie gezeigt wurde – präferierte Wortenden bei Verben sind.

Die Verben in (18b) sind auf Substantivkomposita mit meist deverbalem Zweitglied beziehbar. Man nimmt deshalb an, daß diese Verben durch Rückbildung (*hungerstreik(en)*), in einigen Fällen auch durch Inkorporation (*radfahren)* gebildet werden. Für diese Verben ist typisch, daß sie defektive Paradigmen aufweisen, in denen die meisten der finiten Formen fehlen. Dies kann als Hinweis darauf gedeutet werden, daß die betreffenden Wörter noch nicht vollständig als Verben 'lexikalisiert' sind.[25]

Adjektivkomposita können nicht verbalisiert werden, auch nicht in solchen Fällen, wo die Zweitglieder tatsächlich existierende deadjektivische Verben sind, vgl. (18c). Die Gründe dafür sind vermutlich semantischer Natur. Vielleicht liegt hier auch eine Art von morphologischer Komplexitätsbeschränkung vor. Ein Wortbildungsmuster, das schon für Simplizia nicht besonders produktiv ist, funktioniert bei morphologisch komplexem Input gar nicht mehr.[26]

4 Ergebnisse

Im Deutschen ist die syntaktische Kategorie einer Wortform durch das am weitesten rechts stehende Affix, also in der Regel durch ein Suffix festgelegt. Der Grad der kategorialen Determiniertheit ist jedoch abhängig von der Form des jeweiligen Derivations- oder Flexionssuffixes. Zudem tragen auch prosodische Eigenschaften, insbesondere kategorienspezifische Betonungsmuster, zur kategorialen Determinierung von Wortformen bei.

Wie Abb.4 zeigt, gibt es im Deutschen eine kleine Anzahl von Suffixen, die als Derivations-, Flexions- und Pseudosuffixe vorkommen.

---

24 Neef (1996) nimmt an, daß Verben immer eine 'einheitliche Sinneinheit' manifestieren müssen. Damit sei erklärbar, daß nur hochgradig lexikalisierte Komposita verbalisiert werden können. Ich halte diesen Erklärungsansatz jedoch für problematisch, da mir das Konzept einer 'einheitlichen Sinneinheit' kaum präzisierbar scheint. Wenn es tatsächlich eine derartige semantische Beschränkung für Verben gibt, dann müßten hochgradig lexikalisierte Komposita produktiv konvertierbar sein. Dies scheint aber nicht der Fall zu sein, vgl. *??zeitschriften, ??nachmittagen, ??schornsteinen.*

25 Ein ähnliches Phänomen ist bei den sogenannten partizipialen Adjektiven (*reizend, laufend*) und bei Substantiv-Adjektiv-Konversionen (*schuld, orange*) zu beobachten. Erst wenn die betreffenden Wörter als Adjektive lexikalisiert sind, haben sie auch vollständige Paradigmen (*ist reizend* vs. **ist laufend, oranges Kleid* vs. **schuldes Kind*). Daneben können auch phonologische Faktoren die Ausbildung von flektierten Formen behindern. Im Deutschen kann an mehrsilbige, auf Vollvokal endende Stämme keine nackte Schwasilbe treten, vgl. **lilaes, *rosaes, *tangoen, *bravoen.* Bei gut integrierten desubstantivischen Adjektiven kann diese Verbot duch Einschub des 'Fugenelements' *n* behoben werden, vgl. *rosa* (< lat. *rosa* 'Rose') - *rosanes, lila* (< frz., span. *lila* 'Flieder') - *lilanes* (dagegen *bordeaux* - *??bordeauxes*) (vgl. Kluge 1975).

26 Zu Komplexitätsbeschränkungen im Bereich der Derivationsmorphologie, vgl. Eschenlohr (1995).

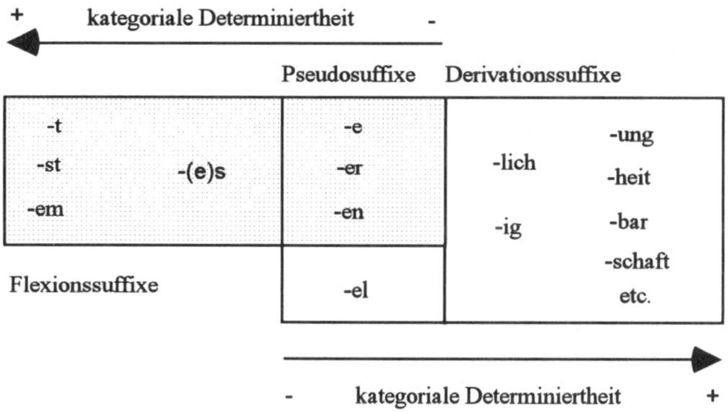

Abb. 4: Ordnung der Flexions- und Derivationssuffixe nach Wortartdeterminiertheit

Diese Suffixe (*-e, -er, -en*) sind unbetonbar, und die in ihnen enthaltenen Konsonanten sind von hoher Sonorität. Sie können also immer Silben bilden, die sich leicht in die typischen prosodischen Muster des Deutschen einpassen. Wortformen, in denen eines dieser Suffixe die am weitesten rechts stehende Konstituente ist, können prinzipiell in mehr als einem Paradigma vorkommen. Die Suffixe *-e, -er, -en* sind also nicht wortartdeterminierend. Das Pseudosuffix *-el* ist das einzige Pseudosuffix, das nicht auch als Flexionsendung fungiert, es kommt jedoch als (einzig produktives) verbales Derivationssuffix vor (*deutschtümel(n), schwanzel(n), stückeln*).

Wenn in einer Wortform ein (unbetonbares) Derivationspräfix und -suffix zusammen vorkommen, dann legt normalerweise das Suffix die Wortart der Wortform fest. Wenn in einer Wortform nur ein Präfix vorkommt, dann markiert das Präfix die Kategorie der Wortform. Allerdings ist hier zu berücksichtigen, daß manche Präfixverben auch Stammkonversion (*verzichten – Verzicht*) zulassen. Präfixe können auch die Wortart einer Wortform verändern (*bestrumpf(en)*), und es gibt etliche Fälle, wo Wortartwechsel *nur* durch Präfigierung möglich ist (z.B. *veruntreu(en), vereinnahm(en), verbildlich(en)*).

In Komposita wird die Wortart des Gesamtwortes zwar durch die am weitesten rechts stehende Konstituente bestimmt, aber die Umkategorisierbarkeit von Komposita ist nicht generell ausgeschlossen (*schriftsteller(n), schlaumeier(n)*). Damit unterscheiden sich rechtsstehende Kompositionsglieder wesentlich von Derivationssuffixen.[27]

Stammodifikation (Ablaut, Umlaut) wird im Deutschen selten zur Markierung des Wortartwechsels genützt. Stammodifizierte Wörter sind nicht durch ihre morphonologische Struktur kategorial markiert, sondern durch den besonderen Typ der derivationellen Beziehung. Wenn

[27] Die unterschiedlichen Eigenschaften von Komposita und Derivata in bezug auf ihre kategoriale Determiniertheit lassen sich im Rahmen der üblichen Wortsyntaxtheorien nicht erfassen. Einen Erklärungsansatz bietet möglicherweise die Grammatikalisierungstheorie. Lehmann (1989) erklärt dieses Phänomen damit, daß die Derivation im Vergleich zur Komposition der 'grammatiknähere' und damit regulärere Teil der Wortbildung ist. "So könnte man die Phraseologie als das ganzheitlich-irreguläre (eben lexikalisierte) Pendant der Syntax bezeichnen oder die Derivation als den grammatiknäheren, aber mehr Reduktion involvierenden, die Komposition als den unregelmäßigeren, aber weniger stark reduzierten Teil der Wortbildung." (Lehmann 1989:16f.). Eine rigide Festlegung der Wortart ist nur durch die 'grammatiknahen' Derivationsaffixe möglich.

paradigmenübergreifende Homonymien auftreten (*tritt* - *Tritt*), ist die Ableitungsrichtung immer eindeutig. Da finite Verbformen generell als Derivationsbasen und Kompositionsglieder ausgeschlossen sind, treten nie Kategorisierungsprobleme auf, wenn stammodifizierte Formen wortintern vorkommen (*Trittbrett*, *Wählscheibe*).

Bei Konversionspaaren (*gabel* - *gabel(n)*) ist die Ableitungsbeziehung dagegen nicht formal markiert, und in vielen Fällen ist die Ableitungsrichtung nicht bestimmbar (*teil(en)* - *Teil*). Es ist vorgeschlagen worden, unflektierte Simplizia (Stämme) grundsätzlich nicht kategorial zu spezifizieren (Bergenholtz/Mugdan 1979). Dieser Vorschlag ist jedoch nicht haltbar, denn damit ließe sich weder die Kombinatorik von Affixen und Stämmen erfassen, noch ließen sich Konversionsbeschränkungen formulieren (vgl. Olsen 1990:187).

Wenn homonyme Stämme ($[Gabel]_N$, $[gabel]_V$) in Wortformen vorkommen, ist die Kategorie in vielen Fällen durch die morphologische Umgebung, z.B. durch ein Derivationsaffix mit bestimmten Subkategorisierungseigenschaften festgelegt (*Gabelung*). Innerhalb von Komposita fungieren oft Fugenelemente als Kategorienindikatoren (*Speisenkarte*, *Besuchszeit*). In bestimmten Fällen gibt es jedoch weder formale noch semantische Kriterien, um die Kategorie einer wortinternen Konstituente zu bestimmen (*Trauerjahr*, *Erntezeit*). Dies deutet darauf hin, daß kategoriale Distinktionen in der Morphologie anders zu fundieren sind als in der Syntax. Während kategorial nicht determinierte Wortformen wie die Infinitive stets durch die syntaktische Umgebung als nominal oder verbal 'desambiguiert' werden können, ist dies in morphologischen Umgebungen, wie gezeigt wurde, in etlichen Fällen nicht möglich.

Eine Strukturbeschreibung sollte diesem Umstand Rechnung tragen und die Kategorie unbestimmt lassen. Dies kann mit den herkömmlichen Merkmalen ±N, ±V nicht geleistet werden. Mit den von Steinitz (in diesem Band) und Wunderlich (1994) vorgeschlagenen Merkmalen (±dep, ±T beziehungsweise ±ref, ±dep) können Substantive und Verben dagegen durch das Merkmal [-dep] zu einer natürlichen Klasse zusammengefaßt werden.

Literatur

Bauer, Laurie (1990): "*Be* - heading the word". – In: Journal of Linguistics 26, 1-33.

Becker, Thomas (1990): Analogie und morphologische Theorie. – München: Fink (Studien zur theoretischen Linguistik 11).

– (1990a): "Do words have heads?". – In: Acta Linguistica Hungarica (1990-91) 40: 1-2, 5-17.

– (1993): "Morphologische Ersetzungsbildungen im Deutschen". – In: Zeitschrift für Sprachwissenschaft 12, 185-218.

Bergenholtz, Henning, Joachim Mugdan (1979): "Ist Liebe primär? Über Ableitung und Wortarten". – In: P. Braun (Hg.): Deutsche Gegenwartssprache (München: Fink) 339-354.

Eisenberg, Peter (1991): "Syllabische Struktur und Wortakzent: Prinzipien der Prosodik deutscher Wörter". – In: Zeitschrift für Sprachwissenschaft 10, 37-64.

– (1992[93]): "Suffixreanalyse und Syllabierung. Zum Verhältnis von phonologischer und morphologischer Segmentierung". – In: Folia Linguistica Historica XIII: 1-2, 93-113.

– (1994): "Die Syntax des Mittelwortes: Läßt sich die Kategorisierung der Partizipien einzelsprachlich rechtfertigen?". – In: D. Bresson, M. Dalmas (Hgg.): Partizip und Partizipialgruppen im Deutschen (Tübingen: Narr) 69-91.

Eschenlohr, Stefanie (1995): "Derivational Morphology and the System of Word Classes in German". – Erscheint in: Acta Linguistica Hungarica (1995).

– (in Vorb.): Wortart und Wortstruktur im Deutschen.

Fleischer, Wolfgang, Ingeborg Barz (1992): Wortbildung der deutschen Gegenwartssprache. – Tübingen: Niemeyer.

Fuhrhop, Nanna (1993): Suffixreanalyse im Deutschen. – Magisterarbeit, Freie Universität Berlin.

Kluge, Friedrich (1975): Etymologisches Wörterbuch des Deutschen. – 21., unveränderte Auflage, Berlin, New York: de Gruyter.

Köpcke, Klaus-Michael (1993): Schemata bei der Pluralbildung. Versuch einer kognitiven Morphologie. – Tübingen: Narr (Studien zur deutschen Grammatik 47).

Kühnhold, Ingeborg, Hans Wellmann (1973): Deutsche Wortbildung. Erster Hauptteil: Das Verb. – Düsseldorf: Schwann.

Lehmann, Christian (1989): "Grammatikalisierung und Lexikalisierung". – In: Zeitschrift für Phonetik, Sprachwissenschaft und Kommunikationsforschung 42, 11-19.

– (1992): "Deutsche Prädikatsklassen in typologischer Sicht". – In: L. Hoffmann (Hg.): Deutsche Syntax. Ansichten und Aussichten (Berlin, New York: de Gruyter) 155-185.

Lenz, Barbara (1995): un-Affigierung. unrealisierbare Argumente, unausweichliche Fragen, nicht unplausible Antworten. – Tübingen: Narr (Studien zur deutschen Grammatik 50).

Marchand, Hans (1964): "A set of criteria for the establishing of derivational relationship between words unmarked by derivational morphemes". – In: Indogermanische Forschungen 69, 10-19.

Neef, Martin (1996): "Wortdesign. Eine deklarative Analyse der deutschen Verbflexion". – Tübingen: Staufenberg (Studien zur deutschen Grammatik 53).

Olsen, Susan (1990): "Konversion als ein kombinatorischer Wortbildungsprozeß." – In: Linguistische Berichte 127, 185-215.

– (1991): "Empty heads as the source of category change in word structures". – In: Papiere zur Linguistik 44-45, 109–130.

Ortner, Lorelies et al. (1991): Deutsche Wortbildung. Typen und Tendenzen in der deutschen Gegenwartssprache. Vierter Hauptteil: Substantivkomposita. – Berlin, New York: de Gruyter.

Paul, Hermann (1920): Deutsche Grammatik. Teil IV: Wortbildungslehre. – Halle: Niemeyer.

Plank, Franz (1981): "Morphologische (Ir)-Regularitäten. Ein Beitrag zur Wortstrukturtheorie." – Tübingen: Narr (Studien zur deutschen Grammatik 13).

Steinitz, Renate (in diesem Band): "Lexikalische Kategorisierung: Ein Vorschlag zur Revision".

Stiebels, Barbara (1995): Lexikalische Adjunkte und Argumente. Zum semantischen Beitrag von verbalen Präfixen und Partikeln. – Dissertation, Universität Düsseldorf.

Teuber, Oliver (1995): "Auf der Suche nach der Grundform – Unflektierte Verbstämme zwischen Comicsprache und Verbparadigma." – Vortrag gehalten auf der 17. Jahrestagung der DGfS, 1.-3. März 1995 in Göttingen.

Wandruszka, Ulrich (1992): "Zur Suffixpräferenz. Prolegomena zu einer Theorie der morphologischen Abgeschlossenheit". – In: Papiere zur Linguistik 46, 3–27.

Wilmanns, Wilhelm (1899): Deutsche Grammatik. Gotisch, Alt-, Mittel- und Neuhochdeutsch. Zweite Abteilung: Wortbildung. – Zweite Auflage, Strassburg: Trübner.

Wunderlich, Dieter (1986): "Probleme der Wortstruktur". – In: Zeitschrift für Sprachwissenschaft 5, 209–266.

– (1987): "Schriftstellern ist mutmaßen, ist hochstapeln, ist Regeln mißachten. Über komplexe Verben im Deutschen". – In: B. Asbach-Schnittker, J. Roggenhofer (Hgg.): Neuere Forschungen zur Wortbildung und Historiographie der Linguistik. Festgabe für H. E. Brekle zum 50. Geburtstag (Tübingen: Narr) (Tübinger Beiträge zur Linguistik) 91-108.

– (1994): "Lexikalische Kategorien" – Vortrag gehalten auf der 16. Jahrestagung der DGFS, 9.3 – 11.3.1994 in Münster.

Zimmermann, Ilse (1988): "Die substantivische Verwendung von Adjektiven und Partizipien". – In: M. Bierwisch, W. Motsch, I. Zimmermann (Hgg.): Syntax, Semantik und Lexikon (Berlin: Akademie-Verlag) (studia grammatica XXIX) 279-311.

– (1994): "Zur Legitimierung von syntaktischen Merkmalen" – Vortrag gehalten auf der 16. Jahrestagung der DGFS, 9.3 – 11.3.1994 in Münster.

Zwicky, Arnold M. (1985): "Heads". – In: Journal of Linguistics 21, 1-29.

Susan Olsen

Über den lexikalischen Status englischer Partikelverben[1]

Abstract

This article argues that particle verbs in English (e.g. *pull off, take in, send out, pick up* etc.) are lexical stems. As such they are morphologically irregular in that they are the only truly productive example of left-headed wordformation in English. As a consequence of their irregularity they resist productive suffixation processes (cf. **pullable off, *pull offable*) but undergo nonhead-orientated conversion processes (*a takeover, a sendup, a bailout*). Like particle verbs in the other Germanic languages, the verb stem may be separated from the particle by certain well-documented verb movement rules applicable to certain syntactic configurations. In English the main verb is generated on the lefthand side of the lowest branch in the VP where it licenses its object to the right, cf. *She threw out the newspaper, *She threw out it.* Pronominal, simple definite full nounphrases and other thematic elements must move out of the lowest VP shell into a higher position. This forces the movement of the verb stem out of its base position in a Larson-like manner into a high head position from whence it governs and can license its object, cf. *She threw the newspaper out, She threw it out.*

1 Einleitung

Alle germanischen Sprachen haben Partikelverben ausgebildet. Insofern stellen Partikelverben ein gesamtgermanisches Phänomen dar, einzelsprachliche Ausprägungen der Partikelverben in den verschiedenen Dialekten dürfen daher nicht als eine isolierte Spracherscheinung behandelt werden. Der Grundtenor der nachfolgenden Diskussion wird sein, daß ein zu eng gefaßter Blick gerade in bezug auf das Englische zu verzerrten Ergebnissen über das Wesen der Partikelverben in dieser Sprache verleiten kann. Wenn man andererseits bei einer Analyse der englischen Partikelverben auch den Blick auf andere germanische Sprachen nicht verliert und den synchronen (und diachronen) Platz des Englischen innerhalb der germanischen Sprachfamilie bedenkt, kommt man zu Ergebnissen, die das Gesamtbild des Germanischen in diesem Bereich klarer erscheinen lassen.

Die folgende Diskussion basiert auf der grundlegenden These, daß das Englische, wie alle germanischen Sprachen, zwei formale Typen komplexer Verben besitzt: Präfixverben und Partikelverben. Die echten Präfixe in (1a,b) sind in der englischen Gegenwartssprache nicht alle im gleichen Maße produktiv: *Be-, en-, fore-* und *with-* in (1a) sind in der modernen Sprache in ihrer Produktivität erloschen, während *de-, mis-, pre-, re-* und *un-* in (1b) produktiv in dem Sinne sind, daß sie zu Neubildungen herangezogen werden können.

(1) Präfixe:
  a. <u>be</u>moan, <u>en</u>rich, <u>fore</u>see, <u>with</u>stand
  b. <u>de</u>plane, <u>mis</u>manage, <u>pre</u>cook, <u>re</u>broadcast, <u>un</u>delete

1 Für anregende Diskussion zu diesem Thema möchte ich Manfred Bierwisch, Susann Carroll, Anette Dralle, Gisbert Fanselow, Claudia Maienborn, Cathrine Fabricius-Hansen, Peter Staudacher, Anita Steube, Chris Wilder und Ilse Zimmermann danken.

Neben den unselbständigen Präfixen findet man im Englischen auch Präpositionalpräfixe. Präpositionalpräfixe sind nach Wunderlich (1987, 1991) Präpositionalelemente, die in dem Sinne gebundene Formative darstellen, daß sie als nicht-trennbare Verbalzusätze vorkommen. Gleichzeitig haben sie aber auch morphologisch freie Präpositionen als Pendants neben sich. Die Tatsache, daß diese Elemente als Erstglieder in komplexen Verben unbetont sind, zeugt für ihre Präfixhaftigkeit: Erstglieder von Komposita werden betont. Die frühsten solcher Bildungen (vgl. (2a)) hatten eine konkret-lokative Bedeutung. Diese Bedeutungsstruktur ist in der Gegenwartssprache zurückgegangen zugunsten einer Skalierungsbedeutung, wie wir sie in (2b) vorfinden (vgl. Marchand (1969) sowie Risch (1994)).

(2) Präpositionalpräfixe:
a. overflow, underline, uphold
b. outrun, oversell, underestimate

Ähnlich wie die Präpositionalpräfixe basieren die Partikeln in (3) auf lokalen Präpositionalelementen.

(3) Partikeln:

a. She pulled off the sticker.	(etwa: off the windshield)
b. She put on her ring.	(...on her finger)
c. She took in the mail.	(...into the house)
d. She sent out the catalogue.	(...out to the subscribers)
d. She banged down the piano lid.	(...down on the piano top)
e. She picked up the pieces.	(...up from the floor)
f. She carried over a basket.	(...over to the neighbors)

In (4) werden die Präpositionaladverbien aufgeführt, mit deren Hilfe Partikelverben in der modernen Sprache gebildet werden (vgl. Bolinger (1971), Fraser (1976) und Quirk/Greenbaum/Leech/Svartvik (1993)).

(4) Verbpartikeln im Englischen:
about, across, along, around, away, back, by, down, in, off, on, out, over, past, through, under, up

2 Partikelverben im Englischen

Die meisten Grammatiker des Englischen schreiben Partikelverben wie in (3) – im Gegensatz zu den Präfixverben und Präpositionalpräfixverben in (1) und (2) – keinen Wortstatus zu. Marchand (1969) und Bolinger (1971) nennen sie 'phrasale Verben', während Quirk/Greenbaum/Leech/Svartvik (1993) zwischen den Termini 'phrasale Verben' und 'Multi-Wort-Verben' alternieren. Das Zögern, diese Strukturen als komplexe Wörter anzuerkennen, erklärt sich aus zwei Faktoren, die irregulär sind und mit der Trennbarkeit der Partikel beziehungsweise Linksköpfigkeit des komplexen Verbstamms zusammenhängen.

Was die Trennbarkeit der Partikel vom Verbstamm angeht, so beobachten wir in (5b), daß das direkte Objekt den vermeintlichen Partikelverbstamm aufbricht, indem es zwischen die Partikel und den zugehörigen Verbstamm tritt.

(5) a. She threw out the paper.
b. She threw the paper out.

Ein Wort stellt – zumindest im traditionellen Verständnis – eine unteilbare lexikalische Einheit dar, deren Bestandteile für nicht-morphologische Regeln nicht zugänglich sind. Wenn man behauptet, daß Partikelverbstämme wie *throw out* usw. Wörter sind, muß man zugeben, daß diese 'Wörter' exzeptionell sind, indem ihr interner Aufbau für syntaktische Regeln sichtbar ist.

Diese (Schnittstellen-)Eigenschaft der Partikelverben wird in der aktuellen theoretischen Literatur vielerorts thematisiert mit der Folge, daß verschiedene Vorschläge über die Genese von Partikelverben existieren (vgl. Emonds (1976), Kayne (1985), Johnson (1991), Neeleman/Weerman (1993), Diesing/Jelinek (1993) usw.). Im folgenden werde ich Stiebels/Wunderlich (1994) folgen, die davon ausgehen, daß Partikelverben im Deutschen komplexe lexikalische Stämme darstellen. Die syntaktische Sichtbarkeit ihrer Bestandteile wird in ihrer lexikalisch-morphologischen Merkmalsstruktur angelegt, indem ein Partikeltemplate der Form (6) im Lexikon einem P-Element in Konfiguration mit einem Verbstamm das Merkmal [+max] zuweist. Durch den regulären Prüfmechanismus am Ausgang des Lexikons erhält der flektierte Verbstamm ebenfalls das Merkmal [+max]. [+max] enkodiert morphologische Wohlgeformtheit und sanktioniert die Projektion des so ausgewiesenen Elements auf eine unabhängige Kopfposition in der Syntax. Dieses Merkmal wird in einem generellen Prüfverfahren allen unabhängigen morphologischen Stämmen (zunächst als [-min, -max] gekennzeichnet) zugewiesen, die morphologisch vollständig und daher syntaktisch projizierbar sind. Gebundene Elemente wie Präfixe werden als [+min] ausgezeichnet, das aufgrund des Monotonizität-Prinzips im Laufe einer Derivation nicht überschrieben werden kann. Eine Sichtbarkeitsbedingung legt fest, daß das Merkmal [+max] auf der syntaktischen Ebene sichtbar bleiben muß. Das Besondere an Partikelverben ist nach dieser Analyse, daß der Nicht-Kopf einer Wortstruktur ausnahmsweise das Merkmal [+max] erhält, welches selbständige Projizierbarkeit signalisiert. Aus diesem Grund bleibt das P-Element (also die Partikel) auch außerhalb des morphologischen Bereichs transparent.

(6) Partikeltemplate nach Stiebels/Wunderlich (1994):
$[P^{+max}\ V^{+max}]_V$, wo [+max] sichtbar bleiben muß.

Diese exzeptionelle Merkmalsstruktur ist für die Trennbarkeit der Partikel vom Verbstamm verantwortlich. Wie (5b) zeigt, muß auch dem englischen Partikelverb diese Struktur zuerkannt werden. Über diese Eigenart hinaus ist die komplexe Einheit Verb+Partikel im Englischen sogar noch in einem zweiten Sinne morphologisch irregulär: Komplexe Wortstrukturen im Englischen sind in der Regel rechtsköpfig. Partikelverben verletzen nun aber diese Bedingung, indem ihr Kopf links steht. In (7) wird das Stiebels-Wunderlichsche Template an die Linksköpfigkeit der Partikelverben im Englischen angepaßt.

(7) Linksköpfigkeit der Partikelverben im Englischen:
$[\text{throw}_V{}^{+max}\ \text{out}_P{}^{+max}]_V$

Die Hypothesen, die die weitere Diskussion gestalten, werden in (8) gegeben.

(8) a. Partikelverben im Englischen sind lexikalische Stämme und als solche in erster Linie Gegenstand des Lexikons beziehungsweise der Morphologie.
b. Sie weisen die gleichen Eigenschaften auf, die Partikelverben in den anderen germanischen Sprachen auszeichnen.

Es kann nun leicht gezeigt werden, daß die Trennbarkeit der Partikel vom Verbstamm nicht etwa eine nur für das Englische spezifische Eigenschaft der Partikelverbbildung ist, sondern in allen germanischen Sprachen vorkommt. Im deutschen und niederländischen Hauptsatz originiert der finite Verbstamm zusammen mit der Partikel am Ende der VP, wird aber alleine in die oberste funktionale Kopfposition des Satzes angehoben, vgl. (9a,b).

(9) a. Dt.: Sie $\underline{\text{näht}}_i$ den Knopf $\underline{\text{an}}$ t_i.
b. Ndl.: Jan $\underline{\text{belt}}_i$ het meisje $\underline{\text{op}}$ t_i.
'Hans ruft das Mädchen an.'
c. Sw.: Han $\underline{\text{kastade}}_i$ inte t_i $\underline{\text{in}}$ brevet.
'Er warf nicht ein den Brief.'
d. Eng.: He $\underline{\text{filled}}_i$ the blank_j t_i $\underline{\text{in}}$ t_j.

Die skandinavischen Sprachen sind auch in diesem Sinne Verb-Zweit-Sprachen, wie das Schwedische in (9c) zeigt.[2] Hier wird das Verb am Anfang der VP (hinter dem an VP adjungierten Negationsadverb) erzeugt. Im finiten Satz wird es dann wie im Deutschen und Niederländischen in die höchste funktionale Kopfposition bewegt. Eine ähnliche Analyse wird im folgenden für das Englische angenommen, wie die Struktur in (9d) andeutet. Wenn Verbbewegungsprozesse im Germanischen bewirken, daß finite Verbstämme und Partikeln in Distanzstellung zueinander geraten, so spricht nichts dagegen, auch im Schwedischen und Englischen von Partikelverbstämmen auszugehen, die im Laufe der Satzderivation auf diese Weise voneinander getrennt werden.

Partikelverben im Deutschen und Niederländischen unterscheiden sich jedoch in dem Sinne von ihren Gegenstücken im Englischen und Skandinavischen, daß sie morphologisch reguläre, rechtsköpfige Wortstrukturen darstellen. Solche Partikelverbstämme sind für alle produktiven derivationellen Prozesse zugänglich, die in der relevanten Sprache für sonstige Verbstämme definiert sind. Die Suffixe *-er, -bar* und *-ung* im Deutschen verbinden sich beispielsweise genauso gut mit Partikelverbstämmen wie mit einfachen oder präfigierten Verben.

---

[2] Cathrine Fabricius-Hansen, Kari Gade, Heinz Vater und Sten Vikner haben mich darauf aufmerksam gemacht, daß die einzelnen skandinavischen Sprachen untereinander in bezug auf die Anordnung der Partikel vs. des direkten Objekts Varianz aufweisen. Während das Schwedische die Abfolge Partikel + Objekt aufweist, gilt im Dänischen die Abfolge Objekt + Partikel. Das Norwegische weist sogar beide Möglichkeiten auf.

(i) a. Da.: at han ikke kaste brevet ind.
b. Sw.: att han inte kastade in brevet.
c. No.: at han ikke kastet brevet inn.
at han ikke kastet in brevet.
'daß er den Brief nicht einwarf.'

(10) a. Anruf+er, aufklapp+bar, Einweih+ung
b. Beschaff+er, entnehm+bar, Vertilg+ung

Partikelverben im Englischen (und im Skandinavischen) sind demgegenüber morphologisch irregulär, indem sie linksköpfig sind. Diese Eigenschaft erschwert ihre Zugänglichkeit für derivationelle Prozesse. Obwohl die Suffixe *-er* und *-able* an einfache und präfigierte Verbstämme im Englischen anfügbar sind, verweigern sie sich einer Kombination mit Partikelverbstämmen, wie (11) zeigt.

(11) a. refillable, refiller; preheatable, preheater
b. ??useable up, ??user up; ??washable out, ??washer out

Die Wortstrukturen in (12), die von Sprechern des heutigen Englischen im Vergleich zu (11b) besser bewertet werden, liefern einen Hinweis auf die Frage, worin das Problem liegen könnte.

(12) a. ?use-up-able, ?wash-out-able
b. ?user upper, ?washer outer

Suffixale Prozesse sind im Englischen bei Partikelverben blockiert, weil sie zwangsläufig zu einer Struktur führen, die gegen eine von zwei grundlegenden Wohlgeformtheitsbedingungen der Morphologie verstoßen: Ein Prinzip der Suffigierung verlangt einerseits, daß Suffixe rechts vom selegierten Stamm erscheinen, während die morphologische Sichtbarkeitsbedingung andererseits verlangt, daß das sowohl von der Partikel als auch vom Verbstamm getragene Merkmal [+max] transparent bleibt.

Ausgehend von der Struktur in (13a) bestehen prinzipiell zwei Anschlußmöglichkeiten für ein verbales Suffix: Ein Suffix, das einen Verbstamm selegiert, kann sich mit dem einfachen Verbstamm verbinden wie in (13b) oder mit dem komplexen wie in (13c). In (13b) wird *-able* rechts an den einfachen Verbstamm angefügt. Konsequenz dieser Verbindung ist, daß *-able* mitten im Wort erscheint, vgl. *use<u>able</u> up*. Diese Stellung verletzt die Bedingung, daß Suffixe wortfinal erscheinen müssen. Sollte sich andererseits das Suffix mit dem gesamten Verbstamm verbinden, d.h. mit der komplexen Struktur $[V^{+max}\ P^{+max}]_V$ wie in (13c), so ist die Maximalität des einfachen $V^{[+max]}$ für die Syntax nicht länger gewährleistet, da diese Konstituente nun zu tief eingebettet ist. Wie (13c) zeigt, bewahrt die Affigierung die exzeptionellen Merkmale der Struktur in (7) nicht.

(13) a. $[V^{+max}\ P^{+max}]\ {}_V^{+max}$
b. ??[[V-af] P] (*use<u>able</u> up*) Suffix erscheint nicht wortfinal
c. ?[[V P]-af] (*<u>use</u>-up-able*) Verletzt die Sichtbarkeitsbedingung
d. ?[[V-af] P]-af (*use-er up-er*)

Da Sprecher des heutigen Englischen eher (13c) als (13b) verwenden, scheint bei Derivationsprozessen eine Verletzung der Sichtbarkeitsbedingung die weniger gravierende Verletzung der beiden Verstöße zu sein. Die Notwendigkeit, daß ein Suffix bei derivationellen Prozessen rechtsperiphär steht (und nicht wortmedial), siegt wohl über die abstraktere Sichtbarkeitsbedingung.

Einen Ausweg aus dem oben aufgezeigten Dilemma bietet die Doppelungs-Strategie in (12b) (beziehungsweise (13d)), die in salopper Sprache eingesetzt wird: Das Suffix wird einmal an den einfachen Verbstamm (= $V^{[+max]}$) angehängt mit der Folge, daß diese Konstituente (wie von der Sichtbarkeitsbedingung gefordert) transparent bleibt, und ein zweites Mal an den gesamten Stamm, in welchem Fall das Suffix wortfinal erscheint (wie von den Prinzipien der Suffigierung verlangt).

Konsequenz dieser komplexen Situation im Englischen ist, daß keine der drei Lösungen den Wohlgeformtheitsbedingungen des morphologischen Systems genügt. Aus diesem Grund haben obige derivationelle Prozesse im Englischen, im Gegensatz zum Deutschen oder Niederländischen, keine Produktivität erreicht.

Als echte lexikalische Stämme zeigen sich Partikelverben im Englischen am deutlichsten, wenn statt Affigierung Umkategorisierungsprozesse auftreten, was bei deverbaler Konversion zum Nomen der Fall ist. Letztere sind in der Gegenwartssprache sogar sehr produktiv, vgl. (14).

(14) V-zu-N-Konversion: $[V^{+max}\ P^{+max}]_V$ > $[V^{+max}\ P^{+max}]_N$
a bailout, blackout, breakthrough, carryover, comeback, handout, kickoff, makeover, putdown, screwup, setup, showdown, spinoff, takeoff, takeover, turnover, turnout ...

Bei der Konversion von einem Verbstamm zu einem Nomen wird in (14) der Gesamtstamm umkategorisiert, was seine interne Struktur intakt läßt.[3]

Interessanterweise fällt die Sichtbarkeitsbedingung, welche die Transparenz von [+max] für V und P verlangt, bei Flexionsprozessen anders ins Gewicht als bei Derivationsprozessen. Flexionssuffixe verbinden sich mit dem Verbkopf, d.h. mit dem minimalen V^{+max}, wie in (15a) für das Englische beziehungsweise in (15c) für das Deutsche veranschaulicht. Sie dürfen nicht an die Gesamtkategorie V angefügt werden, wie in (15b,d) illustriert, weil die kleinste V^{+max}-Konstituente dann zu tief eingebettet wäre, um sichtbar zu sein.[4] Der durch diesen Formalismus an den Tag gelangte strukturelle Unterschied zwischen (15a,c) und (15b,d) hat lediglich im Englischen durch die Linksköpfigkeit der einschlägigen Wortstrukturen einen sichtbaren Niederschlag an der Oberfläche gefunden. Daß für das Deutsche (15c) und nicht (15d) die relevante Struktur sein muß, zeigt die Partizipbildung, vgl. *angerufen* vs. **geanrufen*.

(15) Flexion durch Suffixe:

a. [[V-af] P]	[[use-s] up]
b. *[[[V] P]-af]	*[[[use] up]-s]
c. [P [V-af]]	[an[ruf-t]]
d. *[[P [V]]-af]	*[[an[ruf]]-t]

3 Genauer gesagt gehen Stiebels/Wunderlich (1994) davon aus, daß die Maximalität des P-Elements nur in Konfiguration mit einem Verbstamm gegeben ist (d.h. in der vom Template vorgegebenen Konfiguration $[V^{+max}\ P^{+max}]$). Die Bildungen in (14) stellen für sie also normale Nominalkomposita der Form [N P] dar, die in einem "derivationellen Verwandtschaftsverhältnis" zum jeweiligen Partikelverb stehen. Auch diese Bildungen sind im Englischen irregulär, weil alle anderen produktiven Nominalisierungen nicht linksköpfig sind. Wahrscheinlich stellt die Stiebels-Wunderlichsche Lösung den besseren Vorschlag dar, da das Erstglied (ein N) keine nominale Flexion annimmt, wie dies ein N^{+max} tun müßte, vgl. *passers-by*. Zum Nomen konvertierte Partikelverbstämme flektieren, als ob sie normale Nomina wären, vgl. *comebacks*, *spinoffs* etc.

4 Allerdings machen Kinder in diesem Bereich während der Spracherwerbsphase Fehler. Auf die Frage hin, wie er sein Knie aufgekratzt habe, antwortete mir mein dreijähriger Neffe: "*I fall downed*" (< *I fell down*).

Ein Vergleich der Wortform *useable up* in (13c) einerseits mit *uses up* in (15a) andererseits führt zu der Frage, warum Flexionssuffixe wie *-s* wortmedial auftauchen. Das Zögern der Sprecher, die Form *useable up* zu akzeptieren, während sie *uses up* völlig in Ordnung finden, ist eigenartig.

Da die Kategorie P im Partikelverbstamm syntaktisch sichtbar ist und Flexion im Germanischen suffixal erfolgt, ergäbe die Verbindung eines Flexivs mit dem komplexen Partikelstamm eine scheinbare Suffigierung des Verbalsuffixes an ein P-Element, vgl. *use ups*. Das Beibehalten der Struktur [[V-af] P] bewahrt andererseits die Sichtbarkeit der V^{+max}-und P^{+max}-Konstituenten, obwohl es die Rechtsperipherität der Suffigierung verletzt. Diese Option scheint aber nur bei syntaxrelevanten Flexionsprozessen wie Verbkongruenz (*she uses/used/is using up; weil er anruft*) und Partizipbildung (*used up; angerufen*) tatsächlich durchsetzbar. Im Bereich der derivationellen Morphologie (vgl. (13)) haben wir demgegenüber festgestellt, daß die Rechtsperipherität des Suffixes die stärkere Bedingung ist. Bei derivationellen Prozessen scheint mit anderen Worten das Wichtigste zu sein, die Integrität des Partikelverbstamms zu bewahren.

Rechtsperipherität ist für derivationelle Suffigierung fast durchgehend bestimmend. Allerdings gibt es zu dieser Generalisierung zwei Ausnahmen, nämlich das Gerundium im Englischen (*using up*) sowie Iterativ/Kollektiv-Nominalisierungen wie *Angemache, Herumgerede* im Deutschen. In diesen Fällen ist zu konstatieren, daß es bei derivationellen Prozessen zu einer wortmedialen Suffigierung kommt. Die besondere Eigenschaft dieser Bildungen ist, daß sie durch Suffixe realisiert werden, die ein flexivisches Gegenstück besitzen.

Die oben aufgezeigten Eigenschaften von Partikelverben im Englischen sind gewiß irregulär. Doch ist dies kein Argument gegen den Status der Verbindung Verb+Partikel als lexikalischer Stamm. Die Diskussion zeigt, daß ihre Eigenschaften durchaus mit obiger Theorie konform sind, die sie als irregulär charakterisiert.

3 Position der Partikel

Unter der Voraussetzung, daß Verbstamm und Partikel eine Lexikon- (und deswegen auch eine D-strukturelle) Einheit bilden, erscheinen sie in Einklang mit der SVO-Struktur des Englischen zusammen als erste Konstituente der Verbphrase. Die diskontinuierliche Verbform in (16b) muß folglich aus der zugrundeliegenden Struktur in (16a) abgeleitet sein.

(16) a. She $[_{VP}$ $[_{V}$ sewed on] the sleeve] >
b. She sewed the sleeve on.

Wenn die Partikel im Englischen das formale Pendant zu den Partikeln in den anderen germanischen Sprachen darstellt, so ist zu erwarten, daß Partikeln im Englischen die Eigenschaften der Kategorie Partikel in den anderen Sprachen teilen. Im Deutschen und Niederländischen ist bekannt, daß Partikeln auf die Basisposition des Verbs beschränkt sind. Dies scheint auch im Schwedischen der Fall zu sein. Wenn die Partikel vom Verbstamm getrennt wird, wird stets der Verbstamm bewegt, während die Partikel in situ bleibt. Dies wird aus den Satzstrukturen in

(17) klar, wo das finite Verb aus seiner (im Deutschen und Niederländischen VP-finalen, im Schwedischen VP-initialen) Ursprungsposition in die oberste funktionale Kopfposition bewegt wird.

(17) Satzstruktur des Deutschen:
a. weil sie $[_{VP}$ den Ärmel annäht]
b. Sie näht$_i$ $[_{VP}$ den Ärmel an ___$_i$]

Satzstruktur des Niederländischen:
c. omdat Jan $[_{VP}$ het meisje opbelt]
'daß Hans das Mädchen anruft.'
d. omdat Jan $[_{VP}$ het meisje op ___$_i$ zal moeten bellen$_i$][5]
'daß Hans das Mädchen an wird müssen rufen.'
e. Jan belt$_i$ $[_{VP}$ het meisje op ___$_i$]

Satzstruktur des Schwedischen:
f. att han $[_{VP}$ inte kastade in brevet]
'daß er nicht warf ein den Brief.'
g. Han kastade$_i$ $[_{VP}$ inte ___$_i$ in brevet]

Die Syntax des Englischen liefert Hinweise dafür, daß auch in dieser Sprache die diskontinuierliche Verbform in (16b) aus der Konfiguration in (16a) durch Verbbewegung entsteht. Das Englische weist im Bereich der Partikelverben als Gegenstück zu (17) das Paradigma in (18) und (19) auf.

Ein pronominales Objekt erscheint normalerweise vor der Partikel (= (18a,b)). Diese Stellung ist nicht obligatorisch, sondern hängt mit der Thematizität des pronominalen Objekts zusammen. Dies zeigen Pronomen, die fokussiert werden wie in (18c,d) oder indefinit sind wie in (18e) und in ihrer Grundstellung verbleiben. Allerdings kann ein fokussiertes Pronomen auch vorangestellt werden (vgl. (18f)) unter der Bedingung, daß der Satzakzent auf diese Konstituente vorverlegt wird.

(18) a. *She sewed on it.
b. She sewed it on.
c. How did you find out thát?
d. He's just lucky I ain't sewin' up hím.[6]
e. Coke was on sale, so she bought up some.
f. Check mé/ít off.

In dieses Bild paßt auch die fakultative Voranstellung einer vollen Nominalphrase als direktes Objekt, die der Bedingung unterliegt, daß das Objekt eine einfache DP sein muß, wie in (19b). Die Strukturen in (19a) und (19b) sind fast gleichwertig.

---

5 Im Gegensatz zum Deutschen (vgl. *weil Hans das Mädchen wohl anrufen muß*) hebt das Niederländische in einem kohärenten Verbkomplex alle Verben nach rechts an mit der Konsequenz, daß die Reihenfolge von 2, 1 in 1, 2 (d.h. vom eingebetteten zum einbettenden Verb) umgeordnet wird. Dabei kann der Stamm eines Partikelverbs alleine oder mit Partikel nach rechts bewegt werden, vgl. als Variante zu (17d) *omdat Jan het meisje zal moeten opbellen*.

6 Beispiele (18c,d) sind Bolinger (1971:11, 39) entnommen.

(19) a. She called out the name.
b. She called the name out.
c. ??She called the name with the unpronounceable initial syllable out.
d. She called out the name with the unpronounceable initial syllable.

Die Erweiterung der einfachen Nominalphrase durch Modifikatoren wie in (19c) erschwert allerdings ihre Voranstellung, wie die Unakzeptierbarkeit von (19c) vis-à-vis (19d) zeigt.

Darüber hinaus sind gewisse abstrakte und sententielle Objekte nicht voranstellbar. Auch bestimmte Idiome können nicht umgestellt werden.[7]

(20) a. Don't give up hope.
b. *Don't give hope up.
c. The train picked up speed.
d. *The train picked speed up.
e. She has taken up studying.
f. *She has taken studying up.
g. She gave up the ghost. (i.e. died)
h. *She gave the ghost up.
i. She threw in the towel. (i.e. quit)
j. *She threw the towel in.

Die Beispiele in (21) sind ein starkes Indiz dafür, daß die hier vorgeschlagene Bewegungsanalyse plausibel ist. In (21a) wird ein Infinitiv-Komplement *the concert to be a success* unter einem Partikelverb eingebettet. Das Subjekt wird aus dem Infinitiv herausbewegt und in Einklang mit den bisherigen Annahmen vor die Partikel der Matrix-VP gestellt, wie (21b) zeigt. Die Voranstellung der Subjekts-NP ist im Beispiel (21d), das ein pronominales Subjekt enthält, im gleichen Sinne obligatorisch wie bei der einfachen Konstruktion (18a), wie die Unakzeptierbarkeit von (21c) dokumentiert. In (21e) kann das Pronomen in situ bleiben, wenn es fokussiert ist.

(21) a. He made out $[_{IP}$ the concert to be a success].
b. He made the concert$_i$ out $[_{IP}$ t_i to be a success].
c. *He made out $[_{IP}$ it to be a success].
d. He made it$_i$ out $[_{IP}$ t_i to be a success].
e. He made out $[_{IP}$ mé/himsélf to be a success].

4 Analyse

Die bis jetzt nur skizzenhaft vorgestellte Analyse der Partikelverben im Englischen soll in diesem Abschnitt formal präzisiert werden. Sie beinhaltet folgende Annahmen. Auf der Basis der von Barss/Lasnik (1986) dargelegten Fakten über die Strukturierung der VP im Englischen hat Larson (1988) dafür argumentiert, daß das Englische eine binäre, rechts- verzweigende Struktur aufweist, die ineinander verschachtelte VP-Schalen enthält.[8]

---

7 Vgl. hierzu Quirk/Greenbaum/Leech/Svartvik (1993:Kapitel 16) sowie Fraser (1976:Kapitel 1).

8 Jackendoff (1990) bestreitet die Gültigkeit der Larsonschen Satzstruktur, die aber in Larson (1990) erneut energisch verteidigt wird.

Evidenz für eine derartige, verborgene hierarchische Struktur liefert eine Reihe von Konstruktionen, die eindeutig darauf hindeuten, daß das indirekte Objekt im Englischen das direkte Objekt asymmetrisch c-kommandiert. Unter diese Evidenz fallen z.B. Fakten aus der Bindungstheorie sowie andere grammatische Phänomene, vgl. Barss/Lasnik (1986) sowie Larson (1988). In (22) kann das indirekte Objekt als Antezedens für die Anapher fungieren, welche als direktes Objekt erscheint. In (23) bindet der Quantor als Teil des indirekten Objekts das Pronomen, das als direktes Objekt vorkommt. Umgekehrt gelten die Bindungsverhältnisse nicht, wie die Ungrammatikalität von (22b) und (23b) zeigt. Hinzu kommt, daß in (24) das erste Objekt bei Koreferenz mit dem Pronomen im zweiten Objekt *wh*-extrahiert werden kann, wobei *wh*-Extraktion für das zweite Objekt bei Koreferenz nicht möglich ist (= *weak crossover*).

(22) a. I showed John himself (in the mirror).
b. *I showed himself John (in the mirror).

(23) a. I denied $each_i$ worker his_i paycheck.
b. *I denied its_i owner $each_i$ paycheck.

(24) a. Which $worker_i$ did you deny ___ his_i paycheck?
b. *Which $paycheck_i$ did you deny its_i owner ___?

Die *superiority*-Bedingung besagt, daß von zwei Phrasen allein die strukturell höhere bewegt werden darf. Die Tatsache, daß das erste Objekt in (25), nicht aber das zweite, voranstellbar ist, zeugt dafür, daß *superiority* auch in der Doppelobjekt-Konstruktion relevant ist. Mit anderen Worten: Das erste Objekt in (25) muß konfigurationell höher stehen als das zweite.

(25) a. Who did you give ___ which book?
b. *Which book did you give who ___?

Schließlich ist die Proform *any* nur im c-kommandierenden Skopus eines Negationsoperators lizensiert (= *negative polarity*). Aus den Sätzen in (26) geht in Einklang mit dieser Annahme erneut hervor, daß das indirekte Objekt konfigurationell höher sein muß als das direkte, denn nur in (26a) befindet sich das Pronomen *anything* im Skopus der Negation.

(26) a. I gave no one anything.
b. *I gave anyone nothing.

Vor diesem theoretischen Hintergrund hat nun Haider (1993:Kapitel 2) beobachtet, daß empirisch gesehen in allen Sprachen, also nicht nur im Englischen, die relative Anordnung des indirekten Objekts, direkten Objekts und einer PP zueinander eben diese Abfolge ist (d.h.: IO > DO > PP), wie in (27) gezeigt. Dies gilt unabhängig davon, ob eine VO- oder OV-Sprache vorliegt.

(27) a. daß sie $jedem_i$ ein Paket an $seine_i$ Privatadresse schicken werden
b. that they will send $everybody_i$ a package to his_i home address

In Hinblick auf dieses Faktum übernimmt Haider die von Larson vorgeschlagene VP-Schalen-Struktur und generalisiert sie auf primäre Projektionen schlechthin in Form seiner *Basic Branching Conjecture* (BBC), welche besagt, daß Phrasenstruktur grundsätzlich rechtsrekursiv aufgebaut ist: Mit dem Zuwachs an Struktur von links nach rechts nimmt die Einbettungstiefe zu. Das Verb in OV-Sprachen verwaltet seine Argumente nach links entlang seiner Projektionslinie und kann deswegen in situ bleiben. Das Verb in VO-Sprachen lizensiert aber seine Argumente konstant nach rechts. Da es in seiner Grundposition daher lediglich das unterste Argument regiert, muß es progressiv angehoben werden, bis es die linke Peripherie der VP erreicht, damit alle Argumente lizensiert sind. Für jedes zu lizensierende Argument wird also eine Kopfposition projiziert. Die Folge ist, daß eine verbale Kopfkette erzeugt wird, die garantiert, daß jedes Argument von dem lizensierenden lexikalischen Kopf in der geforderten Richtung regiert wird, vgl. (28b).

(28) a. SOV: [NP [NP [PP V]]]
Lizensierungsrichtung: links
b. SVO: [V_i [NP [e_i [NP [e_i PP]]]]]
Lizensierungsrichtung: rechts

Wenn die Konfiguration in (29) nicht nur, wie von Larson (1988) postuliert, für Doppelobjekt-Konstruktionen im Englischen motiviert ist, sondern, wie Haider argumentiert, die von UG vorgegebene Strukturierung jeder primären Projektion darstellt, die einen nach rechts lizensierenden Kopf enthält, so stellt sie eine in der englischen Grammatik latente Möglichkeit dar, die bei Bedarf von Partikelverbkonstruktionen beansprucht werden kann.

(29)

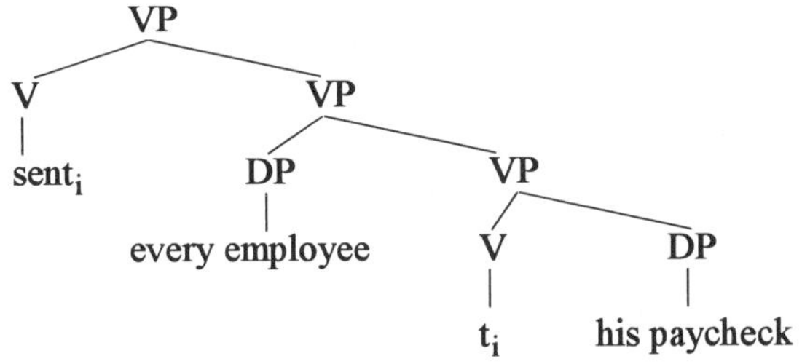

Ich gehe mit Haider (1993) davon aus, daß die lexikalische Verbkette im Englischen am linken Zweig der tiefsten Einbettung ihren Ursprung hat und von dieser Position aus eine Kopfkette erzeugt, die dem Verb erlaubt, unter strikter Rektion alle seine Argumente nach rechts zu lizensieren. Für Partikelverben hieße dies, daß der Anfang der (Partikel-) Verbkette unter V in (30) erzeugt wird, von wo aus das Partikelverb sein internes Argument nach rechts lizensiert.

(30)

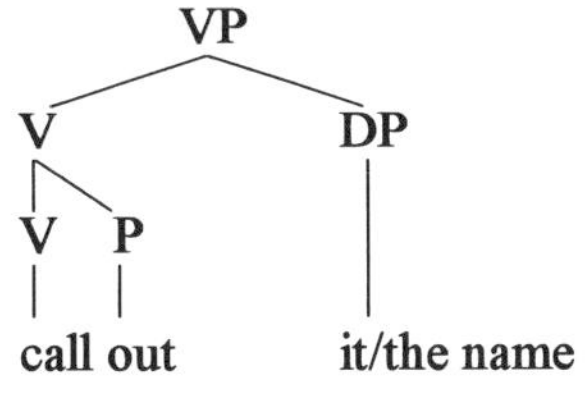

Wird nun das Objekt in seiner pronominalen Form (oder als volle DP) vorangestellt, so kann diese Bewegungsoperation das Objekt vor das Gesamtverb plazieren (eine Landung zwischen den beiden Bestandteilen des lexikalischen Stamms $[V\ P]_V$ ist ausgeschlossen), in welchem Fall das Verb in Einklang mit seiner Lizensierungsforderung eine obere Schale eröffnet.[9] Dies ergibt die Struktur in (31).[10]

(31)

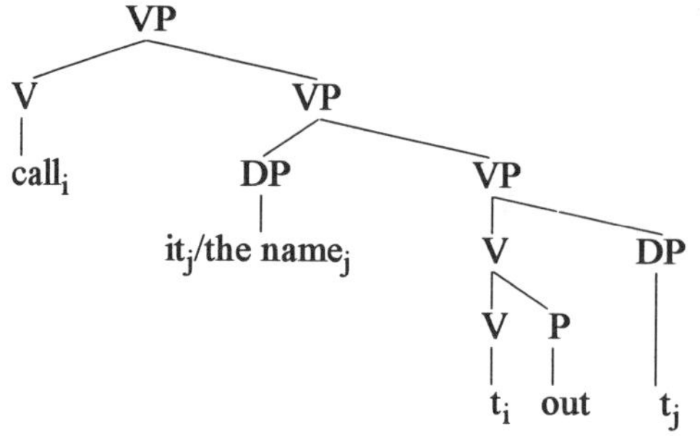

5 Begründung der Analyse

Mehrere Argumente lassen sich anführen, die für die hier vertretene Analyse sprechen, daß die Basiseinheit Verb+Partikel ihren Platz vor dem direkten Objekt hat, wie in (30) gezeigt. Allerdings muß zugegeben werden, daß die Faktenlage in diesem Bereich sehr komplex und nahezu unerforscht ist. Die Sprecherurteile scheinen vor allem von zwei Faktoren abzuhängen: von den Bedürfnissen des Satzrhythmus sowie von der Informationsstrukturierung des Satzes.

Als erstes Argument für die hier vertretene Analyse läßt sich anführen, daß nach Fraser (1976:3) nur die Adjazenz des Verbal- und Partikelstamms die Nominalisierung des Partikelverbs zuläßt, vgl. (32).[11]

---

9 "Bewegung" ist hier metaphorisch zu verstehen. Insbesondere darf nicht ausgeschlossen werden, daß die komplexe VP-Struktur direkt in der Basis erzeugt wird.

10 Die Literatur enthält verschiedene Vorschläge darüber, wie die englischen Partikelverben zu behandeln sind. In der frühen Phase der Transformationsgrammatik nahm Emonds (1976:81) an, daß die Partikel nach dem direkten Objekt in satzfinaler Position zu generieren ist und dann nach links vor das Objekt fakultativ bewegt werden könne.

(i) a. The secretary sent a schedule out to the stockholders. >

b. The secretary sent out$_i$ a schedule ___$_i$ to the stockholders.

Kayne (1985:Abschnitt 6) geht auf gleiche Weise von einer Anfangsstruktur aus, in der das direkte Objekt zwischen Verb und Partikel steht. Er schlägt dann vor, daß sich das Objekt nach rechts bewegt, vgl. [...V [[e]$_i$ Prt] NP$_i$]. Die Schwere der Nominalphrase bestimmt, ob die Bewegung obligatorisch ist oder nicht. Fraser (1976:16) geht davon aus, daß Verb und Partikel zunächst zusammen erscheinen. Die Partikel bewegt sich dann fakultativ rechts über das direkte Objekt hinweg. Hawkins (1990) scheint sich der gleichen Analyse wie Kayne zu verpflichten, indem er am Anfang seines Aufsatzes von "heavy NP movement" spricht. Unerwarteterweise schwenkt die Rede gegen Ende des Aufsatzes jedoch dann ohne weitere Diskussion zu "particle movement" (wie Fraser) über. Haider (1993:33) nimmt an, daß ein vorangestelltes Pronomen der Struktur in (ii) entspricht,

(ii) [send$_i$ [it [e$_i$ out]]]

d.h. in der *Spec*-Position des Verbs generiert wird, ohne daß ein Komplement zum Verb erzeugt wird. Erst beim Erscheinen von zwei Objekten wird die Struktur (iii) erzwungen:

(iii) [send$_i$ [the report$_j$ [e$_i$ out e$_j$]]].

11 Bolinger (1971:10) ist hier anderer Meinung. Er bemerkt, daß die Voranstellung unbetonter Pronomina bei

(32) Nominales Gerundium:
a. the filling in of the blank
b.*the filling of the blank in
c. the pointing out of the mistake
d.*the pointing of the mistake out

Das verbale Gerundium auf der anderen Seite verfügt im Gegensatz zum nominalen Gerundium über zwei Möglichkeiten[12]: Verbstamm und Partikel können zusammenbleiben oder aber getrennt erscheinen.

(33) Verbales Gerundium:
a. his filling in the blank
b. his filling the blank in
c. his pointing out the mistake
d. his pointing the mistake out

Der strukturelle Unterschied zwischen (32) und (33) geht einher mit indirekter vs. direkter Zuweisung von Kasus. Die Kategorien Nomen und Verb weisen Unterschiede auf bezüglich ihrer Fähigkeit, Kasus zuzuweisen. Das Objekt eines Nomens erhält im Gegensatz zum Objekt eines Verbs nicht direkt von seinem Regens Kasus. Um das vom zugrundeliegenden Verb geerbte Objekt in (32) anzuschließen, muß daher ein kasuszuweisendes Regens (die semantisch leere Präposition *of*) in die Struktur eingeführt werden. Aus der Ungrammatikalität von (32b,d) im Vergleich zu (32a,c) geht klar hervor, daß der Gesamtstamm *fill in* beziehungsweise *point out* nominalisiert wurde. Das Nomen muß *filling in/pointing out* heißen, zu dem das formale Regens *of* hinzutritt. Dies ist die Struktur in (34a).

(34) Nominales Gerundium:
a. [$_{DP}$ the [$_{NP}$ [$_{N}$ filling in] of the blank]]
Verbales Gerundium:
b. [$_{DP}$ his D [$_{NP}$ [$_{V}$[$_{Vmax}$ filling] [$_{Pmax}$ in]] the blank]]
c. [$_{DP}$ his D [$_{NP}$ filling$_{i}$ [the blank$_{j}$ [e$_{i}$ in e$_{j}$]]]]

Da das Gerundium in (33) verbal ist, ist es in der Lage, sein Objekt direkt (d.h. ohne die Vermittlung einer Präposition wie *of*) mit verbalem Kasus zu versehen, vgl. die Struktur in (34b). Bei einem auf einem Partikelverb basierenden verbalen Gerundium ist wie beim Parti-

---

nominalem Gerundium möglich ist: vgl. *the handing over of the merchandise* > *the handing of it over* oder *the handing of anything over that has so much value ...* Wenn man sich weitere Beispiele anschaut, so scheint es, daß die Distanzstellung der Verbbestandteile nur möglich ist, wenn die Partikel auch als *Goal*-Adverb deutbar ist.

(i) a. the filling out of the form/*the filling of the form out/*the filling of it out
b. the totaling up of the bill/*the totaling of the bill up/*the totaling of it up
c. the voting in of the candidate/*the voting of the candidate in/*the voting of him in
d. the putting up of the ransom/*the putting of the ransom up/*the putting of it up
e. the throwing out of the papers/*the throwing of the papers out/*the throwing of them out

Die vermeintliche Partikel *over* in Bolingers Beispiel kann als gekürztes Ziel verstanden werden, vgl. *over to the authorities*. Die Distanzstellung von *over* in *the turning of the document over/the turning of it over* erzwingt die adverbielle Deutung.

12 Für diese Beobachtung danke ich Ilse Zimmermann.

kelverb in der Satzstruktur zudem noch eine zweite Möglichkeit vorhanden. In (33b) (vgl. die relevante Struktur in (34c)) kann das DP-Objekt vorangestellt werden, in welchem Fall auch das Verb angehoben werden muß, damit es in der richtigen Konfiguration steht, um sein Objekt zu lizensieren. Der verbale Kasus wird aber an der gleichen Stelle zugewiesen wie in (34b), nämlich direkt hinter dem komplexen Verb (in (34c) hinter e_i + *in*).

Ein zweites Faktum, das für den lexikalischen Status von Partikelverben spricht, ist, daß Partikelverbstämme wie einfache und präfigierte Verbstämme in der Lage sind, idiosynkratische Präpositionalobjekte zu subkategorisieren:

(35) a. intransitive Partikelverben:
to put up with, make up for, run away with, come up with, get away with, look in on, be fed up with, do away with, look down on, face up to, go in for, get around to ...
b. transitive Partikelverben:
fix someone up with someone/something, put something down to someone, let someone in on something, take something out on someone, put someone up to something, con something off on someone, ...

Drittens ist bekannt, daß eine bewegte Phrase eine Insel für weitere Extraktionen darstellt: Sie toleriert keine weitere Bewegung aus sich heraus. Nach der hier vertretenen Analyse befindet sich das direkte Objekt in (36a,b) in seiner Basisposition, während es in (36c,d) vor die Partikel vorangestellt wurde. *Wh*-Extraktion des Adjunkts *for the books*, das als Modifikator zum Kopf *the bills* innerhalb der komplexen Objekt-DP vorkommt, ist nur möglich aus der Grundposition in (36a,b).

(36) John totaled up **the bills for the books**.
a. Which books did John total up the bills for?
b. For which books did John total up the bills?
John totaled **the bills for the books** up.
c.*Which books did John total the bills for up?
d.?For which books did John total the bills up?[13]

Dieses Ergebnis wird durch die Beispiele in (37) bestätigt.

(37) John filled out the forms from the neighboring office.
a. Which office did John fill out the forms from?
b. From which office did John fill out the forms?
John filled **the forms from the neighboring office** out.
c.*Which office did John fill the forms from out?
d.?From which office did John fill the forms out?[14]

---

13 Da der Modifizierer extraponierbar ist (*John totaled the bills up for the books*), ist es nicht auszuschließen, daß die relative Wohlgeformtheit dieses Beispiels auf die *wh*-Bewegung der Phrase aus der extraponierten Stellung zurückgeht. Für diese Beobachtung danke ich Peter Staudacher.

14 Die relevante Lesart ist hier, daß *from the neighboring office* die DP *the forms* modifiziert. In dieser Konstruktion leichter zugänglich ist die nicht-intendierte Interpretation, daß der lokale Ausdruck das Ausfüllen der Formulare situiert (*from the neighboring office he filled out the forms*).

Viertens hat Höhle (1982) nachgewiesen, daß die Grundabfolge der Konstituenten im Satz diejenige ist, welche unter normaler Satzbetonung die größte Menge an Fokussierungsmöglichkeiten bereitstellt. Normale Satzbetonung verlangt den Akzent auf der am tiefsten eingebetteten Konstituente. Wenn dieser Test auf die beiden Satzvarianten in (38) und (39) angewandt wird, kommen wir zu folgendem Ergebnis.

(38) Fokus-Test: They called off their engágement.
a. What happened?
They called off their engágement.
b. What did they do?
They called off their engágement.
c. What did they call óff?
They called off their engágement.

Die Konstituentenabfolge und das Intonationsmuster des Satzes in (38) liefern eine adäquate Antwort auf alle drei Fragen. Diese Fragen fokussieren die Gesamtproposition in (38a), die verbale Prädikation in (38b) und das direkte Objekt in (38c).

Die Konstituentenabfolge Verb+direktes Objekt+Partikel in (39) führt auf der anderen Seite zu folgendem Ergebnis:

(39) They called their engagement óff.
a. What happened?
They called their engagement óff.
b. What did they do?
They called their engagement óff.
c. What did they call óff?
?They called their engagement óff.

Die Satzvariante (38c) stellt die normalere Antwort auf die Frage *What did they call óff?* dar. Diese Frage verlangt minimalen Fokus auf dem direkten Objekt, was erreicht wird, wenn *the engagement* den Akzent trägt, nicht aber wenn die Partikel *óff* in der Antwort akzentuiert wird. Es gibt allerdings die Möglichkeit, bei der vorgegebenen Wortfolge in (39c) ein alternatives Betonungsmuster anzuwenden, das den Satz gut erscheinen läßt. Wenn der Satzakzent auf *the engagement* vorverlegt wird, wird diese Konstituente fokussiert, so daß (39c) wiederum normal wirkt, *They called their engágement off.*[15]

Eine weitere Prüfinstanz scheint die Voranstellung der VP in einer *though*-Konstruktion zu sein. Innerhalb der vorangestellten VP wird die Adjazenz des Verbstamms mit der Partikel deutlich präferiert.

(40) a. Show off his new car though he did, he still didn't impress them.
b.??Show his new car off though he did, ...
c. Turn down the offer though he did, he could still afford a vacation on Hawaii.
d.??Turn the offer down though he did, ...

---

[15] Während dieser Test bei normalen Objekten und sogar Adjunkten des Verbs zuverlässig ist, sind seine Ergebnisse bei direktionalen Angaben nicht immer ganz klar, wie auch in diesem Fall. Satz (39c) ist nicht so abweichend, wie er sein sollte.

e. Foul up the speech though he did, he is still considered the best candidate.
f.??Foul the speech up though he did, ...
g. Fill out the check though he did, he still forgot to deposit it.
h.??Fill the check out though he did, ...

Dies läßt sich aus folgender Erklärung ableiten. *Though* signalisiert die Thematizität der ihm vorausgehenden VP, indem es sie eingesteht. Eine Prädikation kann dann konzediert werden, wenn sie zum gemeinsamen Hintergrundwissen der am Diskurs beteiligten Gesprächspartner gehört, also thematisch ist. Da die Gesamt-VP thematisch ist, ist ihre interne Fokus-Hintergrund-Struktur neutral und weist daher die normale Abfolge auf.

Verwandt mit der *though*-Voranstellung ist der VERUM-Fokus.[16] In dieser Konstruktion trägt das Verb *do* den Hauptakzent des Satzes. Das inhaltsleere *do* steht in der I^0-Position des Satzes und übernimmt hier die Aufgabe, den im Satz ausgedrückten Sachverhalt als wahr auszuzeichnen. Da die Fokus-Hintergrund-Struktur des Satzes durch den VERUM-Fokus geprägt ist, weist die VP eine neutrale Abfolge auf. Dies spricht dafür, daß die Sätze (41a,c,e,g) neutral sind vis-à-vis ihren Gegenstücken.

(41) a. He DID show off his new car.
b.??He DID show his new car off.
c. He DID call out the name.
d.??He DID call the name out.
e. He DID foul up the speech.
f.??He DID foul the speech up.
g. He DID fill out the check, though he forgot to deposit it.
h.??He DID fill the check out, though he forgot to deposit it.

Auch bei Spalt-Konstruktionen besteht die Präferenz, daß Verb und Partikel kontinuierlich stehen. Bei Pseudo-Spalt-Konstruktionen ist diese Präferenz weniger deutlich. Für dieses Faktum habe ich keine Erklärung. Der Spalt-Satz stellt das, was innerhalb des durch die Kopula eingeleiteten Infinitivsatzes ausgedrückt wird, als neue Information (d.h. Fokus) der Mitteilung dar. Insofern ist die Voranstellung des Objekts, die die Thematizität des Objekts gegenüber dem Rest der VP signalisiert, mit der Fokussierung der Gesamt-VP wenig kompatibel. Dieselbe Funktion scheint allerdings der auf die Kopula folgende Infinitiv in der Pseudo-Spalt-Konstruktion zu haben. Unklar ist, warum in diesem Fall die Thematisierung des Objekts innerhalb einer fokussierten VP zu besseren Ergebnissen führt.

(42) a. It was to live down his past that he was unable to do.
b. ??It was to live his past down that ...
c. It was to stir up trouble that he intended.
d. ??It was to stir trouble up that he intended.
e. It was to call off the appointment that he managed.
f. ??It was to call the appointment off that he managed.
g. What he did was turn down the money.
h. What he did was turn the money down.

---

16 Zum VERUM-Fokus vgl. vor allem Höhle (1988, 1992).

i. What he did was turn off the light.
j. What he did was turn the light off.

In seiner Analyse der Rückwärtstilgung (allerdings in einem anderen theoretischen Rahmen) hat Wilder (1995) gezeigt, daß getilgte Konstituenten an der rechten Peripherie stehen. Die folgenden Sätze deuten darauf hin, daß in Partikelverbkonstruktionen das direkte Objekt und nicht die Partikel die rechtsperiphere Konstituente darstellt.

(43) a. [[P bought ~~the paper~~] [& [Q read ~~the paper~~] [and R threw out the paper]]]
b. [[She sent out ~~the report~~] [& [the post office forwarded the report]]]

Als letztes Argument kommt hinzu, daß in der umgangssprachlichen Konstruktion, in der *and* + VP auf *try* oder *come* folgt, die Adjazenz von Verbstamm und Partikel stark präferiert wird:

(44) a. TRY and put across your idea.
b. ??TRY and put your idea across.
c. TRY and draw up a serious contract.
d. ??TRY and draw a serious contract up.
e. TRY and bring about a change.
f. ??TRY and bring a change about.
g. COME and check out the house.
h. ??COME and check the house out.
i. COME and look over the offer.
j. ??COME and look the offer over.
k. COME and hand in the keys.
l. ??COME and hand the keys in.

Dies könnte damit zusammenhängen, daß der Imperativ naturgemäß fokusfördernd ist. Er bringt den Wunsch des Sprechers zum Ausdruck, daß der Hörer die genannte Proposition ausführt, wobei sich die Proposition vom Hintergrund als neue Information abhebt.

Alle neun oben angeführten Argumente stellen Indizien dafür dar, daß die Verbindung Verb+Partikel links vom direkten Objekt im Englischen erzeugt wird. Die davon abweichende Folge Verb+direktes Objekt+Partikel stellt eine abgeleitete Konstruktion dar, bei der die Partikel eine Positionsfestigkeit ähnlich der in den anderen germanischen Sprachen aufweist. Dieser Schluß ist umso zwingender, wenn man sich folgende Überlegung vor Augen führt. Es ist eine bekannte Tatsache der englischen Grammatik, daß die Abfolge Verb+direktes Objekt durch eine strenge Adjazenz dieser Elemente charakterisiert ist: Selbst kurze Adverbien werden zwischen ihnen nicht toleriert.

(45) a. *John sang loudly the national anthem in front of his house.
b. *He handed immediately the letter to his colleague.
c. *He checked well the report.
d. She checked off the report.
e. He handed back the letter.
f. He sang out the national anthem.

Diese Regel wird lediglich dann außer Kraft gesetzt, wenn eine Konstruktion ein Adverbial enthält, das als Verbpartikel auffaßbar ist, vgl. (45d-f).

6 Erweiterung der Analyse auf Doppelobjekt-Konstruktionen mit Partikelverben

Die folgenden Beispielsätze enthalten die Doppelobjekt-Konstruktion, für die Larson (1988) die VP-Schalen-Analyse vorgeschlagen hat und die von Haider (1993) in Form der *Basic Branching Conjecture* (vgl. (31)) weiterentwickelt wurde. Wie schon oben erwähnt, stellte Haider fest, daß die Abfolge der Konstituenten innerhalb der VP invariant ist. Es gilt indirektes Objekt > direktes Objekt > Präpositionalobjekt. Haider setzt eine rechtsverzweigende Struktur voraus und nimmt an, daß eine Sprachgruppe (die das Deutsche und Niederländische umfaßt) das Verb auf dem rechten Zweig der tiefsten Einbettung erzeugt, während in einer zweiten Gruppe, zu der das Englische sowie die festlandskandinavischen Sprachen gehören, das Verb links vorkommt. In (46a) wird das Verb in Einklang mit dieser Annahme zusammen mit der PP unter der tiefsten Verzweigung erzeugt und bewegt sich dann in eine höhere V-Position, damit es sein direktes Objekt nach rechts regiert. Dies erzeugt die verborgene Struktur, die in (30) oben schon verteidigt wurde. Das gleiche gilt für die Satzstruktur von (46b) mit dem Unterschied, daß das Verb in diesem Fall nicht eine DP und eine PP als Argumente verwaltet, sondern zwei DPs.

(46) a. She sent a schedule to the stockholders.
b. She sent the stockholders a schedule.

Die Doppelobjekt-Konstruktion kann nun zusammen mit einem Partikelverb vorkommen:

(47) a. The secretary sent a schedule out to the stockholders.
b. The secretary sent out a schedule to the stockholders.
c. The secretary sent the stockholders out a schedule.
d. ?The secretary sent out the stockholders a schedule.
e. *The secretary sent the stockholders a schedule out.

Den Sätzen (47a,b) liegt die Struktur (48) zugrunde. In (48a) wird der Verbstamm allein nach V bewegt in Einklang mit seiner Lizensierungsbedingung, während in (48b) der komplexe Stamm bewegt wird.

(48)

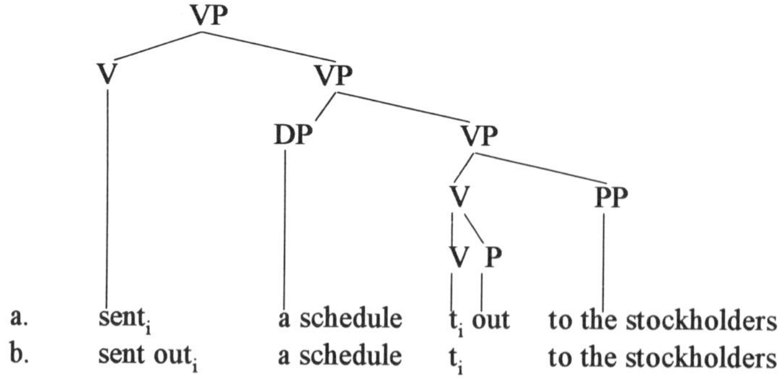

Die gleichen Prinzipien gewährleisten die Satzformen in (47c,d).

(48)

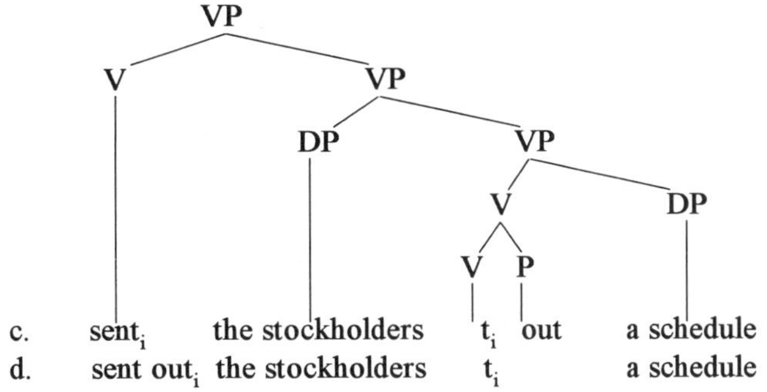

Satz (47e), der von den meisten Sprechern entschieden abgelehnt wird,[17] kann nach diesem Schema nicht (ohne sich kreuzende Bewegungen) abgeleitet werden. Dies geht aus der folgenden Struktur hervor. Die Anhebung des Verbs erzeugt zwar eine wohlgeformte Verbkette, das Problem liegt aber darin, daß die Abfolge der zwei DPs hintereinander a) entweder in der Basis in dieser Form erzeugt werden müßte, was die VO-Struktur des Englischen verletzt, oder aber b) durch eine DP-Voranstellung zustandekommen muß, die nicht ausgeführt werden kann. Wenn die DP *stockholders* von der mittleren DP zur höchsten angehoben wird, kann *a schedule* nicht an diese mittlere Stelle gelangen, da dieser zweite Bewegungsschritt die Spur des ersten löschen würde.

(48)

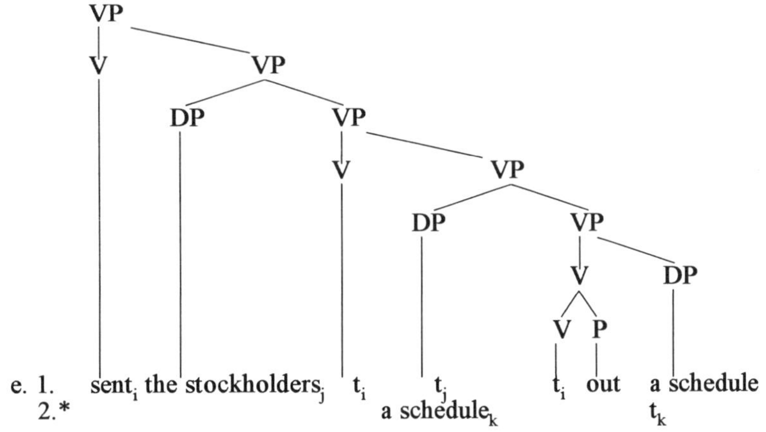

7 Die Mapping-Hypothese

Diesing (1992) schlägt vor, daß sich referentielle DPs von nicht-referentiellen DPs durch ihre Position in der Satzstruktur (spätestens auf LF) unterscheiden. Referentielle Nominalphrasen, deren Referent im Diskurs verankert ist, bewegen sich aus der Verbphrase heraus in den Bereich des *restrictive clause*, wo sie im Skopus eines starken Quantors als definit oder

[17] Emonds (1976) sowie Jacobson (1987) teilen dieses Urteil mit mir und meinen Informanten.

quantifiziert interpretiert werden, vgl. (49a). Die Verbphrase gilt als Bereich der Prädikation, so daß nur indefinite Nominalphrasen dort zurückbleiben. Alle in der VP verbleibenden DPs werden durch eine existentielle Schließung interpretiert, wie in (49b) angedeutet. Die Bedingungen und Restriktionen, die die semantische Interpretation von DPs betreffen, bestimmen nach Diesing ihre Position im Satz.

(49) Diesing (1992) und Meinunger (1995)

a. Every$_x$	[good linguist (x)]	y [bad article (y)	wrote (x,y)]
b. quantifier	restrictive clause	nuclear scope	
c. [CP....	[AGR....	[VP ...]]]	

Meinunger (1995) nimmt an, daß definite oder (indefinite, aber) spezifisch zu interpretierende DPs in eine AGR-Position bewegt werden, wo sie unter *Spec-Head*-Kongruenz mit einem nach AGR bewegten Verb einen starken Kasus erhalten. Er zeigt, daß im Türkischen, Finnischen und Russischen definite DPs, die als Objekt des Verbs fungieren, Akkusativ tragen, während indefinite Objekte mit einem 'schwachen' Kasus (Genitiv oder Partitiv) markiert werden, der in der VP zugewiesen wird. Für Westgrönländisch, Deutsch und Chinesisch dokumentiert er charakteristische Unterschiede in der Konstituentenabfolge: Definite oder spezifische DPs stehen vor indefiniten. Im Französischen, Porteño-Spanischen und Griechischen taucht Verbkongruenz nur bei definiten DPs auf, die aus der VP bewegt wurden. Schließlich zählt er (wie auch Johnson (1991) und Vikner (1994) vor ihm) auch *Object Shift* im Skandinavischen zu diesem allgemeinen Phänomen der semantischen Steuerung von Konstituentenabfolgen.

Diesing/Jelinek (1993) gehen auf das *Object-Shift*-Phänomen im Skandinavischen näher ein und stellen eine Verbindung zwischen *Object Shift* im Skandinavischen und DP-Voranstellung bei Partikelverben im Englischen her. Im Isländischen wie in den festlandskandinavischen Sprachen (Dänisch, Schwedisch und Norwegisch) wird ein definites, unbetontes Pronominalobjekt aus der VP bewegt, wenn das finite Verb in eine funktionale Kopfposition bewegt wird. Die skandinavischen Sprachen sind alle Verb-Zweit-Sprachen. Im dänischen Satz (50a) wird das Pronomen nach der Anhebung des Verbs nach C vorangestellt. (50b) zeigt, daß die Voranstellung obligatorisch ist. Daß *Object Shift* an die Bewegung des Verbs aus der VP gekoppelt ist, zeigt (50c) im Vergleich zu (50d): Die Voranstellung ist im Zusammenhang mit einem infiniten Verb, das die VP nicht verläßt, ungrammatisch.

(50) a. Peter læste den uden tvivl ikke.
'Peter las es ohne Zweifel nicht.'
b. *Peter læste uden tvivl ikke den.
c. at Peter uden tvivl ikke laeste den.
d. *at Peter den uden tvivl ikke læste.

Isländisch weicht von diesem Paradigma in einem Punkt ab: Es weist generell das V2-Phänomen auf, so daß das pronominale Objekt auch in eingebetteten Sätzen aus der VP herausbewegt werden muß:

(51) a. Hann las þær ekki.
'Er las sie nicht.'
b. *Hann las ekki þær.

c. *að Jón keypti ekki hann.
'daß Hans kaufte nicht sie .'
d. að Jón keypti hann ekki.

Im Dänischen und im Isländischen – sowie auch im Englischen – kann das Pronomen in der VP zurückbleiben, wenn es betont ist:

(52) a. Peter læste ikke DEN.
b. Hann las ekki ÞÆR.

Wie im Englischen kann eine volle DP im Isländischen, nicht aber in den anderen skandinavischen Sprachen, fakultativ vorangestellt werden. Aber auch hier ist die Voranstellung gebunden an die Bewegung des Verbs in eine funktionale Kopfposition oberhalb der VP, wie (53c) zeigt.

(53) a. Jón keypti ekki bókina.
'Hans kaufte nicht das Buch.'
b. Jón keypti bókina ekki.
c. *Jón hefur bókina ekki lesið.
'Hans hat das Buch nicht gelesen.'

Die Voranstellung ist allerdings nur möglich bei definiten DPs im Singular (= (53)) und im Plural (= (54)), nicht aber bei indefiniten DPs (= (55)).

(54) a. Hann las bækurnar ekki.
'Er las die Bücher nicht.'
b. Hann las ekki bækurnar.

(55) a. *Ég las bók ekki.
'Ich las (ein) Buch nicht.'
b. Ég las ekki bók.

Wenn eine pluralische indefinite DP vorangestellt wird, so erhält sie eine generische Interpretation, was in Diesings Analyse dafür spricht, daß die DP aus der VP in den Skopus eines generischen Quantors bewegt wurde:

(56) a. Ég les ekki bækur. existentiell
'Ich las nicht Bücher.'
b. Ég les bækur ekki. generisch

Die Voranstellung des direkten Objekts bei englischen Partikelverb-Konstruktionen scheint jedoch aus zwei Gründen **nicht** mit der *Object-Shift*-Konstruktion identifizierbar zu sein: Erstens findet die Voranstellung im Englischen auch bei infiniten Verbformen statt und zweitens können nicht nur definite, sondern auch indefinite singularische und indefinite pluralische DPs vorangestellt werden, wie (57a,b) zeigen. Die Tatsache, daß auch im Englischen die Voranstellung einer indefiniten DP oft seltsam wirkt, fällt nicht ins Gewicht, da dies auch der Fall ist, wenn die DP in situ bleibt, vgl. (57c,d). Da die Konstruktion erheblich besser wird, wenn sie in einer nicht-habituellen Lesart vorkommt (vgl. (57e)), scheint das Problem mit der Semantik der habituellen vs. nicht-habituellen Lesart zusammenzuhängen.

(57) a. She doesn't want to pass an opportunity up.
b. She has always turned solicitors away.
c. ??She likes to fill a form out.
d. ??She likes to fill out a form.
e. She is/was filling a form out.

Trotz gegenteiligem Anschein argumentieren Diesing/Jelinek (1993), daß alle diese Fakten miteinander zusammenhängen. In ihrer Analyse versuchen sie diese Fakten auf folgende Weise unter einen Hut zu bringen. Sie gehen von der Struktur in (58) aus, in der oberhalb der VP die funktionalen Köpfe C, TNS und ASP angesiedelt sind. Diese funktionalen Köpfe sind hinsichtlich ihrer morphologischen Stärke unterschiedlich parametrisierbar.

(58) [CP...[TNS...[ASP...[VP...

Unter der Annahme, daß ein pronominales Objekt mittels Kopfbewegung an das finite Verb klitisiert, entsteht *Object Shift* nach Diesing/Jelinek, indem der Komplex Verb+Pronomen zusammen die VP verläßt. Der Landeplatz des Verb+Pronomen-Komplexes ist dabei von Sprache zu Sprache verschieden.

Aspekt gilt im Englischen als ein starkes Merkmal am Verb mit der Folge, daß sich das Verb immer nach ASP bewegt (und dadurch die VP verläßt), unabhängig davon, ob es finit oder infinit ist. Im Festlandskandinavischen sind auf der anderen Seite die ASP- und TNS-Knoten schwach, nur C ist stark. Wenn das Verb mit dem klitisierten Pronomen nach C bewegt wird, durchwandert es ASP (und TNS), was die Verbindung des *Object Shift* an das Verb-Zweit-Phänomen erklärt. Im Isländischen sind C und Tense stark, da Verb-Zweit im Haupt- und eingebetteten Satz erfolgt. *Object Shift* findet in beiden Satztypen statt, weil das finite Verb in beiden Fällen ASP durchläuft (im eingebetteten Satz auf dem Weg nach TNS, im Hauptsatz auf dem Weg nach C).

Object Shift erhält unter dieser Analyse insofern eine Erklärung, als ein definites Pronomen aus semantischen Gründen die VP verlassen muß. Vehikel dieses Transports ist der Verbstamm. Wenn er sich zu einem funktionalen Kopf bewegt, durchläuft er ASP, wo er offensichtlich das Pronomen ablädt.

Nach Diesing/Jelinek erfolgt nun die Voranstellung einer vollen (nicht-pronominalen) DP in dieser Analyse über normale *Spec*-Bewegung und zwar im Isländischen nach [Spec, ASP], während im Englischen eine Bewegung nach [Spec, ASP] oder nach [Spec, VP] vorliegen kann. Die Flexibilität des Landeplatzes im Englischen erklärt die unterschiedlichen (definiten und indefiniten) Interpretationsmöglichkeiten, die in dieser Sprache vorhanden sind. Im Isländischen werden nur definite DPs (nach [Spec, ASP]) vorangestellt. Im Festlandskandinavischen dagegen fehlt die [Spec, ASP]-Position ganz: Die Voranstellung einer vollen DP setzt voraus, daß entweder *Tense* oder Aspekt stark ist. Nur starke Köpfe lizensieren nach Diesing/Jelinek einen Spezifikator.

Zwei Probleme dieser Analyse liegen auf der Hand. Wie Vikner (1994) aufgefallen ist, kann die Klitisierungsanalyse für die Voranstellung der Pronominalformen in den skandinavischen Sprachen nicht stimmen. Bei *Object Shift* wird das Pronomen an die VP adjungiert, vgl. (59) und begleitet das Verb nicht nach C, so wie es Diesing/Jelineks Analyse beinhaltet.

(59) I gar læste Peter den uden tvivl ikke
'Gestern las Peter es ohne Zweifel nicht.'

Darüber hinaus gibt es Probleme mit der Anwendung der Diesing-Jelinekschen Analyse auf volle DPs im Englischen. (60a) zeigt die Bewegung einer indefiniten DP nach [Spec, VP], die nach Diesing/Jelinek eine indefinite Lesart ergibt. In (60b) gelangt die DP mit definitem Artikel außerhalb der VP nach [Spec, ASP], wo sie definit interpretiert wird. Wie die Struktur klar zeigt, muß aber in diesem Fall das Verb weiter nach TNS wandern, da sonst die falsche lineare Abfolge erzeugt wird. Die relevante Struktur muß also die in (60c) sein.

(60)
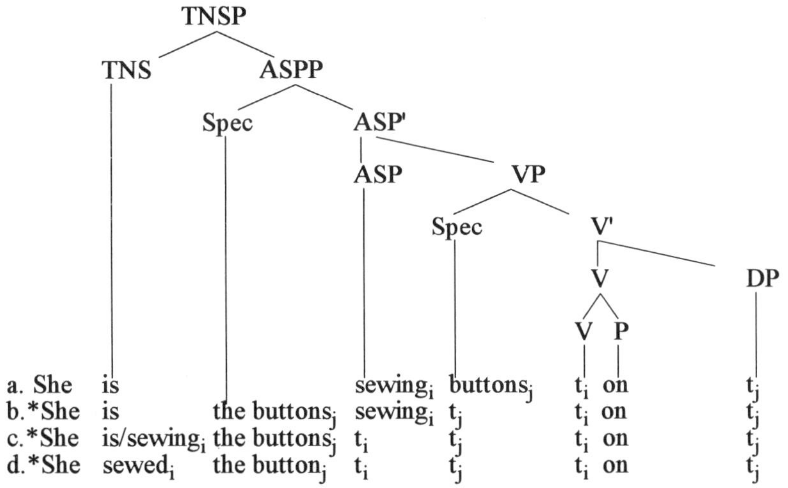

Aber auch (60c) kann nicht stimmen: Nach gängigem Verständnis der englischen Satzstruktur steht das Hauptverb in V, nicht in I/TNS: I/TNS ist reserviert für Modalverben.

Aus zwei Gründen sollte die DP-Voranstellung im Englischen als ein von *Object Shift* im Skandinavischen verschiedenes Phänomen angesehen werden. Im Englischen nimmt die Voranstellung des Objekts – selbst des pronominalen Objekts – eine andere Stellung ein als im Skandinavischen. Dort wird das Pronomen an die oberste VP adjungiert vor allen Adverbien, vgl. (61). Im Englischen dagegen stehen pronominale sowie volle DP-Objekte innerhalb der VP nach der obersten V-Position, vgl. (62).

(61)
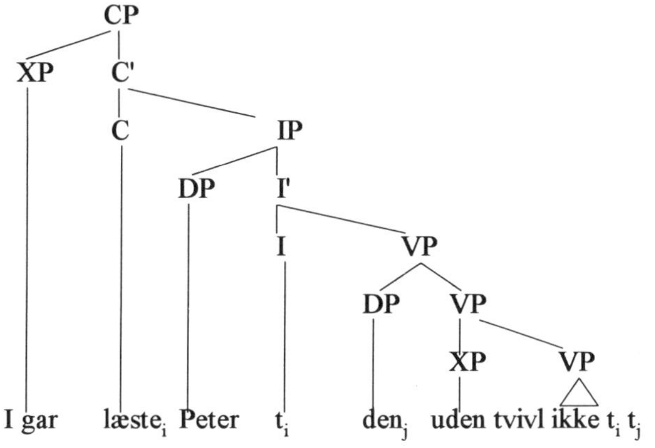

(62)

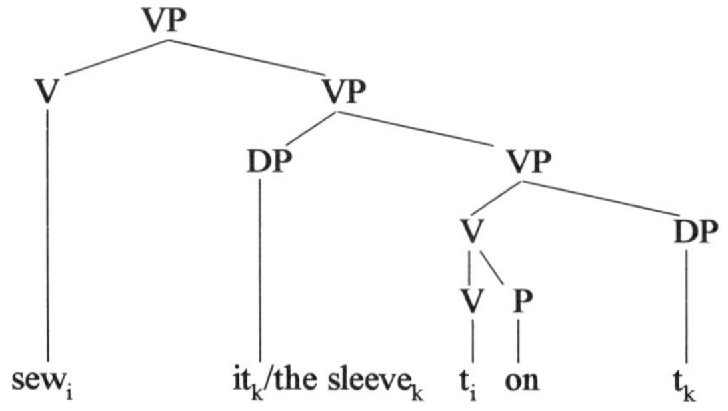

Object Shift im Skandinavischen scheint grammatisch geregelt zu sein: Ein unbetontes definites Pronomen kann nicht in der VP zurückbleiben, wenn das regierende Verb daraus bewegt wird. Die Voranstellung einer DP bei der Partikelverb-Konstruktion im Englischen ist dagegen in den allermeisten Fällen fakultativ und scheint der Informationsstrukturierung des Satzes zu dienen, ähnlich wie im Deutschen die Topikalisierung einer Konstituente nach [Spec, CP] oder das *Scrambling* innerhalb des Mittelfelds.

8 Zusammenfassung: *Object Shift*, DP-Voranstellung und *Scrambling*

In der vorangegangenen Diskussion wurde die These verteidigt, daß Partikelverben in den germanischen Sprachen (d.h auch im Englischen) lexikalische Stämme darstellen, die auf eine (komplexe) V^0-Position in der syntaktischen Struktur projizieren. Die charakteristische Trennung von Partikel und Verb kommt dadurch zustande, daß der Verbstamm gewissen Bewegungsanforderungen unterliegt wie etwa der Verb-Zweit-Bildung in allen germanischen Dialekten (außer dem Englischen) sowie der Lizensierung seiner Argumente nach rechts in den VO-Sprachen (hier relevant: Englisch und Skandinavisch).

Es wird häufig angenommen, daß *Scrambling* eine Erscheinung ist, die ausschließlich in OV-Sprachen (z.B. Deutsch, Niederländisch, Türkisch, Hindi, Japanisch u.a.) auftritt, während *Object Shift* eine Konstruktion ist, die ausschließlich VO-Sprachen betrifft.

Lokales (vs. *long distance-*) *Scrambling* wird in Haider (1994) als A-Ketten-Bildung aufgefaßt, die innerhalb der minimalen Projektionsdomäne des Verbs zustandekommt, wenn die *Linking*position des jeweiligen Arguments nicht mit seiner Thetaposition übereinstimmt. Ein Satz wie (63a) hat mit anderen Worten die VP-Struktur von (63b):

(63) a. daß jemand [eine Nachricht$_i$ [einer Frau [e$_i$ hinterlassen hat]]]
b. [DP [DP$_i$ [DP [e$_i$ V]]]]

Bis auf die rechte Position des Verbs auf der untersten Verzweigung und die Tatsache, daß das Verb in situ bleibt, sieht diese Struktur der VP-Schalen-Struktur sehr ähnlich, die in der obigen Diskussion für Partikelverbkonstruktionen im Englischen beansprucht wird:

(64) a. John [knocked$_i$ [the chair$_j$ [e$_i$ over e$_j$]]].
b. [DP [V$_i$ [DP$_j$ [[e$_i$ P] e$_j$]]]]

Der Unterschied zu einer *Scrambling*-Konstruktion kommt hier deutlich zutage. Die internen Objekte einer Doppelobjekt-Konstruktion im Englischen können nicht – im Gegensatz zu gescrambelten Sätzen im Deutschen – in beliebiger Reihenfolge auftreten:

(65) a. daß [meinem Onkel]$_i$ [die Möbel]$_j$ eine hiesige Firma e_i e_j zugestellt hat
b. daß [die Möbel]$_j$ [meinem Onkel]$_i$ eine hiesige Firma e_i e_j zugestellt hat[18]

(66) a. She [gave$_i$ [the girl [e_i the present]]]
b. *She [gave$_i$ [the present$_j$ [the girl [e_i e_j]]]]

Das Englische weist also als eine VO-Sprache erwartungsgemäß kein *Scrambling* auf. Die DP-Voranstellung innerhalb der VP im Englischen stellt ein anderes grammatisches Phänomen dar.

Die interessantere Frage ist, ob DP-Voranstellung in den englischen Partikelverbkonstruktionen mit *Object Shift* im Skandinavischen identifiziert werden kann. *Object Shift* setzt wie oben dargelegt voraus, daß das Verb die VP-Projektion verläßt und eine funktionale X^0-Position einnimmt. Bis jetzt habe ich (im Sinne von Bierwisch (1991) und Haider (1993), aber gegen die momentane Tendenz im Rahmen des Minimalismus) eine oberflächennahe Syntax vertreten, bei der Argumente in ihrer Basisposition oder als Teil einer Kette, die ihre *Linking*- und Kasus-Positionen verbindet, lizensiert werden. In diesem Fall scheint es keinen Grund zu geben für die Annahme, daß das lexikalische Verb im Englischen die VP verläßt. Hinzu kommt, daß die Landeposition von *Object Shift* im Skandinavischen eine andere ist als bei der DP-Voranstellung bei Partikelverben im Englischen. Im Skandinavischen wird die vorangestellte DP an die VP adjungiert, und zwar vor allen VP-Adverbialen, während im Englischen die entsprechende DP als rechte Schwester zum lizensierenden V vorkommt, vgl. auch (61) und (62) oben:

(67) a. [$_{CP}$ I gar læste$_i$ [$_{IP}$ Peter$_k$ I^0 [$_{VP}$ t_k t_i [$_{VP}$ den$_j$ [$_{VP}$ uden tvivl [$_{VP}$ ikke t_i t_j]]]]]]
b. [$_{IP}$ She I^0 [$_{VP}$ sewed$_i$ [$_{DP}$ the sleeve$_j$ [e_i on e_j]]]]

Trotz dieser Unterschiede scheint es möglich zu sein, eine grundlegende Regularität hinter beiden Phänomenen zu entdecken. Ein einfaches, definites, unbetontes (pronominales) Element greift ein Topik aus dem laufenden Diskurs auf und muß, da es thematisch ist, den Fokus-Bereich des Satzes verlassen. Als Fokusbereich gilt die minimale VP, die das Verb und seine Argumente enthält. Da in VO-Sprachen alle Argumente aufgrund der konsistenten Direktionalität der Verb-Lizensierung unmittelbar dem Verb folgen müssen, zieht eine solche Voranstellung des Objekts automatisch eine Voranstellung des Verbs mit sich. Diese Bedingung wird im Skandinavischen durch die Verb-Zweit-Eigenschaft erfüllt: Das Verb nimmt die oberste funktionale Kopfposition ein. Da das Englische keine Verb-Zweit-Sprache ist, erfolgt die notwendige Verb-Objekt-Konfiguration durch Adjunktion an VP, die eine höhere VP-Schale erzeugt.

Das Ergebnis der obigen Diskussion konnte allerdings Diesings Mapping-Hypothese in ihrer strikten Ausführung nicht bestätigen. Nicht die Definitheit vs. Indefinitheit der Argumente, sondern die Fokus-Hintergrund-Struktur der Mitteilung scheint im Englischen die Oberflächenstellung der Satzkonstituenten zu bestimmen. Zum einen werden indefinite DPs in englischen

[18] Diese Beispiele entstammen Haider (1994:9).

Partikelverbkonstruktionen vorangestellt (*she checked a name off*), zum anderen können einfache definite volle DPs ohne weiteres hinten stehen (*she checked off the name*). Die notwendige Adjunktionskonfiguration steht dem Englischen prinzipiell zur Verfügung und kann dann eingesetzt werden, wenn dies entweder die Erfordernisse des Informationsflusses von Bekanntem zu Unbekanntem oder die der Prosodie verlangen.

Literatur

Barss, Andrew, Howard Lasnik (1986): "A Note on Anaphora and Double Objects". – In: Linguistic Inquiry 17, 347-353.

Bierwisch, Manfred (1991): Projektbericht A1. Sonderforschungsbereich 340. – Universität Stuttgart.

Bolinger, Dwight (1971): The Phrasal Verb in English. – Cambridge, Mass.: Harvard University Press.

Diesing, Molly (1992): Indefinites. – Cambridge, Mass.: The MIT Press.

Diesing, Molly, Eloise Jelinek (1993): "The Syntax and Semantics of Object Shift". – In: Working Papers in Scandinavian Syntax 51, 1-54.

Emonds, Joseph (1976): A Transformation Approach to English Syntax. – New York: Academic Press.

Fraser, Bruce (1976): The Verb-Particle Combination in English. – New York: Academic Press.

Haider, Hubert (1993): Deutsche Syntax, generativ. – Tübingen: Narr.

– (1994): Scrambling – What's the State of the Art? Ms. – Universität Stuttgart.

Hawkins, John (1990): "A Parsing Theory of Word Order Universals". – In: Linguistic Inquiry 21, 223-262.

Höhle, Tilman (1982): "Explikationen für 'normale Betonung' und 'normale Wortstellung'". – In: W. Abraham (Hg.): Satzglieder im Deutschen (Tübingen: Narr) 75-153.

– (1988): "Vorwort und Nachwort zu 'VERUM-Fokus'". – In: Sprache und Pragmatik (Arbeitsberichte 5. Lund).

– (1992): "Über VERUM-Focus im Deutschen". In: J. Jacobs (Hg.): Informationsstruktur und Grammatik (Opladen: Westdeutscher Verlag) (Sonderheft der Linguistischen Berichte) 112-141.

Jackendoff, Ray (1990): "On Larson's Treatment of the Double Object Construction". – In: Linguistic Inquiry 21, 427-454.

Jacobson, Pauline (1987): "Phrase Structure, Grammatical Relations, and Discontinuous Constituents". In: G. von Huck, A. Ojeda (eds.): Syntax and Semantics. Vol. 20: Discontinuous Constituency (New York: Academic Press) 27-69.

Johnson, Kyle (1991): "Object Positions". – In: Natural Language and Linguistic Theory 9, 577-636.

Kayne, Richard (1985): "Principles of Particle Constructions". In: J. Guéron, H.-G.Obenauer, J.-Y.Pollock (eds.): Grammatical Representation (Dordrecht: Foris) 101-140.

Larson, Richard (1988): "On the Double Object Construction". – In: Linguistic Inquiry 19, 335-391.

– (1990): "Double Objects Revisited: Reply to Jackendoff". – In: Linguistic Inquiry 21, 589-632.

Marchand, Hans (1969): Categories and Types of Present-day English Word-Formation. – München: Beck.

Meinunger, André (1995). Case Configuration and Referentiality. Erscheint: CONSOLE II.

Neeleman, Ad, Fred Weerman (1993): "The Balance between Syntax and Morphology: Dutch Particles and Resultatives". – In: Natural Language and Linguistic Theory 11, 433-475.

Quirk, Randolph, Sidney Greenbaum, Geoffrey Leech, Jan Svartvik (1993): A Comprehensive Grammar of the English Language. – New York: Longman.

Risch, Gabriela (1994): Verbpräfigierung des Deutschen: Skalierungsverben mit *über-* und *unter-*. Dissertation. – Universität Stuttgart.

Stiebels, Barbara, Dieter Wunderlich (1994): "Morphology Feeds Syntax: The Case of Particle Verbs". – In: Linguistics 32, 913-968.

Vikner, Sten (1994): Scandinavian Object Shift and West Germanic Scrambling. – In: N. Corver, H.v. Riemsdijk (eds): Studies on Srambling (Berlin: de Gruyter) 437-517.

Wilder, Chris (1995): Extraposition and Leftward Deletion. Vortragshandout. – Berlin.
Wunderlich, Dieter (1987): "An Investigation of Lexical Composition: The Case of German *be*-Verbs". – In: Linguistics 25, 283-331.
– (1991): "How Do Prepositional Phrases Fit Into Compositional Syntax and Semantics?". – In: Linguistics 29, 591-621.

Peter Gallmann

Zur Morphosyntax der Eigennamen im Deutschen

Abstract

Proper names, which usually have no article in Standard German, take a definite article in some particular usages. Simultaneously, they then change the inflection paradigm: *Annas Ideen* (without article, with Genitive suffix -s) vs. *die Idee der klugen Anna* (with article, without Genitive suffix -s). An explication for this behavior can be based on the approach of Longobardi (1994). Neglecting secondary appellative use, the article in connection with such proper names has to be regarded as an expletive item, i.e., syntagmas with and without article are semantically equivalent. (Secondary appellative use can be seen for example in: *die Anna aus Wien, nicht die von München*; the meaning of *Anna* is here: «person named Anna».) Whether there is an article or not, movement from N° to D° has to be assumed on semantic grounds. On the one hand, the appearance of the expletive article is necessitated by LF interpretation rules (prevention of the existential reading of syntagms with empty D°). On the other hand, the expletive article can be chosen relatively freely on condition that it has minimal morphosyntactic content. In both cases, a semantic feature [±R] in the DP shell is the decisive factor. In individual languages, the possibilities depend on whether [±R] is assigned to D° or SpecDP and whether [±R] is strong or weak (in the sense of Chomsky 1992, 1995). In German, the R-feature in D° is strong (the proper name moves to D° before Spell-out), the one in SpecDP is weak. The inflectional behavior of proper names themselves and that of the articles and the adjectives connected with them depends on whether N° replaces D° or is adjoined to D° as well as on whether an agreement relation exists between SpecDP and D° with respect to morphosyntactic features.

1 Ausgangspunkt

In der Flexion der nominalen Lexeme des Deutschen läßt sich eine Reihe von flexivischen Alternationen beobachten. Einige davon sind evident morphologisch-lexikalischer Art. So ist das Nebeneinander der Suffixe *-s* und *-en* in (1) damit zu erklären, daß *Magnet* dazu tendiert, vom schwachen zum starken Flexionsparadigma[1] zu wechseln (Gallmann 1990):

(1)	a.	Stark:	[$_{DP}$ des Magnets]
	b.	Schwach:	[$_{DP}$ des Magneten]

Daneben gibt es aber auch flexivische Alternationen, die syntaktisch gesteuert sind, etwa diejenigen im folgenden Beispiel:

(2)	a.	Ohne Kasussuffix:	entsprechend [$_{DP}$ Paragraph 37]
	b.	Mit Kasussuffix:	entsprechend [$_{DP}$ dem Paragraphen 37]

Hier liegt eine Kongruenzerscheinung vor, die mit dem Vorhandensein oder Fehlen des Artikels zu tun hat. In der DP mit Artikel (2 b) weist das Nomen ein Kasussuffix auf, in der DP

1 Termini "stark" und "schwach" in der Tradition von Grimm; nicht zu verwechseln mit dem Merkmalpaar stark/schwach bei Chomsky (1992).

ohne Artikel (2 a) nicht. (Der Zusammenhang ist letztlich nicht so direkter Art, wie es dieses Beispiel suggeriert; siehe dazu Gallmann 1996.)

Ein zweiter Typ von offensichtlich syntaktisch gesteuerter Flexionsalternation verhält sich äußerlich gerade umgekehrt wie der vorangehend erwähnte: das Vorhandensein des definiten Artikels geht mit Suffixlosigkeit des Nomens einher und Fehlen des Artikels mit Suffigiertheit. Diese Erscheinung betrifft bestimmte Eigennamen, vgl. etwa das folgende Beispiel:

(3) a. Mit Kasussuffix: [$_{DP}$ Annas] Ideen
b. Ohne Kasussuffix: die Ideen [$_{DP}$ der klugen Anna]

Im folgenden soll dieser Typ Alternation genauer untersucht werden. Dabei soll zwei Fragen nachgegangen werden:

a) Wann und warum tritt der definite Artikel bei diesen Eigennamen überhaupt auf?
b) Warum wirkt sich das Vorhandensein oder Fehlen des definiten Artikels auf die Flexion des Eigennamens aus?

2 Eigennamen mit und ohne definiten Artikel

In der Standardsprache werden bestimmte Eigennamen gewöhnlich ohne definiten Artikel verwendet. Es handelt sich hauptsächlich um Personennamen sowie um einige Subtypen von Firmen- und geographischen Namen:

(4) a. [$_{DP}$ Anna] kommt zurück
b. [$_{DP}$ Apple] verkauft Computer
c. [$_{DP}$ Pfäffikon] liegt an einem See

Unter gewissen Bedingungen allerdings erhalten auch diese Wortformen den definiten Artikel. Dies ist zum einen der Fall, wenn sie gar nicht als Eigennamen im Sinne eines objektreferierenden Ausdrucks gebraucht werden, sondern als eine besondere Art Appellative:

(5) a. [$_{DP}$ Die beiden Annas unserer Klasse] mögen sich nicht
b. [$_{DP}$ Die beiden Apple] führten einen Prozeß gegeneinander[2]
c. [$_{DP}$ Die beiden Pfäffikon] liegen je an einem See[3]

Die Eigennamen referieren hier nicht auf ein bestimmtes Objekt, sondern auf eine Klasse von Objekten. In (5 a) handelt es sich um die Klasse "Personen mit Namen Anna", entsprechend in (5 b) um die Klasse "Firmen mit Namen Apple", in (5 c) um die Klasse "Ortschaften mit Namen Pfäffikon". Es erstaunt darum nicht, daß in dieser sekundären appellativischen Verwendung derselbe Artikelgebrauch zu beobachten ist wie sonst bei Appellativen mit Merkmal [+ zählbar]. So sind sie auch mit dem indefiniten Artikel kombinierbar:

(6) Ein Telefon für dich, [$_{DP}$ eine Anna] möchte dich sprechen!

---

2 Wirtschaftsgeschichte: die Plattenfirma der Beatles versus die bekannte Computerfirma.
3 Schweizer Geographie: Pfäffikon ZH liegt am Pfäffikersee, Pfäffikon SZ am Zürichsee.

Ebenfalls eine Art sekundäres Appellativ liegt vor in Verwendungen wie den folgenden:

(7) a. [$_{DP}$ Die Anna [meiner Jugend]] gibt es nicht mehr
b. Du bist nicht mehr [$_{DP}$ dieselbe Anna] wie vor zehn Jahren!

Hier denotiert Anna eine Klasse von zeitabhängigen Persönlichkeitsmerkmalen, deren Gemeinsamkeit es ist, daß sie einer Person namens Anna zugeordnet sind. Der Artikelgebrauch entspricht ebenfalls demjenigen, der bei Appellativen zu konstatieren ist.

Eigenartig ist allerdings, daß der definite Artikel auch dann auftritt, wenn die Eigennamen tatsächlich als solche gebraucht werden. Standardsprachlich ist das der Fall, wenn sie – in der Funktion eines Arguments – mit bestimmten nichtrestriktiven (appositiven) Attributen versehen sind:[4]

(8) a. [$_{DP}$ Die kluge Anna] kommt heute abend zu Besuch
b. *[$_{DP}$ Kluge Anna] kommt heute abend zu Besuch

Der Artikel tritt aber nicht bei allen nichtrestriktiven Attributen obligatorisch auf:

(9) a. [$_{DP}$ Anna aus Köln] kommt heute abend zu Besuch
b. [$_{DP}$ Anna mit den langen Zöpfen] kommt heute abend zu Besuch
c. [$_{DP}$ Anna, die so lange Zöpfe hat], kommt heute abend zu Besuch

Im Gegensatz zu Adjektivphrasen, PPs und Relativsätzen scheint bei nachgestellten Genitivattributen die appositive Lesart – aus was für Gründen auch immer – ausgeschlossen zu sein. Eigennamen mit Genitivattribut haben denn auch immer den Artikel bei sich:

(10) a. [$_{DP}$ Die Anna unserer Nachbarn] kommt heute abend zu Besuch
b. *[$_{DP}$ Anna unserer Nachbarn] kommt heute abend zu Besuch

Die gleiche Verteilung läßt sich auch bei geographischen Eigennamen konstatieren:

(11) a. [$_{DP}$ Das am Bodensee gelegene Konstanz] hat eine schöne Altstadt
a'. * [$_{DP}$ Am Bodensee gelegenes Konstanz] hat eine schöne Altstadt

(12) a. [$_{DP}$ Konstanz am Bodensee] hat eine schöne Altstadt
b. [$_{DP}$ Konstanz mit seiner schönen Altstadt] ist eine Reise wert
c. [$_{DP}$ Konstanz, das eine schöne Altstadt hat], ist eine Reise wert

Wie die Beispiele zeigen, ist der Artikel standardsprachlich nur in Verbindung mit adjektivischen Attributen und mit nachgestellten Genitivattributen obligatorisch. Von regionalen Varietäten des Deutschen aus verbreitet sich freilich der Usus, Personennamen generell mit dem Artikel zu verwenden, auch wenn sie nicht attribuiert sind:

---

4 Eigennamen im eigentlichen Sinn können nicht restriktiv attribuiert werden; restriktive Attribution geht immer mit dem Wechsel zu einer der oben angesprochenen appellativischen Verwendungen einher. In den folgenden Beispielen ist im Diskurs nur eine ganz bestimmte Anna relevant. Dies unterscheidet sie von den oben angesprochenen appellativischen Verwendungen. Vgl. mit restriktiver Lesart zum Beispiel auch (mit standardsprachlich obligatorischem definitem Artikel):
i) die Anna aus Köln (im Gegensatz zu: die Anna aus Dortmund).
Zur Intonation vgl. das unten zu (22) Gesagte.

(13) a. [$_{DP}$ Die Anna] kommt heute abend zu Besuch
b. [$_{DP}$ Die Anna aus Köln] kommt heute abend zu Besuch
c. [$_{DP}$ Die Anna mit den langen Zöpfen] kommt heute abend zu Besuch
d. [$_{DP}$ Die Anna, die so lange Zöpfe hat], kommt heute abend zu Besuch

Bei geographischen Eigennamen ist der Artikelgebrauch in der Standardsprache lexikalisiert:

(14)	a.	* das England	der Irak	die Schweiz
	b.	England	Irak	* Schweiz

Marginal kommen im Deutschen in Verbindung mit nichtflektierten Adjektiven auch artikellose Syntagmen vor. Beispiele mit Personennamen:

(15) a. Hänschen klein geht allein in die weite Welt hinein (Volkslied)
b. Das ist ein Foto von Klein Anna

Es fällt allerdings auf, daß die Duden-Rechtschreibung (1991) für analoge Verbindungen mit geographischen Namen den Gebrauch des Bindestrichs vorschreibt, also Univerbierung annimmt. Damit rückt die ganze Verbindung aus dem Bereich der Syntax in denjenigen der Wortbildung:

(16) Das ist ein Foto von Alt-Berlin

Vgl. analoge Fälle bei Appellativen:

(17)	a.	Syntaktische Bildung:	schwarzes Brot
	b.	Wortbildung:	Schwarzbrot

Keinen Aufschluß zum Artikelgebrauch ergeben vorangestellte Genitivattribute, da diese auch bei Appellativen grundsätzlich ohne Artikel stehen; sie sind überdies stilistisch stark markiert:

(18) ??? [$_{DP}$ unserer Nachbarn] Anna

Der Artikel fehlt im Deutschen auch in Verbindung mit flektierten attributiven Adjektiven, wenn der Eigenname keine Argumentfunktion hat, beispielsweise im Vokativ (Anredenominativ)[5] :

(19) a. Liebe Anna!
b. * Die liebe Anna!

Beim Gebrauch als eigentlicher Eigenname kommt außer dem definiten Artikel auch noch das Possessivum vor:

(20) [$_{DP}$ Unsere Anna] weiß das sicher

Andere "Artikelwörter" wie Demonstrativa, Interrogativa, Indefinita sind auf den appellativischen Gebrauch beschränkt. Beispiele (mit der Semantik "Person namens Anna"):

---

5 In manchen Sprachen finden sich allerdings Vokative mit definitem Artikel, zum Beispiel Französisch:

i) Salut les amis! Salut les copains!

Marginal finden sich Beispiele auch im Deutschen:

ii) Guten Tag, die Herren!

(21) a. diese Anna (und nicht jene)
b. irgendeine Anna
c. welche Anna?

Possessiva kommen bei dieser Gebrauchsweise ebenfalls vor; die Unterscheidung vom vorangehend beschriebenen Typ ist nur im Kontext möglich:

(22) [$_{DP}$ Unsere Anna] weiß das sicher (im Gegensatz zu eurer)

In gesprochener Sprache disambiguiert oft die Intonation. So ist in der appositiven Lesart wie in (20) gewöhnlich der Eigenname betont, in der restriktiven Lesart wie in (22) das Possessivum. Das Possessivum kann in der appositiven Variante auf keinen Fall betont werden.

3 Die flexivische Alternation

Mit der appellativischen Verwendung weisen Eigennamen auch Flexionscharakteristika auf, wie sie bei gewöhnlichen Appellativen zu konstatieren sind; so sind Feminina im Genitiv immer endungslos.[6]

(23) das Bild [$_{DP}$ der Anna [meiner Jugend]]

Dieser semantisch induzierte Wechsel der Flexionsklasse vermag wenig zu erstaunen. Eigenartiger ist hingegen, daß der formal gleiche Wechsel auch auftritt, wenn die Eigennamen tatsächlich als solche gebraucht werden, aber bestimmte nichtrestriktive (appositive) Attribute bei sich haben, die das Auftreten des definiten Artikels induzieren. Vgl. (3), hier wiederholt:

(24) a. Mit Genitiv-s: [$_{DP}$ Annas] Ideen
b. Ohne Genitiv-s: die Ideen [$_{DP}$ der klugen Anna]

Entsprechend auch bei der oben erwähnten regionalen Varianz:

(25) a. Standardsprachlich: [$_{DP}$ Annas] Ideen
b. Oberdeutsch: die Ideen [$_{DP}$ der Anna]

Die Flexion ist also nicht etwa semantisch gesteuert (Gebrauch als Eigenname versus Gebrauch als Appellativ), sondern hängt von den Besetzungen der D-Hülle des Eigennamens ab.

Nicht überprüfbar ist die Flexion des Eigennamens nach vorangestellten Genitiven, wir wissen also nicht, ob ein vorangestellter Genitiv die gleiche Wirkung auf die Flexion des Eigennamens ausübt wie der definite Artikel oder nicht. Siehe dazu die folgenden extrapolierten Syntagmen:

(26) a. Mit Genitiv-s: * [$_{DP}$ [$_{DP}$ [$_{DP}$ der Familie Müller] Annas] Ideen]
b. Ohne Genitiv-s: * [$_{DP}$ [$_{DP}$ [$_{DP}$ der Familie Müller] Anna] Ideen]

---

6 In der heutigen Standardsprache sind auch Maskulina weitgehend endungslos, vgl. aber noch Goethe: die Leiden des jungen Werthers. Mehr dazu in Gallmann (1990).

Rein phänomenologisch dargestellt, besteht im Deutschen nämlich der folgende Filter (Gallmann 1990):

(27) * [$_{DP}$ [$_{DP}$ Genitiv] Genitiv]]

So schreiben auch die so sehr um den Genitiv besorgten normativen Grammatiken (zum Beispiel Duden-Grammatik 1995:387) bei Präpositionen das Ausweichen auf eine Konfiguration [$_{DP}$ Genitiv [$_{DP}$ Dativ]] vor, so zum Beispiel bei *laut* (bei dieser Präposition ist grundsätzlich in der Standardsprache sowohl der Genitiv als auch der Dativ anerkannt; Duden-Grammatik 1995:384):

(28) a. * laut Meiers grundlegenden Planes
b. laut Meiers grundlegendem Plan

c. * laut dessen grundlegenden Planes
d. laut dessen grundlegendem Plan

e. laut seines grundlegenden Planes
f. laut seinem grundlegenden Plan

g. laut dieses grundlegenden Planes
h. laut diesem grundlegenden Plan

Ferner:

(29) a. * das Bild [$_{DP}$ [$_{DP}$ Frau Müllers] verstorbenen Mannes]
b. das Bild [$_{PP}$ von [$_{DP}$ Frau Müllers] verstorbenem Mann][7]

In den folgenden Beispielen ist auf die Flexion von Possessivum und attributivem Adjektiv zu achten. Die Distribution der starken[8] und der schwachen Flexion des Adjektivs und der Flexion des Possessivums ist genau dieselbe wie bei Appellativen: Nach endungslosem Artikelwort weist das attributive Adjektiv ein starkes Suffix auf, nach einem Artikelwort mit Suffix ein schwaches (mehr dazu unten sowie bei Gallmann 1996):

(30) a. Mein verstorbener Emil hat das immer so gesagt
b. Das ist ein Andenken von meinem verstorbenen Emil

c. Mein verstorbener Mann hat das immer so gesagt
d. Das ist ein Andenken von meinem verstorbenen Mann

---

7 Die Präposition *von* ist gleich zu beurteilen wie *of* bei der englischen *of*-Einfügung (*of-Insertion*); es liegt ein Genitiversatz vor (Gallmann 1996).

8 Stark/schwach: hier Terminologie in der Tradition von Grimm; siehe auch Fußnote 11.

4 Beziehungen zwischen N° und D°

4.1 Der Ansatz von Longobardi (1994)

Für die vorangehend beschriebenen Erscheinungen scheinen die Beziehungen zwischen D° und N° sowie zwischen D° und *Spec*DP maßgebend zu sein. Betroffen sind zum einen die semantischen, zum anderen die morphosyntaktischen Merkmale dieser Konstituenten.

Auf die semantischen Aspekte geht Longobardi (1994) näher ein. Ausgangspunkt sind italienische Daten wie die folgenden (in Klammern die möglichst wörtliche deutsche Entsprechung):

(31)	a.	venuto Cameresi	(Es kam Cameresi)
	b.	È venuto il Cameresi	(Es kam der Cameresi)
	c.	* È venuto vecchio Cameresi	(Es kam alter Cameresi)
	d.	È venuto il vecchio Cameresi	(Es kam der alte Cameresi)
	e.	È venuto Cameresi vecchio	(Es kam Cameresi alt)
	f.	È venuto il Cameresi vecchio	(Es kam der Cameresi alt)

Longobardi stützt sich auf das Minimalistische Programm von Chomsky (1992, 1995; zu einem Überblick vgl. Zwart 1994). Es handelt sich bei diesem Programm um ein (nach wie vor) derivatives Grammatikmodell: Ein Satz wird zuerst in einer Basisform generiert und dann durch Bewegungen, Tilgungen und Einfügungen modifiziert. Das Ergebnis sind zwei Output-Repräsentationen: eine für die Phonetische Form (PF), die andere für die Logische Form (LF, Satzsemantik). Die Derivation für die PF- und LF-Repräsentation läuft bis zum Schnittpunkt des sogenannten *Spell-out* parallel. Auslöser für Bewegungen sind (einzig) morphosyntaktische Merkmale, die an passenden Stellen im Strukturbaum lizensiert werden müssen. Dabei unterscheidet Chomsky zwischen "starken" und "schwachen" Merkmalen. "Starke" Merkmale müssen schon vor *Spell-out* lizensiert sein, die entsprechenden Bewegungen (beziehungsweise Abfolgeänderungen) sind daher auch in der PF-Repräsentation sichtbar. "Schwache" Merkmale werden erst nach *Spell-out* lizensiert, die damit zusammenhängenden Bewegungen sind in der PF-Repräsentation nicht sichtbar.

In Anlehnung an das Minimalistische Programm nimmt Longobardi an, daß in den artikellosen Syntagmen der Eigenname schon vor *Spell-out* von N° nach D° bewegt worden ist. Die Bewegung des Eigennamens wird erzwungen, um die existentielle Lesart der DP zu verhindern: Leeres D° wird in Argumentposition defaultmäßig existentiell interpretiert. Damit ist auch klar, warum (31 c) ungrammatisch ist: Im Italienischen können Adjektive nicht vor D° stehen. Ein Adjektiv kann nur dann vor einem Eigennamen stehen, wenn dieser sich in N° befindet. Bei leerem D° ist aber gerade das ausgeschlossen.

In den Syntagmen mit Artikel ist dieser als expletiv zu verstehen, da die Normalinterpretation von DPs mit Artikelwörtern ausgeschlossen ist[9] (Longobardi 1994: 634):

---

9 Zumindest bei (31 f) liegt aber wohl ein voller Artikel vor, da hier das Adjektiv, worauf auch Longobardi hinweist, immer Kontrastbetonung aufweist. Dies deutet auf die appellativische Lesart: von den zwei in Frage kommenden Personen namens Cameresi der alte (und nicht der junge).

(32) [D(x): NP(x)]

Nominale Ausdrücke innerhalb der NP sind appellativisch aufzufassen, so etwa im folgenden Beispiel:

(33) jeder Tisch = jedes *x*, wobei *x* zur Klasse Tisch gehört

Ein expletiver Artikel ist nur möglich, wenn er einen minimalen morphosyntaktischen Gehalt (zum Beispiel Genus, Numerus) aufweist oder aber als letzter Ausweg (*last resort*). Damit erklärt Longobardi auch, warum das Englische in Verbindung mit Eigennamen keinen Artikel zuläßt: Der definite Artikel enthält im Englischen keine morphosyntaktische Information, allenfalls möglich ist nur der Gebrauch als letzter Ausweg:

(34) a. John
b. * the John
c. old John
d. * the old John
e. * John old
f. * the John old

In (34 b) kann der Artikel nicht den Status des letzten Auswegs haben, da mit gleicher semantischer Leistung ja (34 a) zur Verfügung steht. Entsprechendes gilt für (34 d) und (34 f) wegen (34 c). Daß Möglichkeit (34 c) im Gegensatz zum Italienischen überhaupt besteht, erklärt Longobardi damit, daß die Bewegung von N° nach D° im Englischen erst nach *Spell-out* geschieht (darum auch die Unmöglichkeit von (34 e)). Diesen Unterschied zum Italienischen führt Longobardi auf ein Merkmal [± R] in D° zurück (mit R = referentiell): Im Italienischen ist [± R] im Sinne von Chomsky (1992, 1995) stark (daher Bewegung vor *Spell-out*), im Englischen schwach (darum Bewegung nach *Spell-out*).

Longobardis Ansatz muß allerdings, was Fügungen des Typs Artikel + Adjektiv + Eigennamen betrifft, etwas relativiert werden. So kommen zumindest in der englischen Zeitungssprache Fügungen mit appositiv zu verstehendem Adjektiv vor (Evans/Wimmer 1990:265), zum Beispiel:

(35) a. Enthusiastic crowds clapped the radiant Diana

Die Verwendung des expletiven definiten Artikels ist offenbar nicht gar so eingeschränkt, wie dies Longobardi annimmt. Siehe dazu auch unten, (39).

4.2 Anwendung auf das Deutsche

Longobardis Ansatz läßt sich auf das Deutsche übertragen. Dabei können mit einigen Verfeinerungen auch die flexivischen Besonderheiten des Deutschen erklärt werden.

Zur Distribution des definiten Artikels: Alle artikellosen Syntagmen des Deutschen lassen sich damit erklären, daß der Eigenname schon vor *Spell-out* von N° nach D° bewegt worden ist. Dies läßt analog zum Italienischen auf starkes [± R] im Deutschen schließen. Ich wiederhole die wichtigsten Beispiele mit Personennamen:

(36) a. [$_{DP}$ Anna] kommt heute abend zu Besuch
b. [$_{DP}$ Anna aus Köln] kommt heute abend zu Besuch
c. [$_{DP}$ Anna mit den langen Zöpfen] kommt heute abend zu Besuch
d. [$_{DP}$ Anna, die so lange Zöpfe hat], kommt heute abend zu Besuch

Da der deutsche Artikel morphosyntaktische Information enthält (Numerus, Genus, Kasus), erstaunt es auch nicht, daß im Deutschen Syntagmen mit expletivem Artikel vorkommen. Die Beispiele mit flektiertem Adjektiv lassen sich gleich wie im Italienischen erklären; siehe (31):

(37) [$_{DP}$ Die kluge Anna] kommt heute abend zu Besuch

Wie schon oben angedeutet, ist für die marginalen Fälle mit nichtflektiertem Adjektiv anzunehmen, daß sie der Wortbildung zuzuweisen sind. Entsprechend ist anzunehmen, daß der ganze Ausdruck [Klein Anna] den Kopf D° besetzt:

(38) Das ist ein Foto von [$_{DP}$ [$_{D°}$ Klein Anna] [$_{NP}$ [$_{N°}$ *t*]]]

Diese Möglichkeit ist meines Erachtens auch für das Englische zu erwägen. Es fällt jedenfalls auf, daß Adjektive im Englischen nicht so frei wie im Deutschen vor einen Eigennamen gestellt werden können:

(39) a. ? intelligent Ann
b. die intelligente Anna
c. ? black-eyed Ann
d. die schwarzäugige Anna
e. Aber lexikalisiert: Black-eyed Susan (Benennung mehrerer Blumenarten)

Es ist daher nicht auszuschließen, daß auch im Englischen N° schon vor *Spell-out* nach D° bewegt wird und die Konfigurationen mit Adjektiv, aber ohne Artikel wie im Deutschen mit Wortbildung zu erklären sind.

Daß im Deutschen Syntagmen mit nachgestelltem Adjektiv marginal sind, hat eine exakte Parallele bei den Appellativen und ist daher außerhalb des hier diskutierten Zusammenhangs zu erklären:

(40) a. Eigenname: Hänschen klein
b. Appellativ: Forelle blau

Wenn die Überlegungen von Longobardi richtig sind, ist auch bei den Syntagmen mit expletivem Artikel zu erwarten, daß der Eigenname nach D° bewegt wird; nominale Ausdrücke innerhalb der NP würden – wie oben dargelegt – auf LF als Appellative interpretiert. Damit stellt sich die Frage, warum diese Bewegung im Deutschen (und im Italienischen) offensichtlich erst nach *Spell-out* geschieht.

Die Lösung könnte der Ansatz von Gallmann (1990, 1996) zum syntaktischen Status der Artikelwörter[10] liefern. Die wesentlichen Punkte dieses Ansatzes sind:

---

[10] Die Menge der "Artikelwörter" umfaßt diejenigen Wörter, die in Helbig/Buscha (1988) unter demselben Terminus oder in der Duden-Grammatik (1995) unter den Termini Artikel und Pronomen abgehandelt werden. Ausgeschlossen sind unbestimmte Zahladjektive wie *einzelne, einzige, übrige, andere, viele*

a) Die Artikelwörter des Deutschen werden wie starke[11] Adjektive flektiert, haben also adjektivartigen Charakter (hierzu auch Löbel 1991). Sie stehen (gegen Olsen 1991) nicht in D°, sondern in *Spec*DP, also an derselben Stelle wie pränominale Genitive; D° ist morphologisch leer.

(41) a. [[$_{DP}$ des Kaisers] *e* [$_{NP}$ neue Kleider]]
b. [[$_{AP}$ seine] *e* [$_{NP}$ neuen Kleider]]
c. [[$_{AP}$ diese] *e* [$_{NP}$ neuen Kleider]]
d. [[$_{AP}$ die] *e* [$_{NP}$ neuen Kleider]]

b) Auch bei Appellativen wird N° nach D° bewegt, wohl aus rein morphosyntaktischen Gründen (Checking der morphosyntaktischen Merkmale von D°). In manchen Sprachen erfolgt diese Bewegung offen, das heißt vor *Spell-out*, vgl. das folgende Beispiel aus dem Norwegischen (Taraldsen 1990, zitiert in Longobardi 1994):

(42)	a.	Ohne Bewegung von N°	hans bøker om syntaks dessen Bücher über Syntax
	b.	Mit Bewegung von N°	bøkene hans om syntaks Bücher-die dessen über Syntax

In (42 b) ist N° an den enklitischen Artikel adjungiert. Wenn man eine solche Konfiguration auch für das Deutsche, allerdings erst nach *Spell-out*, ansetzt, kann man auf einfache Weise die Verteilung der starken und der schwachen Adjektivflexion (im Sinne von Grimm) erklären, und zwar in Verbindung sowohl mit Appellativen als auch mit Eigennamen. Wesentlich sind dabei zwei Kongruenzbeziehungen (Gallmann 1996): diejenige zwischen *Spec*DP und D° und diejenige zwischen den Köpfen N° und D°. Kongruenz zwischen *Spec*DP und D° ist auf Artikelwörter mit Flexionssuffixen beschränkt. Wenn eine solche Kongruenzrelation existiert, hat diese primären Charakter, diejenige zwischen N° und D° sekundären Charakter. Andernfalls hat die Kongruenz zwischen N° und D° primären Charakter. Formal zeigt sich primäre Kongruenz an starken Flexionssuffixen der Artikelwörter oder der attributiven Adjektive, sekundäre Kongruenz an schwachen Flexionssuffixen (möglich nur bei attributiven Adjektiven). Die folgenden Darstellungen zeigen Konfigurationen mit Appellativen:[12]

(Duden-Grammatik 1995:343). Die indefiniten Artikelwörter sind also nicht mit den indefiniten Quantoren von Vater (1984) koextensiv.

11 "Stark" hier im Grimm'schen Sinn. Die Leser mögen die Homonymie bei den Termini stark/schwach (Grimm versus Chomsky) verzeihen – der Schreibende hat sie einfach übernommen ...

12 Im hier diskutierten Zusammenhang ist es unerheblich, ob attributive Adjektive Konstituenten der NP selbst oder aber einer funktionalen Kategorie zwischen NP und DP (beispielsweise AgrNP) sind.

(43)

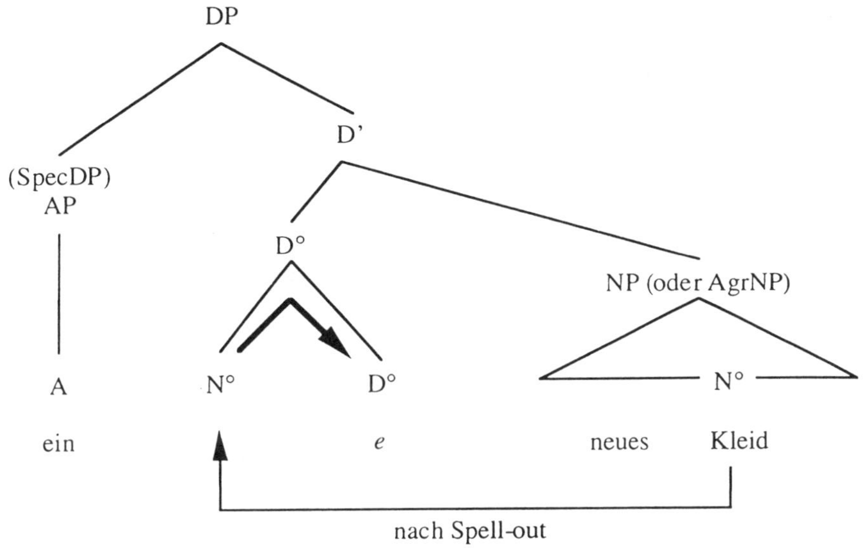

In (43) findet morphosyntaktische Kongruenz nur zwischen den beiden Köpfen N° und D° statt. Entsprechend ist *ein* suffixlos, das attributive Adjektiv weist ein starkes Flexionssuffix (im Grimm'schen Sinn) auf.

(44)

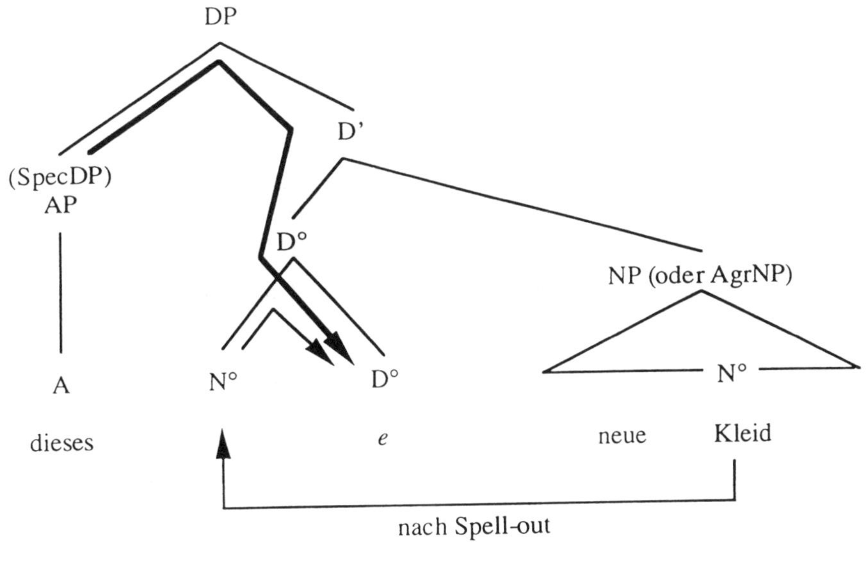

In (44) findet die primäre morphosyntaktische Kongruenz zwischen *Spec*DP und D° statt; zwischen N° und D° liegt nur eine Art Echo-Kongruenz vor. Entsprechend weist *dieses* ein starkes Flexionssuffix auf, das attributive Adjektiv *neue* ein schwaches (auch hier: stark/schwach in der Tradition von Grimm).

Dasselbe gilt auch bei Eigennamen, vgl. (30), hier wiederholt unter (45). (45 a) entspricht konfigurationell (43), (45 b) entspricht (44).

(45) a. Mein verstorbener Emil hat das immer so gesagt
b. Das ist ein Andenken von meinem verstorbenen Emil

Im Gegensatz zu den Syntagmen mit Artikel kann man hingegen – in Übereinstimmung mit Longobardi (1994) – annehmen, daß in artikellosen Syntagmen N° substitutiv nach D° bewegt wird:

(46)

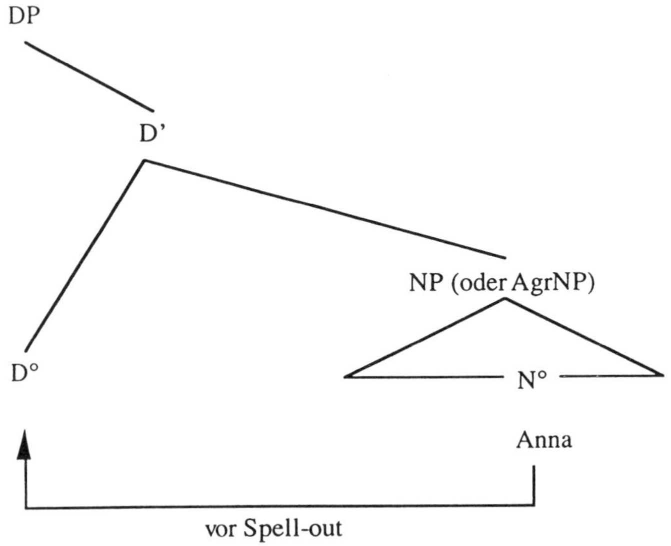

Mit diesen Voraussetzungen läßt sich die Frage nach dem Zeitpunkt der N°-Bewegung beantworten:

a) Bei Syntagmen mit Artikelwörtern ist Longobardis R-Merkmal primär nicht in D°, sondern im Artikelwort von *Spec*DP zu orten; D° erhält sein R-Merkmal erst über Kongruenz.[13]

b) Bei artikellosen Eigennamen ist das R-Merkmal in D° selbst zu orten.

Die Stark/schwach-Parametrisierung im Sinne von Chomsky kann in D° und in *Spec*DP unterschiedlich sein. So ist im Deutschen (und im Italienischen) [± R] in D° stark (Bewegung schon vor *Spell-out*), [± R] in *Spec*DP hingegen schwach (Bewegung erst nach *Spell-out*).

Darüber hinaus erhalten wir auch eine Antwort auf die Frage nach dem Grund für die syntaktisch gesteuerte Flexionsalternation bei Eigennamen: sie hängt unmittelbar vom Vorhandensein des Merkmals [± R] ab. Man kann daher für die Genitivform im Deutschen formulieren:

---

13 Die Kongruenz im Merkmal [± R] muß nicht genau parallel zu derjenigen in den morphosyntaktischen Kategorien Numerus, Genus, Kasus verlaufen.

(47) Genitivflexion von Eigennamen:

Ein Eigenname erhält im Genitiv das Suffix *-s,* wenn er von N° nach D° bewegt worden ist und D° das Merkmal [+ R] aufweist.

Der Eigenname bleibt suffixlos, wenn er mit einem Artikelwort verbunden ist, das das Merkmal [+ R] aufweist.

Das prototypische Beispiel sei hier noch einmal wiederholt:

(48) a. Mit Kasussuffix: [$_{DP}$ Annas] Ideen
b. Ohne Kasussuffix: die Ideen [$_{DP}$ der klugen Anna]

Damit läßt sich auch ein Fazit zur Expletivität des Artikels ziehen: semantisch völlig merkmallos ist er nicht. Es fehlt ihm zwar die Eigenschaft eines Operators, wie ihn die Artikelwörter in Verbindung mit Appellativen haben[14], aber er ist immerhin der Träger des Merkmals [± R], das heißt von Referentialität.

Literatur

Chomsky, Noam (1992): A Minimalist Program for Linguistic Theory. – Cambridge, Mass.: MIT (MIT Occasional Papers in Linguistics 1).
– (1995): "Bare Phrase Structure". In: G. Webelhuth (ed.) (1995): Government and Binding Theory and the Minimalist Program (Oxford: Basil Blackwell) 385-439.
Duden-Rechtschreibung (1991): Duden. Rechtschreibung der deutschen Sprache und der Fremdwörter. – 20., völlig neu bearbeitete und erweiterte Auflage, Mannheim, Wien, Zürich: Bibliographisches Institut.
Duden-Grammatik (1995): Duden. Grammatik der deutschen Gegenwartssprache (=Duden, Band 4). Herausgegeben und bearbeitet von G. Drosdowski in Zusammenarbeit mit P. Eisenberg, H. Gelhaus, H. Henne, H. Sitta und H. Wellmann. 5., völlig neu bearbeitete und erweiterte Auflage, Mannheim / Leipzig / Wien / Zürich: Bibliographisches Institut.
Evans, Michael J., Rainer Wimmer (1990). "Searle´s theory of proper names, from a linguistc point of view". In: A. Burkhardt (ed.): Speech Acts, Meaning and Intentions. Critical Approaches to the Philosophy of John R. Searle. (Berlin / New York: de Gruyter) 259-278.
Gallmann, Peter (1990): Kategoriell komplexe Wortformen. – Tübingen: Niemeyer (Germanistische Linguistik 108).
– (1996): "Die Steuerung der Flexion in der DP". – Erscheint in: Linguistische Berichte.
Helbig, Gerhard, Joachim Buscha (1984): Deutsche Grammatik. Ein Handbuch für den Ausländerunterricht. 8., neubearbeitete Auflage. Leipzig: Bibliographisches Institut.
Löbel, Elisabeth (1991): Zur kategorialen Bestimmung der Possessiva in der NP/DP: Possessiva als Adjektive. – Arbeiten des Sonderforschungsbereichs 282, Theorie des Lexikons, Band 7, Düsseldorf: Heinrich Heine Universität.
Longobardi, Giuseppe (1994): "Reference and proper names". – In: Linguistic Inquiry 25, 609–666.

---

[14] In generischen Ausdrücken und in Prädikativen sind Artikel auch in Verbindung mit Appellativen als expletiv zu interpretieren (Longobardi 1994). Vgl. die folgenden Beispiele:

i) Er ist Lehrer.
ii) Er ist ein Lehrer.
iii) * Er ist guter Lehrer.
iv) Er ist ein guter Lehrer.

In ii) und iv) ist *ein* nicht existentiell zu interpretieren, *ein* ist expletiv.

Olsen, Susan (1991): "Die deutsche Nominalphrase als Determinansphrase". – In: S. Olsen, G. Fanselow (Hgg.): DET, COMP, INFL. Zur Syntax funktionaler Kategorien und grammatischer Funktionen (Tübingen: Niemeyer) (Linguistische Arbeiten 263) 35–56.

Taraldsen, Knut Tarald (1990): "D-projections and N-projections in Norwegian". – In: J. Mascaró, M. Nespor (eds.): Grammar in Progress. GLOW essays for Henk van Riemsdijk (Dordrecht: Foris) (Studies in Generative Grammar 36) 419–431.

Vater, Heinz (1984). "Determinantien und Quantoren im Deutschen". – In: Zeitschrift für Sprachwissenschaft 3/1984, 19-42.

Zwart, C. Jan-Wouter (1994): "Introduction". In: C. J.-W. Zwart (ed.) (1994): Minimalism and Kayne's Asymmetry Hypothesis. (Groningen: Rijksuniversiteit Groningen) (=Groninger Arbeiten zur germanistischen Linguistik (GAGL), 37) 1-17.

Elisabeth Löbel

Numerus: Funktionale Kategorie vs. syntaktische Funktion

Abstract

In this article on DP syntax, two strategies are presented by which number-differentiability is expressed, noun classes (Swahili) and classifiers (Vietnamese). For noun classes, the hypothesis that Number is established as a functional category within the DP (Carstens 1991) is discussed, especially with regard to animacy as a property of noun stems, which implies that noun class prefixes are gender-specific spelling-outs of number features. For classifiers, the discussion centers around the problem of whether they constitute a functional category, as proposed by Kitahara (1993) for Japanese. It is shown that this hypothesis does not hold true for Vietnamese, and that classifiers in this language are best regarded as fulfilling a syntactic function, i. e. number-differentiability is defined compositionally.

1 Einleitung[1]

Anhand zweier typologisch unterschiedlicher Sprachen werden im folgenden einige Probleme, die sich im Zusammenhang mit der Kategorie Numerus ergeben, erörtert. Dabei werden zwei unterschiedliche Strategien, mit denen Numerusopposition realisiert wird, behandelt, (a) Nominalklassen (agglutinierender Sprachtyp) und (b) Klassifikatoren (isolierender Sprachtyp). Diese Verfahren werden anhand des Swahili, einer typischen Nominalklassensprache (Beispiel (1)), und anhand des Vietnamesischen, einer typischen Klassifikatorsprache (Beispiel (2)), dargestellt:

(1) a. *m*- ti 'Baum'
SWA Kl.3
b. mi- ti 'Bäume'
Kl.4

(2) a. cây '(ein) Baum, Bäume; der Baum, die Bäume'
VIET Baum

---

1 Diese Arbeit entstand im Rahmen des von der Deutschen Forschungsgemeinschaft finanzierten Sonderforschungsbereichs 282 "Theorie des Lexikons", Teilprojekt A3 "Das Nomen im Lexikon". Sie stellt das Ergebnis von drei Vorträgen dar, die ich im Rahmen des DP-Kolloquiums in Tübingen, des SFB-Kolloquiums in Düsseldorf und am Geisteswissenschaftlichen Zentrum Berlin gehalten habe. Allen Diskussionsteilnehmern möchte ich an dieser Stelle herzlich danken, insbesondere Dagmar Haumann, Thomas Müller-Bardey, Martin Neef und Thilo Tappe für kritische Kommentare. Falls nicht anders angegeben, stammen die vietnamesischen Beispiele von meinem Informanten Phước-Hưng Trương, dem mein ganz besonderer Dank gilt.

b. cái cây 'ein, der Baum'
Klf Baum (*cái* 'Ding, Stück; allgemeiner Klassifikator (abgekürzt Klf) für Gegenstände')

Für Swahili steht dabei die Frage im Vordergrund, inwiefern Klassenzugehörigkeit (für (1) Zugehörigkeit zur Klasse 3/4) eine Eigenschaft des Nominalstamms ist, wie in Carstens (1991) dargestellt, und welche Probleme sich dabei für den von ihr postulierten Status von Numerus als funktionaler Kategorie ergeben.[2] Für Vietnamesisch hingegen ist primär die Frage relevant, ob es sich bei Klassifikatoren um eine geschlossene Klasse von Nomina handelt und damit tatsächlich eine funktionale Kategorie vorliegt, wie dies für Japanisch, eine andere Klassifikatorsprache, von Kitahara (1993) vorgeschlagen wird. Ferner ist der Frage nachzugehen, inwiefern überhaupt in einer isolierenden Sprache wie Vietnamesisch Numerus(opposition) vorliegt. In diesen Sprachen sind Nomina generell numerusindifferent beziehungsweise 'transnumeral' (Biermann 1982). Corbett (1992:13) verwendet hierfür den Begriff 'general meaning'; ihm zufolge gibt es derartige Nomina auch in Sprachen, die generell Numerusopposition aufweisen wie z. B. Englisch, was anhand des Beispiels *There's ice on the path* erläutert wird. Dazu heißt es:

> "We appear to have an example of general meaning (expressed by the singular) in English. It is normal for languages to have a *'number-differentiability' threshold*, below which nouns fall outside the number opposition. In English, 'mass nouns' like *ice*, *snow*, *water* and so on are below the threshold. [...] [I]t is normal, as in English, *for some nouns to fall outside the system*, in that they do not express the contrasts available [...]" (Corbett 1992:13, Hervorhebungen von mir, E.L.).

Im Zusammenhang mit (2) bedeutet dies, daß in isolierenden Sprachen Nomina generell keine Numerusopposition aufweisen. Die für Englisch in dem oben aufgeführten Zitat konstatierte Beobachtung, daß einige Nomina nicht über Numerusopposition verfügen, scheint in diesen Sprachen, hier speziell Vietnamesisch, also eher die Regel als die Ausnahme darzustellen.

Sowohl für Nominalklassen als auch für Klassifikatoren ist im Rahmen der DP-Syntax (Abney 1987) vorgeschlagen worden, diese als funktionale Kategorien anzusehen, und zwar von Carstens (1991) für Nominalklassen des Swahili und von Kitahara (1993) für Klassifikatoren im Japanischen. Funktionale Kategorien unterscheiden sich Abney zufolge von lexikalischen wie folgt:

> "1. Functional elements constitute closed lexical classes.
> 2. Functional elements are generally phonologically and morphologically dependent. They are generally stressless, often clitics or affixes, and sometimes even phonologically null.
> 3. Functional elements permit only one complement, which is in general not an argument. [...] Functional elements select IP, VP, NP.
> 4. Functional elements are usually inseparable from their complement.
> 5. Functional elements lack what I will call 'descriptive content'. Their semantic contribution is second-order [...]. They mark grammatical or relational features, rather than picking out a class of objects."
> (Abney 1987:64f.)

Auf diesem Hintergrund werden die genannten Strategien zur Markierung von Numerus (opposition) diskutiert.

---

2 Zu Numerus als funktionaler Kategorie vgl. insbesondere noch Ritter (1991) zum Hebräischen.

2 Nominalklassen (Swahili)

Das Swahili, eine Bantu-Sprache, ist eine typische Nominalklassensprache. Dieser Sprachtyp zeichnet sich dadurch aus, daß jedes Nomen einer bestimmten Nominalklasse zugeordnet ist, mit der die Konstituenten des Satzes (Adjektive und Zahlen sowie das verbale Prädikat) kongruieren:

(3) a. *ki*kapu *ki*kubwa *ki*moja *ki*lianguka
basket large one fell
'One large basket fell.'

b. *vi*kapu *vi*kubwa *vi*tatu *vi*lianguka
baskets large three fell
'Three large baskets fell.' (Corbett 1991:43f.)

Die Präfixe *ki-* (Singular, Klasse 7) und *vi-* (Plural, Klasse 8) sind Teil eines geschlossenen Sets von Nominalklassen, die Corbett wie folgt zusammenfaßt ('controller gender' bezieht sich auf die Klassenzugehörigkeit des Nomens, 'target gender' auf die entsprechende Markierung an den anderen Konstituenten des Satzes):[3]

Controller gender	Typical morphological form (prefixes on noun)	Target gender form (verbal agreements)
1/2	m-/wa-	a-/wa-
3/4	m-/mi-	u-/i-
5/6	Ø~ji-/ma-	li-/ya-
7/8	ki-/vi-	ki-/vi-
9/10	N-/N-	i-/zi
11/10	u-/N-	u-/zi-
15	ku-	ku-

Abb. 1: Nominalklassen des Swahili[4] (Corbett 1991:47)

Die folgende (verkürzte) Liste von Beispielen aus Carstens illustriert die Verteilung der einzelnen Nominalklassen:

(4)

	Class	example	gloss
a.	1	m-tu	person
	2	wa-tu	people

---

[3] Die Numerierung basiert auf dem System für Proto-Bantu. Die Pluralformen von Klasse 9/10 und 11/10 sind identisch. Die Lokativklassen 16 bis 18 sind, da sie für Genus beziehungsweise Numerus nicht relevant sind, bei Corbett nicht aufgeführt, und ich werde darauf nicht näher eingehen. Die Notation *N-* "represents various morphophonemic alternations which affect the beginning of stems" (Corbett ibid.).

[4] Die Klassen sind teilweise semantisch motiviert, teilweise nicht mehr transparent. Klasse 1/2 ist die Klasse der Belebtheit, die in der nachfolgenden Diskussion eine wichtige Rolle spielt. Weiterhin finden sich Corbett (1991:48) zufolge in Bantusprachen Bezeichnungen für Pflanzen häufig in Klasse 3/4, Früchte in 5/6, Tiere in 9/10, lange Objekte in 11/10 und kleine Objekte in Klasse 12/13 (letztere ist im Swahili mit der Klasse 7/8 verschmolzen). Allerdings gibt es dazu zahlreiche Ausnahmen, d. h. es gibt keine enge semantische Korrelation zu den einzelnen Klassen (vgl. hierzu auch die unter (4) genannten Beispiele mit diesen Klassenzuordnungen).

b.	3	m-ti	tree	
	4	mi-ti	trees	
c.	5	gari	car	
	6	ma-gari	cars	
d.	7	ki-atu	shoe	
	8	vi-atu	shoes	
e.	9	n-yumba	house	
	10	n-yumba	houses	
f.	11	u-bao	board	
g.	15	ku-soma	to read	(Carstens 1991:14)

Das folgende Beispiel zeigt die im Satz kongruierenden Elemente (hier kursiv hervorgehoben) für ein Nomen der Klasse 3/4 (*m-ti* 'Baum', *mi-ti* 'Bäume'):

(5) a. *m*ti h*uu*[5] *w*angu *m*zuri *u*-me-anguka
3tree 3this 3my 3good 3agr-perf-fall
'this my good tree has fallen down.'

b. *mi*ti h*ii* *y*angu *mi*zuri *i*-me-anguka
4tree 4this 4my 4good 4agr-perf-fall
'these my good trees have fallen down.' (Carstens 1991:3)

Ein Stamm wie -*ti* kann nun mit unterschiedlichen Nominalklassen verbunden werden:

(6) a. ki-ti '(wooden) stool' vi-ti '(wooden) stools'
[= Klasse 7] [= Klasse 8]

b. m-ti 'tree' mi-ti 'trees'
[= Klasse 3] [= Klasse 4] (Corbett 1991:44)

Corbett zufolge (ibid.) handelt es sich bei 6a. und 6b. um 'motion nouns', die dadurch definiert sind, daß sie einen identischen Stamm, aber unterschiedliche Flexionsendungen haben; für diesen Typ von Nomina sind zwei unterschiedliche Lexikoneinträge erforderlich (hierzu spanisch *hijo* 'Sohn' vs. *hija* 'Tochter').

2.1 Kongruenzprobleme

Das Problem besteht nun darin, daß Kongruenz zwischen Nominalklassen und den anderen Konstituenten des Satzes keinesfalls so regelmäßig ist, wie die Beispiele (3) und (5) vermuten lassen. Während in (3a) das Präfix *ki*- (Klasse 7) für Kongruenz ausschlaggebend ist, liegt in folgendem Beispiel Kongruenz nach Klasse 1/2 vor, die Belebtheit signalisiert, d. h. "[...] declensional type and gender can be out of step" (Corbett 1991:46):

---

5 Nach Bruner/Herms (1979:79) werden diese Pronomina mit dem Pronominalstamm *h*- gebildet, "dem die Pronominalpräfixe *u* und *i* folgen, wobei beide durch den Vokal des Pronominalpräfixes (in der Klasse 2 mit dem Pronominalpräfix identisch) verbunden werden":

Singular:	*h-*	+	*u*	+	*u*	>	*huu*
Plural:	*h-*	+	*i*	+	*i*	>	*hii*

Die genannte Klasse 2 entspricht bei Corbett und Carstens der Klasse 3/4.

(7) *ki*faru *m*-dogo *a*-likuwa hapa
rhinoceros 1-small 1-was here
'A small rhinoceros was here.' (Corbett 1991:45)

Für Corbett sind derartige Beispiele ein Indiz dafür, zwischen semantischen und morphologischen Zuweisungsregeln zu unterscheiden: "*[K]ifaru* ought to belong to the 7/8 gender but does not because it is animate. Thus for Swahili we require semantic and morphological assignment rules" (Corbett 1991:46). Analog zum Kriterium der Belebtheit verhalten sich auch die Markierungen von Augmentativen (Klasse 5/6) und Diminutiven (Klasse 7/8). Das bedeutet, daß zunächst die semantischen Zuweisungsregeln zu beachten sind (sonst erhielte man in (7) kongruierende Elemente nach Klasse 7); sind diese nicht anwendbar, richtet sich die Kongruenz nach formalen, d. h. morphologischen Kriterien:

Semantic assignment

1. augmentatives belong to gender 5/6, e.g. *j-oka* 'giant snake';[6]
2. diminutives belong to gender 7/8, e.g. *ki-toto* 'baby', *ki-j-oka* 'tiny snake'
3. remaining animates belong to gender 1/2, e.g. *mw-alimu* 'teacher', *ki-pofu* 'blind person', *ki-faru* 'rhinoceros', *nyoka* 'snake'.

Morphological assignment

1. morphological class 3/4 (*m-/mi-*) -> gender 3/4
2. morphological class 5/6 (Ø~ji-/ma-) -> gender 5/6

usw.

Abb. 2: Genuszuweisungsregeln im Swahili (Corbett 1991:47)

Die Fragen, die sich Corbett angesichts solcher Nomina wie *kifaru* 'Nashorn' stellt, für die er semantische Zuweisungsregeln vorschlägt, lauten wie folgt:

> "There remains the morphological problem: how is the morphology of *kifaru* recorded in the speaker's internal lexicon? One hypothesis would be that it is stored in this form (i.e. *kifaru*) and that there is an inflectional rule stating that nouns with the singular in *ki-* take the plural in *vi-*. Alternatively, the stem *-faru* could be stored, along with a marker indicating the prefixes taken, in this case perhaps [morphological class 7/8]. [...] *kifaru* belongs to morphological class 7/8 *but its gender is 1/2*" (Corbett 1991:46, Hervorhebung von mir, E.L.).

Während Corbett (1991) diese zwar nicht durchgängige, aber doch vorhandene Diskrepanz zwischen morphologischer Klasse und Genus im Swahili dadurch löst, daß er der in dem Zitat erwähnten ersten Alternative folgt, aber zwischen semantischen und morphologischen Zuweisungsregeln unterscheidet, nimmt Carstens (1991) die zweite Alternative zum Ausgangspunkt ihrer Überlegungen, nämlich Nominalklassenpräfixe im Swahili als lexikalische Instantiierungen der funktionalen Kategorie Numerus anzusehen. Dieser Ansatz ist Thema des nächsten Abschnitts.

---

[6] Zu den hier angegebenen Beispielen ist anzumerken, daß Corbett selbst darauf hinweist, daß seine in Abb. 1 gegebene Tabelle stark vereinfacht ist, sie "makes the system appear more consistent than it actually is. The main additional complication is that there are numerous nouns with no prefix [...]. In addition there are various exceptions which must be lexically marked" (Corbett 1991:47). Zu den Nomina ohne Präfix gehört beispielsweise *nyoka* 'Schlange'. Zu *ki-j-oka* 'kleine Schlange' ist anzumerken, daß nach Brauner/Herms (1979:102) das Präfix *ji-* den Substantiven aus anderen Klassen augmentative Bedeutung verleiht; durch "nochmalige Präfigierung" von *ki-* entstehen Diminutiva.

2.2 Numerus als funktionale Kategorie

In ihrer Dissertation, die im Rahmen der DP-Syntax der generativen Grammatiktheorie geschrieben ist, geht Carstens (1991) davon aus, daß nicht nur im Swahili, sondern universell "the Noun Phrase proper is embedded within two functional categories, Number Phrase and Determiner Phrase [...]. The domain of study is therefore more accurately identified as the Determiner Phrase, or perhaps the extended Noun Phrase (ENP), consisting of NP and the functional projections which surround it" (Carstens 1991:1). Sowohl die Liste der Klassenpräfixe (man vergleiche Beispiel (4)) als auch Beispiele wie in (5) weisen, so Carstens, schon intuitiv darauf hin, daß es sich bei den Nominalklassen um Singular/ Plural-Paare handelt, was auch in pädagogischen Grammatiken berücksichtigt wird. Dennoch wird selbst in neueren theoretischen Arbeiten (Sproat (1985), Myers (1987) und Bresnan/Mchombo (1989)) von der in den traditionellen Grammatiken vertretenen Ansicht ausgegangen, Klassenmerkmale als "properties of the prefixes themselves" (Carstens 1991:15) anzusehen. Das bedeutet, daß "prefix, as the head of β , supplies the Class information" und "number and gender are conflated in Bantu Classes":

(8) Traditionelle Analyse

```
        β(Class 1)
         /  \
       m-    α
     Cl 1    |
             tu
             person
```
(Carstens 1991:15)

Carstens schlägt dagegen vor, Genus und Numerus im Swahili als getrennte Kategorien anzusehen: "A significant aspect of my account is the separation of these two categories within Bantu grammar. I will argue that gender is universally a lexical property of nouns, and that Noun Class prefixes are *gender-specific spelling-outs of number features*" (ibid., Hervorhebung von mir, E.L.). Die in (8) illustrierte Analyse von Nominalklassen impliziert, daß Nominalklassenpräfixe den Status von Köpfen haben. Nun ist aber die Verbindung von Nominalklasse und Nominalstamm keineswegs arbiträr, obwohl es durchaus Stämme gibt, die mit unterschiedlichen Nominalklassen verbindbar sind, womit auch eine Bedeutungsveränderung einhergeht; ich werde weiter unten darauf zurückkommen. Zunächst muß man jedoch davon ausgehen, daß Stämme für bestimmte Klassen spezifiziert sind, um ungrammatische Kombinationen wie in (9) zu vermeiden:

(9) a. *n-tu 'person'
C9-person

b. *mi-tu 'shoes'
C4-shoe

Geht man nun davon aus, daß Nominalklassen Köpfe sind, läßt sich die Ungrammatikalität von (9) dadurch erklären, daß die Nominalstämme in Genera eingeteilt werden und jedes Präfix für Komplemente mit dem entsprechenden Genus subkategorisiert wird (beispielsweise Gruppe

A = Stämme der Nominalklassen 1/2). Dementsprechend müßten dann die Präfixe lexikalische Einträge wie in (10b) haben:

(10) a. Group D: = stems of Classes 7/8
b. *ki-* [__ + Group D]; denotes singularity
vi- [__ + Group D]; denotes plurality

Aus dieser Analyse lassen sich zwei Annahmen ableiten:

> "(i) every member of a singular/plural prefix pair must bear the same subcategorization frame, as *ki-* and *vi-* do here. This redundancy is unavoidable under the assumption that each prefix is a head which selects the noun to which it attaches. (ii) under (5) [= (9b), E.L.], prefixes are specified only for number. The gender specification is supplied entirely by the noun, and these two features together make up Class" (Carstens 1991:18f.).

Während nach Annahme (i) die Wahl des Nomens abhängig von der Wahl des Präfixes ist, schlägt Carstens genau das Umgekehrte vor: "[...] I propose that the reverse is in fact true: the choice of each prefix pair is determined by *lexical properties of the noun stem*" (ibid., Hervorhebung von mir, E.L.). Als Evidenz für diese Annahme bezieht sich Carstens auf die Kategorien der Belebtheit, der Diminutiv- und der Augmentativbildung; letztere werden mit Derivation erklärt. Dies sind genau die Kategorien, die Corbett zufolge unter 'semantische Zuweisung' einzuordnen sind (Abb. 2). Belebtheit und Derivation sind Thema der nächsten beiden Abschnitte.

2.2.1 Belebtheit

Nomina, die belebte Entitäten bezeichnen (abgekürzt N[+belebt]), erfordern Kongruenz nach Nominalklasse 1/2. Allerdings enthalten viele Nomina mit dem Merkmal [+belebt] kein dieser Klasse entsprechendes Präfix. Beispielsweise gehören Bezeichnungen für Tiere morphologisch zu den Klassen 9/10 oder 7/8 (Beispiel (11)), kongruieren aber nach Klasse 1/2:

(11) a. Vifaru wa-wili wa-na-pigana
8rhino 2two 2agr-pres-fight-recip
'Two rhinos are fighting'

b.*Vifaru vi-wili vi-na-pigana
8rhino 8two 8agr-pres-fight-recip
'Two rhinos are fighting' (Carstens 1991:20)

Die Präfixe der Klasse 1/2 finden sich primär in Kombination mit N[+human]. Aber auch hierzu gibt es Ausnahmen: Verwandtschaftsbezeichnungen (12a) und Bezeichnungen für Personen mit körperlichen Gebrechen (12b) enthalten keine Präfixe der Klassen 1/2, lösen aber ebenfalls Kongruenz nach 1/2 aus:

(12) a. Nyanya a-li-fariki zamani
9grandmother 1agr-perf-die 9long ago
'Grandmother died long ago'

b. Kipofu mrefu a-li-ingia ghafla
7blind 1tall 1agr-pst-entered suddenly
'Suddenly a tall blind man entered' (Carstens 1991:21)

Würde man, so Carstens Argumentation, davon ausgehen, daß Information bezüglich der Zugehörigkeit zu einer bestimmten Nominalklasse eine Eigenschaft der Präfixe selbst ist, könnte man ihr zufolge diese Kongruenz nicht erklären. Wenn man dagegen annimmt, daß "prefixes are specified for number only, and that the *stems of such nouns* belong to Group A [= Nominalstämme der Klasse 1/2, E.L.], no problem arises. I suggest that all animate stems were reanalyzed as Group A at some point in time, but retain the singular/plural formation rules appropriate to their genders in the ancester language" (Carstens 1991:21, Hervorhebung von mir, E.L.).[7] Für die Fälle in (12) werden "exception features" in den jeweiligen lexikalischen Einträgen vorgenommen, während für "ordinary Group A stems" (das sind die Stämme, die schon morphologisch sichtbar mit den Nominalklassen 1/2 verbunden werden wie *m-tu* 'Person'), das "Elsewhere Prinzip" von Kiparsky (1982) gilt.

Zusammenfassend kann man festhalten, daß Carstens die Nominalklassen des Swahili in zwei Komponenten aufteilt: Zum einen in das Genusmerkmal, das dem Nominal*stamm* inhäriert (hier: Gruppe A, Belebtheit), und zum anderen in die Numerusspezifizierung, die durch das *Präfix* ausgedrückt wird. Im Gegensatz zu (8) werden Nomina im Swahili von Carstens wie folgt repräsentiert (*kifaru* 'Nashorn'):

(13) Carstens Analyse: Trennung von Genus und Numerus

```
        β  (Group A, singular)
       / \
  ki-      α
  sing     |
           faru
           rhino   Group A                    (Carstens 1991:25)
```

Die in diesem Zusammenhang wichtige Frage ist, wie sehr Belebtheit tatsächlich dem Nominal*stamm* oder auch dem Nomen selbst inhäriert. Leider ist es mir nicht gelungen, die Ungrammatikalität von (11b) von einem Muttersprachler des Swahili überprüfen zu lassen, aber in Corbett (1991:48) ist ein Beispiel genannt, das sich analog zu (11) verhält:

(14) a. kiboko m-kubwa a-meanguka
hippopotamus 1-big 1-has.fallen
'The big hippopotamus has fallen.'

b. *kiboko ki-kubwa ki-meanguka
hippopotamus 1-big 1-has.fallen
'The big hippopotamus has fallen.' (Corbett 1991:48)

Dazu heißt es: "Example (7) [= (14b), E.L.] is unacceptable, unless the hippopotamus is *a toy*, that is to say, is *not animate* [...]; this point emphasizes the *semantic* nature of the assignment

[7] Der diachrone Aspekt wird ausführlich in Givón (1971) diskutiert. Ihm zufolge gab es im Proto-Bantu keine Unterscheidung zwischen N[+human] und N[+belebt] (Givón 1971:41). In diesem Artikel wird ferner gezeigt, daß "the most stable morpho-semantic correlation *now existing*, that of class 1/2 and the feature [human], is probably a relatively recent Proto-Bantu innovation; or, in other words, that a [human] class 1/2 did not exist at some earlier stage of Bantu linguistic history" (Givón 1971:34, Hervorhebung von mir, E.L.).

rule in question" (Corbett ibid., Hervorhebungen von mir, E.L.).[8] Auch die folgenden Beispiele zeigen, daß ein Nomen je nach Kongruenz unterschiedliche Bedeutung haben kann, d. h. Belebtheit ist nicht am Nomen selbst markiert, sondern nur an den kongruierenden Konstituenten (verbales Prädikat (15), Adjektive ((16) und (17)):

(15) a. n-dege *a*-naruka. 'Der Vogel fliegt.'
Kl.5 Kl.1

b. n-dege *i*-naruka. 'Das Flugzeug fliegt.'
Kl.5 Kl.5 (Brauner/Herms 1979:119)

(16) a. ki-faru *m*-zuri 'ein schönes Nashorn'
Kl.3 Kl.1

b. ki-faru *ki*-zuri 'ein schöner Panzer(wagen)'
Kl.3 Kl.3 (Wurzel 1986:84)

(17) a. ki-boko *m*-zuri 'ein schönes Nilpferd'
Kl.3 Kl.1

b. ki-boko *ki*-zuri 'eine schöne Nilpferdpeitsche'
Kl.3 Kl.3 [aus der Haut von Nilpferden hergestellt, E.L.]

Während man für diese Beispiele noch argumentieren könnte, daß es sich um jeweils zwei Lexikoneinträge mit unterschiedlicher Genusspezifizierung nach [± belebt] handelt, lassen sich die folgenden Beispiele schwerlich damit erklären, daß Nomina vom Typ *Yusi Ligi* 'Youth League' oder *Biafra* 'Biafra' Belebtheit inhäriert; hier handelt es sich allenfalls um Personifizierung (Klasse 2 ist die Pluralklasse von N[+belebt]):

(18) a. Yusi Ligi *wa*saidia TANU
Kl.2
'Die Youth League hilft der TANU.'

b. Biafrana Lagos *wa*nashindana ...
Kl.2
'Biafra und Lagos kämpfen miteinander...' (Brauner 1979:427)

Brauner (1979:422) weist in diesem Zusammenhang auf die "zunehmend dominierende Rolle der 'Kategorie der Belebtheit ('Unbelebtheit')' hin, die zur Folge hat, daß sich die ansonsten streng beachteten Konkordanzregeln der Bantusprachen lockern", und daß sich "die Grenzen zwischen den historisch entstandenen Nominalklassen verwischen", was letztlich "zu einer noch flexibleren Gestaltung der Konkordanz im Swahili [führt], obwohl sie kategoriell noch nicht immer fest ausgeprägt und schon gar nicht in präzise Regeln gefaßt ist" (ibid.). Demgegenüber

---

8 Hier könnte man natürlich argumentieren, daß in (14) konzeptuelle Verschiebung im Sinne von Bierwisch (1982) vorliegt:
(i) Der (neue/*junge) (Teddy-)Bär liegt im Kinderzimmer.
(ii) Der (?neue/junge) Bär läuft durch den Wald.
Die Beispiele zeigen, daß sich konzeptuelle Verschiebung im Deutschen ausschließlich an semantischen Kriterien (Selektionsrestriktionen in bezug auf Verben und Adjektive) zeigt. Im Swahili gelten diese zwar auch, aber dazu kommen syntaktische Kriterien (Kongruenz nach jeweils unterschiedlichen Nominalklassen), und das ist für die vorliegende Argumentation entscheidend.

steht die Feststellung von Carstens (1991:20), daß "[t]he agreement triggered by animate nouns in Kiswahili is *always* that of Class 1 for singulars, and Class 2 for plurals" (Hervorhebung von mir, E.L.); darauf basiert ihre Hypothese, Belebtheit als eine Eigenschaft des Nominalstamms anzusehen. Die folgenden Beispiele zeigen jedoch, daß sogar die Alternative zwischen Klasse 2 (Plural von N[+belebt] und damit semantische Kongruenz) und morphologischer, sich nach der Form des jeweiligen Präfixes richtender Kongruenz möglich ist:[9]

(19) a. baraza *li*-meamua 'der Rat beschloß'
Kl.5 Kl.5

b. baraza *wa*-meamua 'der Rat beschloß'
Kl.5 Kl.2

(20) a. mkutano *u*-meamua 'die Versammlung beschloß'
Kl.3 Kl.3

b. mkutano *wa*-meamua 'die Versammlung beschloß' (Brauner 1979:427f.)
Kl.3 Kl.2

Diese Beispiele werden von Brauner (1979:427) wie folgt kommentiert:

> "War in der standardisierten Swahililiteratursprache die Kategorie der Belebtheit bereits voll ausgeprägt, d.h. die Konkordanz jedes Substantivs, das ein Lebewesen ausdrückt, wurde unabhängig von seinem formalen Klassenpräfix nach der Klasse 1 (Klasse der Menschen, Klasse der *aktiv handelnden Lebewesen*) hergestellt, so werden gegenwärtig in zunehmendem Maße auch weitere Substantive so behandelt, falls ihnen die *Bedeutung belebter Subjekte* zugrunde liegt" (Hervorhebungen von mir, E.L.).

Daß in bezug auf Belebtheit potentiell "[d]as logische Subjekt (LS) über das grammatische Subjekt (GS) vor allem dann [dominiert], wenn eine Teilmenge von Personen [...] zum Ausdruck gebracht wird" (Brauner 1979:427), zeigt folgendes Beispiel:

(21) Baadhi ya *wa*-tu *wa*-likwenda Msumbiji.
Teil der Leute gingen Mocambique
(GS) (LS)
'Ein Teil der Leute (einige Leute) ging (gingen) nach Mocambique.'
(Brauner 1979:427)

Sowohl die Interpretation von (14b) (Flußpferd als Spielzeug) als auch die Beispiele (18) bis (21) zeigen, daß für Kongruenz entscheidend ist, ob etwas als belebt oder nicht belebt *konzipiert* ist.[10] Aus diesem Grunde scheint mir die Hypothese, Belebtheit als eine Eigenschaft

---

[9] Während in (19a) das Prädikat durch Klasse 5 (d. h. Singular der Klasse 5/6) markiert ist und daher morphologische Kongruenz mit dem ebenfalls der Klasse 5 angehörenden Nomen vorliegt, ist in (19b) das Prädikat mit Klasse 2 und damit dem *Plural* von *Klasse 1/2* markiert. Während im Englischen und Deutschen zwar auch semantische Kongruenz hinsichtlich der Unterscheidung Singular/Plural vorliegen kann, gibt es im Gegensatz zum Swahili keine Veränderung des Genus am Verb, denn Genus ist im Englischen und Deutschen keine verbale Kategorie:

(i) The Parliament has/have decided.

(ii) Eine Reihe von Studenten war(en) bereits Parteimitglied(er). (Duden-Grammatik 1995:703)

[10] Hierfür spricht auch folgende Beobachtung von Brauner/Hermes (1979:119): "Da die Tiere als *selbständig agierende* Lebewesen angesehen werden und so auch in den Märchen vorkommen, werden sie grammatisch wie Substantive der Klasse 1 [= Substantive, die Menschen als selbständig handelnde Persönlichkeiten

des Nominalstamms im Swahili anzusehen, mehr als fraglich, insbesondere noch im Hinblick auf folgende Beispiele:

(22) a. *m-* / *wa*-ganda 'Ganda man, Ganda men'
Kl.1 Kl.2

b. *ki*-ganda 'Ganda language'
Kl.7

c. *U*-ganda 'Ganda land'
Kl.11 (Mufwene 1980:251)

Würde man hier trotz der eindeutig vorliegenden semantischen Gemeinsamkeiten das Kriterium der Belebtheit als dem Stamm inhärierend ansehen, müßte man für (22) zumindest zwei unterschiedliche Stämme annehmen.[11] Zusammenfassend läßt sich festhalten, daß Carstens Argumentation in bezug auf Belebtheit nicht sehr überzeugend ist, aber auch Corbetts Vorschlag einer semantischen, vom Nomen ausgehenden Zuweisung für Belebtheit nur mit Einschränkungen gilt, da die formale Markierung von Belebtheit primär mit der verbalen Kategorie der *Agentivität* korreliert, die auch im Swahili am Verb markiert ist. Agentivität stellt natürlich für die Bezeichnungen von Tieren und Menschen den Normalfall dar.

2.2.2 Derivation

Die in (13) illustrierte Trennung von Genus und Numerus zeigt, daß Nominalklassen und damit Numerus den Status von Flexionskategorien haben. Dagegen sprechen jedoch zunächst die Augmentativ- und Diminutivpräfixe, die Carstens zufolge derivationeller Natur sind.[12] Neben *mtoto* 'Kind' mit *m-* für Nominalklasse 1 gibt es nämlich noch die Diminutivform *kitoto* 'kleines Kind', und dieses Präfix ist wiederum homonym zu der Klasse 7 wie beispielsweise in *kifaru* 'Nashorn'. Im folgenden wird Carstens Argumentation für diese Präfixe im Swahili dargestellt, da sie ihr als Berechtigung dafür dienen, Nullelemente einzuführen. Die Beispiele in (12), deren Nomina selbst nicht morphologisch als Nominalklasse 1/2 markiert sind, wohl aber Kongruenz nach Klasse 1/2 auslösen, legen den Schluß nahe, daß Belebtheit selbst der auslösende Faktor

---

bezeichnen, op.cit.:33] [...] behandelt" (Hervorhebung von mir, E.L.). Hierzu auch Givón (1971:35): "The distribution of human nouns in class 1/2 is by itself peculiar. The great bulk are nominalizations through the subject-*agentive* channel" (Hervorhebung von mir, E.L.).

11 Während es sich bei *-ganda* um einen Eigennamen handelt, dem eventuell eine Bedeutung zugeordnet werden kann, erscheint es mir sehr fraglich, ob dies für Nominalstämme wie *-toto* in *m-toto* 'Kind' oder – *faru* in *kifaru* 'Nashorn' in gleicher Weise gilt. Ferner ist zu fragen, ob und in welchem Maße der in Beispiel (6) erwähnte Nominalstamm *-ti* tatsächlich, wie von Corbett (1991:44) angenommen, mit der Bedeutung 'Holz' assoziiert wird. Leider war es mir nicht möglich, einen Muttersprachler des Swahili diesbezüglich zu befragen, aber meines Erachtens läßt sich dies nur durch psycholinguistische Tests herausfinden.

12 Diminutive stellen für die Abgrenzung von Flexion und Derivation generell ein Problem dar, denn diese gehören Spencer (1991:197) zufolge zu den "instances of what is apparently derivational morphology behaving like inflectional morphology". Im Russischen ist *Paša* die Diminutivform zu *Pavel* 'Paul'; Nomina auf *-a* gehören zur Deklinationsklasse der Feminina, und entsprechend werden bei *Paša* auch die für Feminina typischen Kasusendungen verwendet. Die Kongruenz richtet sich jedoch nach dem maskulinen Genus. Dieses Beispiel "seems to fall exactly midway between inflection and derivation" (Spencer ibid.).

für Kongruenz ist. Dies trifft jedoch nicht generell zu, denn Augmentativ- und Diminutivpräfixe sind anscheinend[13] auch bei N[+belebt] ausschlaggebend für Kongruenz, d. h. Belebtheit scheint für Kongruenz nicht mehr relevant zu sein:

(23)	a.	Kitoto	hiki	ki-na-lala		
		7child	7this	7SA-pres-sleep		
		'This tiny child is sleeping'				
	b.	Jitoto	lile	li-li-m-piga	mbwa	wangu
		5child	5that	5sA-pst-1OA-hit	9dog	1my
		'That big child beat my dog'				(Carstens 1991:22)

Diminutivpräfixe gehören zur Nominalklasse 7/8 (Beispiele (24c,d)), während Augmentativpräfixe eine größere Variation hinsichtlich der Zugehörigkeit zu bestimmten Nominalklassen aufweisen (Beispiele (24e,f)):

(24)	a.	mtoto	b.	watoto	
		1child		2child	
		'child'		'children'	
	c.	kitoto	d.	vitoto	
		7child		8child	
		'tiny child'		'tiny children'	
	e.	jitoto	f.	matoto	
		5child		6child	
		'big (ugly) child'		'big (ugly) children'	(Carstens 1991:30)

Kongruierende Elemente richten sich nach diesen abgeleiteten Nomina:

(25)	i-na-ni-shangaza	kwamba	kitoto	hiki	kina
	9agr-pres-1OA-surprise	that	7child	7this	7have
	midole	kama	hii		
	4finger	like	4this		
	'It surprises me that this tiny child has such big fingers'				(Carstens 1991:31)

Für die folgende Argumentation ist nun relevant, daß die Nominalklassen 7/8 für Diminutive (Beispiele (24c,d)) mit den Nominalklassen 7/8 ohne diminutive Bedeutung (26a,b) identisch sind; gleiches gilt für die Nominalklassen 5/6 für Augmentative (Beispiele (24e,f)) und die entsprechenden Nominalklassen 5/6 ohne augmentative Bedeutung (27a,b):

(26)	a.	kikapu	b.	kiingereza
		7basket		7english
		'basket'		'English language'

---

[13] In einer Fußnote weist Carstens (1991:22) jedoch darauf hin, daß für Sprecher des Swahili bei Diminutiven und Augmentativen auch Kongruenz nach Klasse 1/2 und damit nach Belebtheit möglich ist. Dieser wichtige Aspekt würde die Annahme, daß Belebtheit primär mit Agentivität korreliert, noch unterstützen; ferner wäre damit auch die von Corbett (1991:47) vorgeschlagene Regelanordnung (zunächst Augmentative, dann Diminutive, dann Belebtheit, hierzu Abb. 2) überflüssig. Hierfür sind jedoch größere Textuntersuchungen beziehungsweise Befragungen von Muttersprachlern nötig.

(27) a. jicho b. gari
5eye 5car
'eye' 'car' (Carstens 1991:31)

Es gibt zwei Möglichkeiten, um dieses Phänomen zu erklären: (a) Diminutive und Augmentative werden durch Regeln gebildet, die das Genus ändern (N -> N[+Diminutive, +Group D]), oder (b) Nullelemente werden angenommen. Alternative (b) ist Carstens zufolge vorzuziehen, da die so gebildeten Formen eine interne Komplexität aufweisen, die sich parallel zu der mit overten Affixen verhält. Sie schlägt daher vor, nominale Nullaffixe mit der Bedeutung [diminutiv] beziehungsweise [augmentativ] einzuführen, die an den Nominalstamm affigiert werden: "As (24) [= (28), E.L.] shows, the diminutive morpheme is Group D. As the head of the derived word, it supplies the gender specification [...]. Singular/plural formation rules of Group D therefore apply, attaching the *ki-/vi-*prefixes characteristic of Group D (Class 7/8) nouns. Agreement is appropriate for members of this gender" (Carstens 1991:32):[14]

(28) -toto ---> -toto - 0
DIMIN
[Group A] [[Group A] Group D] (Carstens 1991:32)[15]

Die Derivation durch Nullelemente gilt allerdings nicht nur für Diminutive und Augmentative, sondern auch für "multi-Class stems": "There exist certain stems in Bantu languages for which a choice of Noun Classes exists. Meanings vary with prefix choice, in predictable ways.[16] In Kiswahili, stems naming fruit, if they bear 5/6 prefixes and trigger 5/6 agreement, refer to the fruit itself. When in classes 3/4, they name fruit trees" (Carstens 1991:42):

(29) a. embe/maembe b. mwembe/miembe
5mango/6mango 3mang/4mango
'mango' 'mango tree'

c. chungwa/machungwa d. mchungwa/michungwa
5orange/6orange 3orange/4orange
'orange' 'orange tree' (Carstens 1991:42)

Diese Beispiele werden wie folgt kommentiert:

> "The zero-affixation solution extends naturally to such cases – I suggest that there is a null affix of Gender B (Class 3/4) meaning 'tree', which subcategorizes for nouns naming fruit, so that the 'fruit-noun' is basic, and the 'tree-noun' derived. If instead one were to derive e. g. *chungwa* – 'orange' from *mchungwa* – 'orange tree', the morphological process involved would need to subtract the 'tree' meaning. I assume such semantic subtraction to be an impossibility" (Carstens 1991:42).

---

[14] In diesem Zusammenhang stellt sich die Frage, wie derartige Nullelemente Carstens zufolge lizensiert sind. Die von ihr vorgeschlagenen Kategorien unterscheiden sich von dem bekannten *pro* dadurch, daß sie "subphrasal" sind; als Begründung für deren Lizensierung wird die im Swahili stark ausgeprägte Kongruenz herangezogen.

[15] Der in (28) angegebene Pfeil ist nicht als "transformational arrow" gedacht, sondern steht lediglich dafür, "to indicate before and after" (Carstens 1991:33). Links vom Pfeil steht die zugrundeliegende Form, rechts davon die derivierte.

[16] Carstens geht allerdings nicht darauf ein, worin diese "predictable ways" bestehen.

Die erwähnte "semantic subtraction" erscheint mir allerdings mehr als fraglich. Der Argumentation liegt nämlich zugrunde, daß das Bedeutungsäquivalent zu *chungwa* im Englischen (und Deutschen) nicht 'Orangen*frucht*', sondern lediglich 'Orange' ist, während *mchungwa* mit 'Orangen*baum*' wiederzugeben ist. Das bedeutet, daß die Subtraktion zwar im Englischen vorliegt, deswegen aber nicht notwendigerweise im Swahili. Ein anderes Beispiel für einen Nominalstamm mit unterschiedlichen Präfixen ist folgendes, von Carstens selbst (allerdings in einem anderen Zusammenhang) erwähntes Beispiel:

> "*ki-* is the singular prefix of the gender containing all language names. *Kiswahili* is often referred to in English as *Swahili*, but native speakers report that this seems incomplete – only the right gender specification distinguishes the name of the language from that of the people who speak it (*Waswahili*), and from the name for the area of their residence (*Uswahili*)" (Carstens 1991:1).

Bei diesem Beispiel muß man sich natürlich die Frage stellen, welche der genannten Formen "basic" ist und welche "derived" (Analoges gilt für die Beispiele in (22)). Während die Ableitung durch Nullelemente für Augmentative und Diminutive aufgrund der hohen Produktivität dieser Ableitungen sinnvoll scheint, wird dieser Vorschlag für die 'multi-Class stems' meines Erachtens überstrapaziert. Beispiele wie die in (29) könnten daher durch zwei unterschiedliche Lexikoneinträge beschrieben werden.

Zusammenfassend kann festgehalten werden, daß Carstens zufolge Nomina (genauer: Nominalstämme) im Swahili in verschiedene Genera eingeteilt sind, "which determine the shape of number morphology. 'Class' thus has no status as a grammatical category: it is composed of gender and number" (Carstens 1991:71f.). Das bedeutet, daß

> "Noun Class prefixes are not themselves heads, but *gender-specific spellings-out of number features.* [...] Noun Class consists of distinct categories of number and gender, the latter of which is universally a lexical property of nouns. The analysis provides no language-particular motivation in Kiswahili (and in Bantu generally) for *either phrasal or a sub-X-zero-level treatment of number* in grammar – unlike several prior theories of Noun Class, this one does not rely on attachment of the prefixes *at a particular level*" (Carstens 1991:75, Hervorhebungen von mir, E.L.).

Die (stark vereinfachte) Struktur der Nominalphrasen im Swahili als "DPs with empty D°s, to which nouns raise" ist in (30) dargestellt.[17] In bezug auf *Raising* verweist Carstens auf das Prinzip der "Government Transparency Corollary (GTC)" von Baker (1988), wonach "an X° with an item incorporated into it inherits the government domain of the incorporated item" (Carstens 1991:124). Bezogen auf (30) bedeutet dies, daß "when N° incorporates to Num°, and Num° subsequently raises and incorporates to D°, the derived D° then has the government domain of t_{Num} and t_N" (ibid.). Ferner geht sie davon aus, daß die abgeleitete Kategorie D° konsequenterweise alle Merkmale von Num und N enthalten muß:[18]

---

[17] In Carstens Notation wird Numerus durch das amerikanische Zeichen für 'number', nämlich "#", dargestellt; dieses Zeichen habe ich aus mnemotechnischen Gründen durch "Num" ersetzt.

[18] Aus Struktur (30) wird ersichtlich, daß die funktionale Kategorie Numerus nicht L-markiert ist und $N^{(max)}$ daher eine Barriere darstellt. Dieses Problem löst Carstens mit dem einleuchtenden Vorschlag, Genus- und Numerusmerkmale im Gegensatz zu Kasus als Identifikationsmerkmale anzusehen, die den Barrierenstatus von $N^{(max)}$ für *Raising* aufheben (Carstens 1991:148ff.).

```
(30)      DP
           / \
            D'
           / \
          /   \
        D      NumP
        |      /  \
      Num_j     ...
      N_i       Num'
                / \
               /   \
              t_j   N^max
              |      / \
              t_i     ...
                       NP
                       / \
                    t_i  Theme                    (Carstens 1991:113)
```

Der Aspekt, daß Numerus in ihrem Modell nicht auf eine bestimmte Ebene festgelegt ist, wird nun als Kriterium dafür herangezogen, Numerus als funktionale Kategorie auch für typologisch unterschiedliche Sprachen anzusehen, denn die Variationsbreite, mit der Numerus realisiert wird, "argues strongly for a syntactic account" (Carstens 1991:76). Während in vielen Sprachen Numerus durch Affixe realisiert wird, gibt es aber auch eine Reihe von Sprachen, in denen diese Kategorie durch unabhängige Wörter repräsentiert wird (hierzu ausführlich Dryer (1989)): "If number is analyzed as a syntactic category, a unified account can be provided for number *words* and number *morphology*" (Carstens 1991:76, Hervorhebungen von mir, E.L.). Sie schlägt daher vor, daß "number words and morphemes are functional heads which select NP complements" (Carstens 1991:78). Singular und Plural werden syntaktisch durch abstrakte Affixe, die durch das Merkmal [± Singular] unterschieden werden, repräsentiert, so daß man folgende generelle Struktur erhält:

```
(31)        NumP
           /    \
        Num      NP
         |       / \
       +Sing    N'
                / \
               N                                  (Carstens 1991:78)
```

Die Numerusphrase (NumP) selbst ist das Komplement des Determinierers, genauer: der funktionalen Kategorie D, im Sinne von Abney (1987). Gerade die Tatsache, daß es unabhängige Wörter gibt, die Numerus bezeichnen, unterstützt Carstens zufolge die von Abney vorgeschlagene DP-Analyse; eine Theorie, in der Determinierer als Konstituenten der NP und damit nicht als lexikalische Instantiierungen der funktionalen Kategorie D angesehen werden, "cannot easily accommodate the treatment of grammatical number words as heads" (Carstens 1991:80). Die von Carstens vorgeschlagene hierarchische Reihenfolge DP – NumP – NP spiegelt die Generalisierung wider, daß "number may be expressed overtly either as morphology or as independent word, and that the latter appears 'inside' of the position of determiner-like items, but 'outside' that of nominal modifiers and arguments" (ibid.).[19] An einer Reihe unterschiedlicher Sprachen wird nun gezeigt, daß Numerusmarkierung durch separate Lexeme erfolgen kann, die der in (30) und (31) enthaltenen relativen Reihenfolge entsprechen und mit der These in Einklang stehen, daß die NP das (funktional selegierte) Komplement von Numerus ist (Beispiele aus Carstens 1991:79):[20]

(32) a. ha ongo puha'e ua [Art-Num-N-MOD]
art dual box two
'two boxes' (Tonga, Churchward 1953:28)

b. do mamu ragha [N-AP-Num]
tree big plur
'big trees' (Kimaghama, Boelaars 1950:33)

c. me-ris rabiri [Num-AP-N]
plur-new paddle
'new paddles' (Cayuvava, Key 1967:50)

In diesem Zusammenhang wird jedoch darauf hingewiesen, daß in Dryer (1989) einige Ausnahmen zu den in (32) möglichen, mit ihrem Ansatz erklärbaren Reihenfolgen erwähnt werden. Unter anderem wird Vietnamesisch als ein Fall genannt, "in which plural words might be argued to occur outside of articles" (Carstens 1991:80):

(33) những cái con ngựa đen
VIET plur ident anim horse black
'the black horses' (Dương 1971:121)[21]

Vietnamesisch ist eine Klassifikatorsprache, und auf Carstens Erklärung für diese scheinbare, von der Reihenfolge DP – NumP – NP abweichende Ausnahme werde ich weiter unten (Abschnitt 3) zurückkommen. Das vietnamesische Beispiel weist aber auf ein weiteres Problem hin: Um Numerus als funktionale Kategorie zu begründen, kann natürlich nicht nur die Pluralmarkierung herangezogen werden, sondern es ist auch nach der entsprechenden *Singular*markierung zu fragen. Genau dies leisten die Klassifikatoren, die im nächsten Abschnitt anhand des Vietnamesischen beschrieben werden.

---

[19] Carstens weist allerdings darauf hin, daß ihre Analyse für Englisch nicht anwendbar ist; Beispiele wie *intelligent students of physics* oder *surprising rumours about Nancy* zeigen, daß "raising to acquire plural morphology is not a possibility, unless obligatory raising and adjunction of either adjectives or complements and specifiers of N is stipulated" (Carstens 1991:81f.). Sie geht daher davon aus, daß im Englischen "affix-hopping" vorliegt, um N und Pluralmarkierung, analog zu V und INFL-Morphologie, zusammenzubringen.

[20] Bei (32b,c) müßte allerdings überprüft werden, ob hier tatsächlich die syntaktische Kategorie Plural vorliegt, oder ob es sich nicht vielmehr um eine quantitative oder kollektive Angabe handelt, die etwa 'viel(e)' im Deutschen entspricht.

[21] Die in Dryer (1989) angegebene Bezeichnung "Bình 1971" ist nicht korrekt, da dies der Vorname ist. Der Nachname lautet Dương.

3 Klassifikatoren (Vietnamesisch)

In Klassifikatorsprachen[22] wie Vietnamesisch sind Nomina, wie in der Einleitung schon erwähnt, transnumeral beziehungsweise numerusindifferent und erlauben daher die in (34) angegebenen Interpretationen:

(34) a. bàn '(ein) Tisch, Tische; der Tisch, die Tische'
VIET Tisch

b. chim '(ein) Vogel, Vögel; der Vogel, die Vögel'
Vogel

Diese Nomina sind aufgrund ihrer Numerusindifferenz normalerweise nicht unmittelbar mit Zahlen oder anderen quantitativen Angaben kombinierbar, sondern nur mittels Klassifikatoren (35). Die Fakultativität der Zahl *một* 'eins' zeigt, daß die Kombination aus Klassifikator und klassifiziertem Nomen ebenfalls eine singularische Interpretation liefert (die Abkürzung 'Klf' steht für 'Klassifikator'):

(35) a. (một) cái bàn '(ein) Tisch' (*cái* Stück, Ding; allgem. Klassifikator für Dinge')
(ein) Klf Tisch

b. (một) con chim '(ein) Vogel' (*con* 'Lebewesen; allg. Klassifikator für Tiere')
(ein) Klf Vogel

Diese Konstruktionen verhalten sich auf den ersten Blick parallel zu Maßkonstruktionen im Deutschen und anderen Sprachen, so daß man folgende Gegenüberstellung erhält ((36b) ist im Deutschen nachvollziehbar, (36a) jedoch nicht):

(36) a. một con cá 'ein Fisch'
ein Klf Fisch

b. một cân cá 'ein Pfund Fisch'
ein Pfund Fisch

Was daher für eine Klassifikatorsprache als solche konstitutiv ist, ist

> "der weit ausgiebigere Gebrauch, den sie von solchen Zähleinheitsangaben [wie *Glas Wein*, *Mandel Eier*, E.L.] macht, auch bei Nomina, die, semantisch betrachtet, diskrete Entitäten bezeichnen und als solche quantifiziert werden, was Greenberg [= Greenberg (1974:21), E.L.][...] mit der Einführung des Terminus 'unit counter' abgrenzt von solchen in den Sprachen der Welt bis auf wenige Ausnahmen geläufigen Konstruktionen, die in irgendeiner Weise Meß- oder Gruppierungseinheiten auf das übergeordnete Nomen projizieren" (Kölver 1982:163).

Dixon (1986) befaßt sich eingehend mit der Abgrenzung zwischen Nominalklassen wie im Swahili und Klassifikatoren.[23] Diese beiden Systeme werden von ihm wie folgt unterschieden:

> "Noun classes constitute an obligatory grammatical system, where each noun chooses one from a small number of possibilities. Ways of marking noun class include a prefix to the noun (and usually to other constituents in the noun phrase, or in the sentence, that show concord with it), as in Bantu languages[...]" (Dixon 1986:105).

---

[22] Als Standardwerk zu Klassifikatoren ist insbesondere Craig (1986) und die dort zitierte Literatur zu nennen.

[23] Diese Kriterien werden ausführlich in Löbel (1996, Kapitel 1) diskutiert.

Im Gegensatz dazu sind Klassifikatoren

> "always separate lexemes, which may be included with a noun in certain syntactic environments; there is usually a largish set of classifiers (perhaps *not clearly delimited* in scope) [...]. There are usually a fair number of classifiers – at least a score or so, with over 100 being common [...]. There are often some nouns which seem to lie on the *threshold between classifiers and specific nouns*, suggesting that these word classes may merge into each other" (Dixon 1986:106, Hervorhebungen von mir, E.L.).

Zur Illustration sind nachfolgend die am häufigsten vorkommenden Klassifikatoren des (Süd-)Vietnamesischen aufgeführt:[24]

(1)	*cái*	'ein Gegenstand, Ding'
(2)	*cây*	'ein Baum/Pflanze, stabförmiger Gegenstand'
(3)	*chiếc*	'ein (in Serie hergestelltes) Einzelstück'
(4)	*con*	'ein Lebewesen, als beweglich konzipierter Gegenstand'
(5)	*hòn*	'ein kugelförmiger oder steinartiger Gegenstand'
(6)	*quả*	'eine Frucht, runder Gegenstand' (nordvietnamesisch *trái*)
(7)	*quyển*	'ein Band (für Bücher)' (nordvietnamesisch *cuốn*)
(8)	*sợi*	'ein Haar, Faden, fadenförmiger Gegenstand'
(9)	*tấm*	'ein flacher Gegenstand'
(10)	*tờ*	'ein Blatt (Papier), Schriftstück'

Abb. 3: Liste der häufigsten Klassifikatoren des Vietnamesischen

Die für die DP-Syntax relevanten Fragen lauten demnach: (1) Bilden Klassifikatoren eine geschlossene Klasse? (2) Stellen Klassifikatoren eine funktionale Kategorie dar? Ferner ist insbesondere im Vergleich zu Nominalklassen ('motion nouns' in Beispiel (29), hier unter (38) wiederholt) zu fragen, ob für Beispiele wie in (37) ein oder zwei Lexikoneinträge für *cam* 'Orange, Orangenbaum' angenommen werden müssen:

(37) a. quả cam '(eine) Orange' (*quả* 'Frucht; Klassifikator für Früchte')
Frucht Orange

b. cây cam '(ein) Orangenbaum' (*cây* 'Baum; Klassifikator für Bäume')
Baum Orange

(38) a. chungwa 'Orange' [= (29)]
5-Orange

b. mchungwa 'Orangenbaum'
3-Orange

Bevor ich auf die oben genannten Fragen (1) und (2) zurückkomme, möchte ich zunächst auf die in Carstens (1991:80) erwähnte Problematik, daß im Vietnamesischen die Artikel anscheinend außerhalb von Pluralwörter stehen und damit die universale Reihenfolge DP-NumP-NP verletzen, eingehen. Diese Frage wird anhand des Beispiels (33) (hier unter (39) wiederholt) dargestellt:

---

24 Hierzu Löbel (1996), Kapitel 7.

(39) những cái con ngựa đen
plur ident anim horse black
'the black horses' (Dương 1971:121)

Für Carstens ist der Status von *cái* und *con* nicht klar;[25] sie vermutet, daß es sich bei diesen Lexemen eventuell gar nicht, wie von Dryer angenommen, um Artikel handelt. Betrachtet man die Argumentation in Dryer (1989:877f.) genauer, ergibt sich jedoch folgendes: Vietnamesisch gehört neben Hawaiianisch zu zwei von 44 Sprachen, in denen es Dryer zufolge mehr als ein Pluralwort gibt; daher scheinen diese Pluralwörter eine distinkte grammatische Kategorie zu bilden. Er bezieht sich dabei auf die Grammatik von Dương (1971:113), in der 21 einfache und 27 zusammengesetzte Pluralpartikeln aufgeführt sind. Der Begriff 'Pluralpartikel' ist allerdings nicht zutreffend; es handelt sich in fast allen Fällen um quantitative Angaben wie 'all', 'a few', 'many', 'half', 'most of', usw. Neben *các* 'alle' zur Markierung des exhaustiven Plurals ist *những* der am häufigsten verwendete Pluralmarker, der neben dem exhaustiven auch einen partitiven Plural signalisieren kann: "[...] *những* peut encore marquer le pluriel partitif, c'est-à-dire répondre à une quantité plurale qui n'est pas la totalité" (Trương 1970:310). Neben (39) werden in Dryer noch die folgenden beiden Beispiele aus Dương (1971) genannt:

(40) a. những con chim quý
plur anim bird precious
'precious birds'

b. Lan ăn những sáu con tôm
Lan eat plural six anim shrimp
'Lan ate six shrimps.' (Dương 1971:114)

Insbesondere (40b) zeigt ihm zufolge, daß

> "[...] *những* cooccurs with a numeral in (21b) [= (40b), E.L.], a common feature of plural words [...], but not a common feature of words whose function is similar to 'many' in English. For these reasons, I treat it as a plural word. Since plural words in Vietnamese can cooccur with numerals, they must be a distinct category. Nevertheless, these plural words actually bear considerable similarity to numerals. Binh [= Dương, E. L.] 1971 describes the initial slot in a noun phrase as containing 'a plural particle and/or a cardinal numeral'. Usually only one or the other occurs, but 'in special cases' both can occur, and when they do, the plural word precedes the numeral [...]. Although it is possible that numerals and plural particles belong to a *single macrocategory*, they presumably must be distinguished in order to account for their order when they cooccur" (Dryer 1989:877f., Hervorhebung von mir, E.L.).

Daß *những* in (40b) als Pluralmarker glossiert ist, beruht allerdings auf einer falschen Interpretation. In der wörtlichen Übersetzung von (40b) ist in Dương für *những* 'many' angegeben. Dies ist dahingehend zu interpretieren, daß *những* hier nicht als Pluralmarker, sondern als *Gradadverb* fungiert, welches am besten mit 'insgesamt, so viel wie' wiederzugeben ist. Eine genauere Übersetzung von (40b) lautet daher 'Lan ate as many as six shrimps.'[26] Ferner ist zu

---

25 Diese beiden Klassifikatoren, nämlich *cái* 'Ding, Stück' als allgemeiner Klassifikator für Gegenstände und *con* 'Lebewesen, Tier' als allgemeiner Klassifikator für Lebewesen (genauer: für beweglich/lebendig konzipierte Entitäten, wozu auch Augen, Flüsse, Straßen usw. gehören), werden am häufigsten verwendet.

26 Es ist ein Charakteristikum von isolierenden Sprachen wie Vietnamesisch, daß viele Lexeme mehrfach homonym sind. So hat *những* neben der Signalisierung von Plural und der Verwendung als Gradadverb

beachten, daß die in dem Zitat erwähnte Kombination von Pluralmarker und/oder Zahlen sich ebenso wie im Englischen und Deutschen vornehmlich auf die Kombination mit *tất cả* 'alle' beschränkt:

(41) Tất cả mười quả cam này
all ten fruit orange this
'All ten of these oranges' (Dương 1971:115)
(vgl. dt. 'alle diese zehn Orangen')

Die in dem oben angegebenen Zitat erwähnte Zusammenfassung von Zahlen und Pluralmarkern als 'Makrokategorie' ist daher nicht zutreffend. Die genannten Beispiele zeigen ferner, daß Vietnamesisch kein Gegenargument gegen die von Carstens postulierte Annahme darstellt, die Folge DP-NumP-NP als universal anzusehen; auch im Vietnamesischen wird Pluralmarkierung nicht außerhalb der "Artikel" markiert.[27]

Die oben genannte Frage nach dem Status von Klassifikatoren als funktionale Kategorie ist Thema des nächsten Kapitels.

3.1 Klassifikatoren als funktionale Kategorie

Von den in der generativen Literatur spärlich vertretenen Arbeiten zu Klassifikatoren[28] ist insbesondere Kitahara (1993) zu nennen, die sich im Rahmen des Minimalistischen Programms (Chomsky 1992) mit Kongruenz innerhalb der DP im Japanischen befaßt, und zwar der Kongruenz zwischen einer NP und ihrem Numeralklassifikator (abgekürzt NC), was an folgendem Beispiel illustriert wird:

(42) Taro-ga hon-o san-satu katta
T-Nom book-Acc 3- Class bought
'Taro bought three books.' (Kitahara 1993:177)

Für die einfache NP *hon-o* 'book-Acc' ohne Klassifikator wird folgende Struktur vorgeschlagen:

(43) a. $[_{DP}\ [_{D'}\ [_{NP}\ \text{hon-o}]\ D_{<+Acc>}\ ]]$

b. $[_{DP}\ [_{NP}\ \text{hon-o}]_i [_{D'}\ t_i\ D_{<+Acc>}\ ]]$

Dazu heißt es: "In (10a) [= (43a), E.L.], the NP whose head N *hon-o* bears accusative case [...] is base-generated in the complement position of the covert D which also bears [+Acc]. In (10b) [= (43b), E.L.], the NP moves to the Spec of DP where [+Acc] is checked off. The movement is driven by a general principle: Morphological features must be checked off in the

auch noch die Bedeutung 'nur' (Karow 1972:569). Allerdings ist zu fragen, ob hier nicht – insbesondere aufgrund der exhaustiven und der partitiven Plurallesart von *những* – eher Polysemie statt Homonymie vorliegt.

27 Beispiel (41) zeigt, daß Demonstrativmarker wie *này* 'dies(er)' postnominal stehen; ihre primäre syntaktische Funktion besteht darin, die Konstituentengrenze zu signalisieren. Mit Artikeln wie im Deutschen oder Englischen sind sie nicht vergleichbar.

28 Hierzu noch Tang (1990) zum Chinesischen und Muromatsu (1995, GLOW-Abstract) zum Japanischen.

course of the derivation [...]" (Kitahara 1993:176). Für eine komplexe NP mit Klassifikator wie in (42) muß jedoch beachtet werden, daß nicht jeder Klassifikator mit jedem Nomen kompatibel ist; klassifiziertes Nomen und Klassifikator müssen "kongruieren":

(44)	a.	gakusei-o	san-nin	
JAP		student-Acc	3-Class	
	b.	*hon-o	san-nin	
		book-Acc	3-Class	
	c.	*gakusei-o	san-satu	
		student-Acc	3-Class	
	d.	hon-o	san-satu	
		book-Acc	3-Class	(Kitahara 1993:176)

Die Beispiele zeigen, daß der Klassifikator *-nin* 'Mensch' für N[+human] gewählt werden muß, für Bücher jedoch *-satu* 'Band'. Die Ungrammatikalität von (44b) und (44c) legt nahe, daß "some features borne by the NP and its NC in each example fail to be matched [...], whereas in (11a,d) [= (44a,d), E.L.], the relevant features are correctly matched and checked off" (Kitahara 1993:176). Da, wie oben erwähnt, die Merkmale Chomsky zufolge in *Spec-Head*-Konfigurationen überprüft werden, wird folgende Struktur für die Nominalphrase des Japanischen vorgeschlagen:

(45) [$_{DP}$ [$_{D'}$ [$_{NCP}$ [$_{NC'}$ NP NC]] D]]

In (45) bildet der Klassifikator eine eigene Projektion, die Numeralklassifikatorphrase (NCP), die von DP dominiert wird und selbst NP dominiert. Die mit einer Kasuspartikel versehene NP wird zunächst nach *Spec*NCP angehoben, um dort Merkmale des Klassifikators zu überprüfen, und dann nach *Spec*DP bewegt, wo Kasusmerkmale überprüft werden. Damit ergibt sich für Beispiel (42) folgende Struktur:

(46)

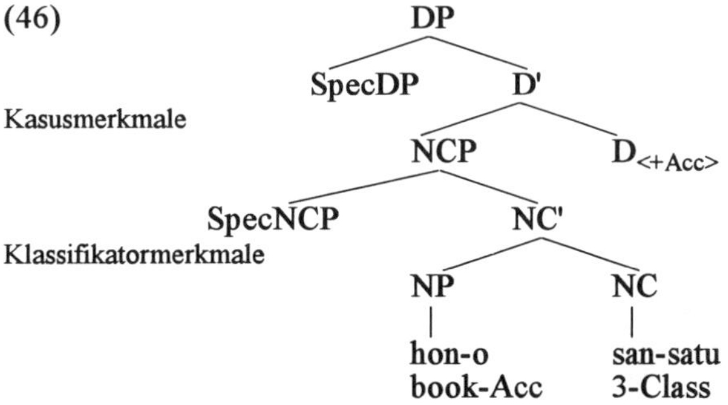

Problematisch ist jedoch die Einordnung des Numeralklassifikators (NC) als nicht weiter analysierbare X°-Kategorie, denn es gibt im Japanischen auch Minimalpaare wie die folgenden:

(47)	a.	manjyuu-o	jyuugo-ko	tabeta.
JAP		bean-jam-bun-Obj	15-CL	ate
		'(I) ate 15 bean-jam buns.'		

b. sono heya-ni-wa isu-ga jyuunana-*ko/Ø* aru.
the room-Loc-Top chair-Nom 17-CL exist
'There are 17 chairs in the room.'

c. sono hon-ni-wa hanashi-ga jyuuni-Ø aru.
the book-Loc-Top story-Nom 12-CL exist
'There are 12 stories in the book.' (Zubin/Shimojo 1993:499)

Entscheidend für den folgenden Zusammenhang ist Beispiel (47b), in dem der Klassifikator *fakultativ* ist,[29] was entschieden gegen eine Analyse von NC als X°-Kategorie spricht, wie dies in (46) angegeben ist. Die Befragung von Muttersprachlern des Japanischen ergab zunächst keinen offensichtlichen Bedeutungsunterschied, genauer: keinen Unterschied, der sich in der deutschen oder englischen Übersetzung nachvollziehen lassen könnte. Im Vietnamesischen erhält man die zu (47b) analoge Situation, und hier wird der Unterschied offensichtlich: Er korreliert damit, ob die entsprechende Nominalphrase syntaktisch bezugsfähig und damit referentiell ist oder nicht:

(48) a. Trong nhà hát này có mười bảy ghế.
VIET in Kino dies haben zehn sieben Stuhl
'In diesem Kino gibt es 17 Stühle.'
(genauer: 'Dieses Kino ist siebzehnstühlig.')

b. Trong nhà hát này có 17 cái ghế làm
in Kino dies haben 17 Klf Stuhl gemacht
bằng cây tốt.
aus Holz wertvoll
'In diesem Kino gibt es 17 Stühle aus wertvollem Holz.'
(wörtl.: 'In diesem Kino gibt es 17 Stühle, die aus wertvollem Holz gemacht sind.')

In (48b) ist die Nominalphrase mit Klassifikator durch ein Attribut oder einen Relativsatz modifizierbar, was in (48a) nicht möglich ist. Ein ähnliches Beispiel ist (49): Fehlt der Klassifikator *cái*, kann sich der Relativsatz nur auf *nhà* 'Haus' beziehen, während umgekehrt bei Vorhandensein des Klassifikators nur die attributive Ergänzung *ba cái phòng* 'drei Zimmer' modifizierbar ist:

(49) a. nhà ba phòng mà rất lớn
Haus drei Zimmer Rel. sehr groß (sein)
'Haus mit drei Zimmern, das/*die sehr groß ist/*sind'

b. nhà ba cái phòng mà rất lớn
Haus drei Klf Zimmer Rel. sehr groß (sein)
'Haus mit drei Zimmern, *das/die sehr groß *ist/sind'

[29] Die Bedingungen für eine derartige Alternative sind in einer agglutinierenden Sprache wie Japanisch zum größten Teil morphologisch bedingt. Bei rein japanischen Zahlen, die immer einen Wert unter zehn haben, ist der Klassifikator obligatorisch. Die in (47) genannte Variation gilt nur für sinojapanische Zahlen mit einem Wert über zehn. Diesen Hinweis verdanke ich Johanna Mattissen.

Die Beobachtungen in Muromatsu (1995:39) zeigen, daß die Verhältnisse im Japanischen ganz analog sind. Sie vergleicht Klassifikatoren im Japanischen mit dem indefiniten Artikel im Englischen und argumentiert wie folgt:

> "It has been claimed that a classifier system (e.g., Japanese) and obligatory plural marking (e.g., English) are in complementary distribution: a given language may have either one of them but not both [...]. However, I claim that English also has a classifier system; the indefinite article serves as a classifier, and the *Integral* predication relation [= "the part-whole predication relation called 'Integral'", ibid., E.L.] holds within a simple noun phrase, such as *a beer*. [...] The indefinite article *a* is the predicate of the bare noun *beer*. [...] The predicate *a individuates* the concept expressed by the bare noun *beer* and makes it possible for the noun phrase *a beer* to be *referable*. Without being introduced by the predicate, a noun phrase does not function as an *argument* of a verb, but rather functions as a *modifier* [...]" (Muromatsu 1995:39, Hervorhebungen vom Autor, E.L.).

Die in diesem Zitat vorgeschlagene Analogie zwischen indefinitem Artikel und Klassifikatoren läßt sich auch im Deutschen nachvollziehen. Geht man nämlich davon aus, daß die primäre Funktion der Klassifikatoren darin besteht, Nomina, die in Klassifikatorsprachen numerusindifferent sind und lediglich ein Konzept bezeichnen, zu individuieren (hierzu Greenberg (1974)), wird die Analogie zum indefiniten Artikel noch deutlicher. Schon in Vater (1982) wird auf folgenden Aspekt hingewiesen: "Dt. *ein* bezeichnet – ebenso wie frz. *un*, engl. *a/one* – stets eine bestimmte Quantität, nämlich eine Menge, die aus einem Element besteht. Präsupponiert wird dabei 'Gliederung in gleiche (oder gleichartige) Elemente'" (Vater 1982:73).[30] Damit wird der indefinite Artikel als Quantor ausgewiesen.[31] Neben dem definiten Artikel als lexikalische Instantiierung der funktionalen Kategorie D, der Referentialität einer NP signalisiert, läßt sich diese daher auch über Quantifizierung und die damit einhergehende syntaktische Funktion der *Gliederung* herstellen. Dementsprechend kann der Unterschied zwischen (48a) und (49a) ohne Klassifikator vs. (48b) und (49b) mit Klassifikator wie folgt beschrieben werden:[32]

(50) a.

```
      V'
     /  \
    V    NP
    |    /\
    có      17 ghế
    haben   17 Stuhl
    '17-stühlig sein'
```

b.

```
      V'
     /  \
    V    QP[33]
    |    /\
    có      17 cái ghế
    haben   17 Klf Stuhl
    '17 Stühle haben'
```

---

[30] Das Merkmal [Gliederung], das der indefinite Artikel und der Plural gemeinsam haben, wird schon in Vater (1979[=1963]) hergeleitet; dieses Merkmal läßt sich auch auf die Beschreibung von Klassifikatoren anwenden (ausführlich dazu Löbel (1996), Kapitel 6.1.).

[31] Ausführlich hierzu Vater (1984).

[32] Zu beachten ist, daß Q nicht mit Zahlen als solchen korreliert, sondern mit der Funktion der Gliederung beziehungsweise Quantifizierung und deren lexikalischer Instantiierung. Zu Zahlen als funktionale Kategorie im Maltesischen s. Fabri (1994).

[33] Außer einer QP wäre im Vietnamesischen auch eine DP anzunehmen, an die (abstrakter) Kasus zugewiesen wird. Daß es auch lexikalische Instantiierungen von Kasus gibt, zeigen die sogenannten seriellen Verben wie *cho* 'geben' zur Signalisierung des Benefaktivs (ausführlich hierzu Bisang (1992)). Auf diesen Aspekt werde ich nicht weiter eingehen.

(51) a.
```
    N'
   /  \
  N    NP
  |    /\
nhà   ba phòng
Haus  3  Zimmer
'Dreizimmerhaus'
```

b.
```
    N'
   /  \
  N    QP
  |    /\
nhà   ba cái phòng
Haus  3  Klf  Zimmer
'Haus mit drei Zimmern'
```

Während im Deutschen die lexikalischen Instantiierungen von Q eine geschlossene Klasse bilden (der indefinite Artikel mit drei Genera), ist zu fragen, ob dies für Klassifikatoren ebenfalls gilt, denn die Bestimmung der genauen Anzahl von Klassifikatoren ist Dixon (1986) zufolge äußerst schwierig, so daß man sich fragen muß, worin der Grund für diese Schwierigkeit besteht. Die Verhältnisse im Japanischen sind mir nicht bekannt, aber für Vietnamesisch läßt sich eindeutig feststellen, daß Klassifikatoren keine geschlossene Klasse bilden. Dies ist Thema des nächsten Kapitels.[34]

3.2 Klassifikatoren als syntaktische Funktion

Im Vietnamesischen gibt es zwei Strategien, mit denen numerusindifferente Nomina "zählbar", d.h. mit Zahlen kombinierbar gemacht werden können und damit eine singularische Interpretation erlauben, nämlich Taxonymie (52) und Meronymie (53):

(52)	a.	Klf	Nomen			'Ding Baum/Pflanze'
		cái	cây			(= '(ein) Baum')
		Ding	Baum/Pflanze			
	b.		Klf	Nomen		'Baum/Pflanze Gemüse'
			cây	rau		(= '(ein) Gemüse')
			Baum/Pflanze	Gemüse		
	c.			Klf	Nomen	'Gemüse Sellerie'
				rau	cần	(= '(eine) Sellerie(gemüsepflanze)')
				Gemüse	Sellerie	

(nach Trương 1970:256)

(53)	a.	rau cần	'Sellerie(gemüsepflanze)'
		Gemüse Sellerie	
	b.	cây cần	'Selleriestange'
		Stiel Sellerie	
	c.	lá cần	'Sellerieblatt'
		Blatt Sellerie	
	d.	củ cần	'Sellerie(knolle)'
		Knolle Sellerie		(Löbel 1996:139)

34 Ausführlich hierzu Löbel (1995) und insbesondere (1996).

Auch die Teil-von-Bezeichnungen in (53) können wieder als Ganzes konzipiert sein, d. h. sie sind nicht auf die Klassifikatorposition festgelegt (54a); dieser Aspekt gilt auch für sehr allgemeine Klassifikatoren wie *cái* 'Ding, Stück' oder *con* 'Lebewesen, Tier' (54b):

(54) a. một cái lá — 'ein (einzelnes) Blatt'
ein Klf Blatt

b. một chục con — 'ein Dutzend (für Tiere etc.)'
ein Dutzend Lebewesen

Abstrakte Maßeinheiten wie *lít* 'Liter' (55a) sind dagegen auf die Klassifikatorposition festgelegt und bezeichnen daher immer 'eine Einheit' ('unit counter' im Sinne von Greenberg (1974)). Komplementär dazu verhalten sich Massennomina beziehungsweise Bezeichnungen für Substanzen, die niemals in der Lage sind, als 'unit counter' fungieren zu können:

(55) a. *một chục lít — 'ein Dutzend Liter'
ein Dutzend Liter

b. *ba bia — 'drei Bier'
drei Bier

Entscheidend für die Nomina des Vietnamesischen, die lediglich Konzepte bezeichnen, ist also, ob diese im Sinne von Greenberg (1974:24) als strukturiert konzeptualisiert sind oder nicht.[35] Erstere sind, da sie nicht auf die Klassifikatorposition festgelegt sind, systematisch unterspezifiziert, so daß man folgende Gegenüberstellung erhält (Löbel 1995:25f.):

I. MassenN: [+N, -strukturiert, -gegliedert][36]
II. Maßwörter: [+N, -strukturiert, +gegliedert]
III. IndN: [+N, ±strukturiert, ±gegliedert]

(i) in der Klf-Position, d. h. als Klassifikatoren und/oder Teil-von-Bezeichnungen:
[+N, -strukturiert, +gegliedert]

(ii) als Individualnomina:
[+N, +strukturiert, -gegliedert]

Abb. 4. Unterspezifizierte und vollspezifizierte Nomina des Vietnamesischen

Dies bedeutet, daß eine grammatische Funktion, nämlich Q, im Gegensatz zum Deutschen nicht durch ein geschlossenes Set, sondern durch ein offenes Set von Nomina lexikalisch instantiiert sein kann. In diesem Zusammenhang ist es daher interessant, die in der Einleitung (Kapitel 1) genannten Kriterien für funktionale Kategorien nach Abney (1987) auf Klassifikatoren anzuwenden:

---

35 Die in Zubin/Shimojo (1993:499) genannten Nomina wie *honoo* 'flame', *gakubuchi* 'picture frame' etc., die "only with Ø classifier" vorkommen, d. h. nicht klassifiziert werden, legen übrigens nahe, daß auch im Japanischen die meronomische Relation eine wichtige Rolle spielt und es sich zumindest lohnen würde, diesem Aspekt unter der hier vorgestellten Perspektive einmal nachzugehen.

36 Das Merkmal [±gegliedert] stammt, wie oben schon angegeben, aus Vater (1979[=1963]); [-gegliedert] korreliert mit der numerusindifferenten Lesart, [+gegliedert] hingegen mit der Bedeutung 'unit counter' und daher mit der singularischen Interpretation.

Punkt (1) (geschlossene Klasse) trifft, wie oben gezeigt, auf Klassifikatoren nicht zu. Punkt (2) (phonologische und morphologische Abhängigkeit) stellt sich im Vietnamesischen folgendermaßen dar: Klassifikatoren tragen in der entsprechenden Klassifikatorkonstruktion immer den schwächsten Akzent (56a) ("1" steht für den stärksten, "3" für den schwächsten Akzent); die Intonationsverhältnisse sind daher vergleichbar mit denen in deutschen Maßkonstruktionen (56b):

(56) a. 2 3 1
một cành đào 'ein Pfirsichzweig/Zweig eines Pfirsichbaums'
ein Zweig Pfirsich(baum)

b. 2 3 1
một lít sữa 'ein Liter Milch'
ein Liter Milch

Folgendes Beispiel zeigt ferner, daß die Klassifikatorposition dann nicht besetzt sein darf, wenn sich eine Wiederholung identischer Lexeme ergeben würde. In (57) ist *người* 'Mensch', in (58) *cây* 'Stab, Stange' eindeutig Bestandteil des jeweiligen Kompositums. Da die genannten Lexeme aber gleichzeitig aufgrund der taxonomischen Relation als Klassifikatoren für diese Komposita fungieren, darf die Klassifikatorposition nicht besetzt sein, sie ist "phonologisch null"; das bedeutet, daß Abneys Kriterium (2) für diese Fälle auch im Vietnamesischen gilt:

(57) a. *hai người [người đánh cá$]_N$ 'zwei Fischer'
zwei Mensch Mensch fangen Fisch

b. hai Ø$_i$ [người$_i$ đánh cá$]_N$ 'zwei Fischer'
zwei Mensch fangen Fisch

(58) a. *hai cây [cây lau nhà$]_N$ 'zwei Schrubber'
zwei Stab Stab säubern Haus

b. hai Ø$_i$ [cây$_i$ lau nhà$]_N$ 'zwei Schrubber'
zwei Stab säubern Haus

Punkt (3) (funktionale Selektion von IP, VP oder NP) trifft insofern zu, als Nomina in der Klassifikatorposition eine NP selegieren (59a); allerdings ist vor allem im Hinblick auf die in (59b) und (59c) mögliche Kombination mit Klassifikatoren zu fragen, ob hier die Zuweisung einer Thetarolle, nämlich PARTITIV, vorliegt oder nicht. Das Nomen *đào* bezeichnet das Ganze, nämlich 'Pfirsichbaum'; dies bedeutet, daß semantisch gesehen funktionale Selektion nur in (59a) vorliegt, während es sich in (59b) und (59c) um Teil-von-Beziehungen handelt:

(59) a. một cây [đào lớn$]_{NP}$ 'ein großer Pfirsichbaum'
ein Baum Pfirsich(baum) groß(sein)

b. một cành đào 'ein Pfirsichzweig/Zweig eines Pfirsichbaums' [= (56a)]
ein Zweig Pfirsich(baum)

c. một rễ đào 'eine Pfirsichbaumwurzel/Wurzel eines Pfirsichbaums'
ein Wurzel Pfirsich(baum)

Eine explizite Zuweisung der Thetarolle PARTITIV liegt jedoch nicht vor, denn man erhält folgenden Bedeutungsunterschied: Die Verwendung des Lexems *của* 'Besitz, gehören', womit man die Teil-von-Beziehung explizit machen könnte, hat eine andere Lesart zur Folge:

(60) a. một cành của đào
ein Zweig Besitz Pfirsich(baum)
'ein (abgeschnittener) Zweig eines Pfirsichbaums, ein (abgeschnittener) Pfirsichbaumzweig'

b. một bành của xe hơi
ein Rad Besitz Wagen
'ein (abgetrenntes) Rad eines Wagens, ein (abgetrenntes) Wagenrad'

In bezug auf Abneys Kriterium (3) bedeutet dies, daß zwar funktionale Elemente ein Komplement selegieren, aber vor allem die von Abney erwähnte Einschränkung relevant ist, daß diese lediglich "*in general*" kein Argument sind. Dies läßt die Möglichkeit offen, daß das selegierte Komplement durchaus Argumentstatus haben oder, wie hier, eine eigene Thetarolle tragen kann. Ein Vergleich der Beispiele in (60) mit denen in (59) zeigt aber gleichzeitig, daß auch im Vietnamesischen funktionale Elemente nicht von ihrem Komplement getrennt werden können (Abneys Punkt (4)). Dadurch unterscheiden sich Klassifikatorkonstruktionen von Maß- und Kollektivkonstruktionen:[37]

(61) a. một lít đầy sữa 'ein ganzer Liter Milch'
ein Liter voll(sein) Milch

b. một bó đầy bóng 'ein ganzer Strauß Blumen'
ein Strauß voll(sein) Blume

Ein Vergleich der Beispiele (53) und (59) zeigt, daß Klassifikatoren durchaus deskriptiven Gehalt haben, und daß deren Beitrag zur Gesamtbedeutung der Nominalphrase nicht als zweitrangig angesehen werden kann (Abneys Kriterium (5)).[38] Ordnet man die Klassifikatoren in die Abgrenzung zwischen funktionalen und lexikalischen Elementen nach Abney (1987) ein, ergibt sich folgendes Bild:

	Funktionale Elemente	Klassifikatoren	Lexikalische Elemente
Kriterium 1	+	-	-
Kriterium 2	+	+	-
Kriterium 3	+	±	-
Kriterium 4	+	+	-
Kriterium 5	+	-	-

Abb. 5. Klassifikatoren zwischen funktionalen und lexikalischen Elementen

[37] Ausführlich hierzu Löbel (1996), Kapitel 4.

[38] Dies gilt auch für Fälle wie (59a) 'ein Baum Pfirsichbaum', denn die Möglichkeit, ein Nomen durch Bezug auf das Ganze zu klassifizieren, ist gerade dadurch legitimiert, daß eben auch der Bezug auf eines seiner Teile (hier Wurzel, Frucht usw.) möglich ist.

Aufgrund dieser Beobachtungen kann für das Vietnamesische nicht davon ausgegangen werden, daß Klassifikatoren Instantiierungen einer funktionalen Kategorie sind, sondern vielmehr Instantiierungen einer syntaktischen *Funktion*, deren Aufgabe darin besteht, Gliederung zu signalisieren und damit eine Nominalphrase referenzfähig und syntaktisch bezugsfähig zu machen. Während es also in indoeuropäischen Sprachen wie dem Deutschen oder Englischen eine gewisse Korrelation zwischen syntaktischer Funktion und funktionalen Kategorien gibt, muß dies in isolierenden Sprachen nicht notwendigerweise der Fall sein.[39] Aus diesem Grunde schlage ich folgende Struktur vor, die zeigt, daß Singularität durch die *Kombination* zweier Nomina ausgedrückt wird, die in taxonomischer oder meronomischer Relation zueinander stehen. Singularität ergibt sich also erst aufgrund einer bestimmten Konfiguration: [40]

(62) NP [+gegliedert]

N[+gegliedert, -strukturiert] NP[-gegliedert, +strukturiert]

N[+gegliedert, -strukturiert] N[-gegliedert, +strukturiert]

a.	cây Baum	đào Pfirsich(baum)	'(ein) Pfirsichbaum'
b.	cành Zweig	đào Pfirsich(baum)	'(ein) Pfirsich(baum)zweig'
	usw.		

Man könnte nun in bezug auf (62) einwenden, daß hier gar keine NPs vorliegen, sondern Nominalkomposita. Dies ist jedoch nicht der Fall. Entsprechende Komposita, die aus einem als Klassifikator fungierenden Nomen und einem zu klassifizierenden Nomen bestehen, gibt es zwar parallel zu jeder Klassifikatorphrase;[41] eine Interpretation als Kompositum liegt aber nur dann vor, wenn die Position vor dem als Klassifikator fungierenden Nomen nicht besetzt ist beziehungsweise nicht besetzt sein *darf*, was bei Aufzählung und Vorerwähntheit der Fall ist.[42] Interessanterweise sind diese Komposita auch nicht numerusindifferent, sondern ebenso wie die entsprechenden Klassifikatorphrasen singularisch zu interpretieren ("Singulativkomposita").

---

39 Analog dazu verhält sich die große Zahl serieller Verben in diesen Sprachen, die, wie in Bisang (1992) eindrucksvoll gezeigt, neben ihrer Funktion als Vollverb außerdem die Funktion haben, periphere Aktanten wie Benefaktiv, Lokativ etc. zu signalisieren.

40 Diesen Vorschlag verdanke ich Thilo Tappe. Während im Lexikon die Merkmale [gegliedert] und [strukturiert] spezifiziert sind, ist für deren Projektion nur das Merkmal [gegliedert] relevant. Die Struktur (62) zeigt, daß in Analogie zur 'VP-Schale' im Sinne von Larson (1988) eine 'NP-Schale' im Vietnamesischen vorliegt. Zahlen wie *một* 'ein(s)' oder andere quantitative Angaben wie *các* 'alle' stehen in *Spec*NP.

41 Im Japanischen existiert ein ähnliches Phänomen, wie in Shibatani/Kageyama (1988) gezeigt wird, die von 'post-syntactic compounding' sprechen.

42 Ausführlich hierzu Löbel (1996), Kapitel 8.

Auf diese Weise erhält man folgenden Gegensatz:[43]

(63) a. Tôi mua [(một) quả [cam]$_N$]$_{NP}$ 'Ich kaufe *eine* Orange.'
ich kaufen (ein) Frucht Orange
[= Klf]

b. Tôi mua [[quả cam]$_N$]$_{NP}$ 'Ich kaufe *die* Orange.'
ich kaufen Frucht Orange
[= Klf]

Die bisherige Beschreibung läßt den Eindruck entstehen, daß es in der vietnamesischen Nominalphrase keine funktionalen Kategorien gibt. Das ist jedoch nicht der Fall. Das Lexem *cái*, das als allgemeiner Klassifikator die Bedeutung 'Ding, Stück' hat, erfüllt nämlich noch zwei andere Funktionen: Es signalisiert (1) Kontrast, was in den Grammatiken als separate Konstruktion ausgewiesen ist ("extra *cái*", Emeneau (1951:97f.)), sowie (2) Restriktivität; diese Konstruktion wird in den vietnamesischen Grammatiken als *mạo-từ* 'Kronenwort, aufgesetztes Wort (abgekürzt MT)' bezeichnet. Die Kombination zweier Lexeme wie beispielsweise *cái nhà* (*nhà* 'Haus') läßt daher je nach Distribution die folgenden Lesarten zu:

(64) a. Singulativkompositum:
[cái nhà]$_N$ 'Haus' (wörtlich: 'Hausding')
Klf Haus

b. Klassifikatorphrase:
(một) cái nhà 'ein Haus'
ein Klf Haus

c. "extra *cái*"-Konstruktion:
hai cái [*(cái) nhà]$_N$ 'zwei Häuser' (kontrastiv)
zwei extra *cái* Klf Haus

d. "*mạo-từ*"-Konstruktion:
cái [nhà lớn]$_{NP}$ 'das(jenige) Haus, das groß ist'
MT Haus groß (sein)

Diese Konstruktionen werden im nächsten Abschnitt beschrieben.

3.3 Funktionale Kategorien der vietnamesischen Nominalphrase

In (63) wurde illustriert, daß die Objekt-NP je nach Kontext als NP oder als Kompositum, das als NP fungiert, interpretiert werden kann. In folgendem Beispiel (65) ist jedoch die Interpretation von *cây tre* 'Bambuspflanze' nur als Kompositum möglich; hier liegt ein "erzwungenes",[44] syntaktisch bedingtes Kompositum vor:

---

43 Graphisch ist dieser Unterschied nicht zu erkennen, zeigt sich aber an der Intonation: In (a) liegt der primäre Akzent auf *cam* 'Orange', in (b) auf dem als Klassifikator fungierenden Nomen *quả* 'Frucht'.

44 Die in den vietnamesischen Grammatiken üblichen Bezeichnungen für diesen Kompositionstyp zeigen deutlich, daß es sich um syntaktisch bedingte Komposita handelt:

(65) năm cái cây tre này
fünf 'extra *cái*' Baum [= Klf] Bambus Demonstrativ
'these five bamboo plants' (Dương 1971:118)

Streng genommen liegt hier die Abfolge zweier Klassifikatoren vor, und dies ist im Vietnamesischen nicht erlaubt. Aus diesem Grunde fungiert *cây* 'Baum, Pflanze (hier: Klassifikator zu *tre* 'Bambus')' als Bestandteil des Kompositums *cây tre* 'Bambuspflanze'. Dieses "extra *cái*" selegiert demnach eine NP mit einem Nominalkompositum als Kopf, welcher das Merkmal [+gegliedert] enthält:

(66)

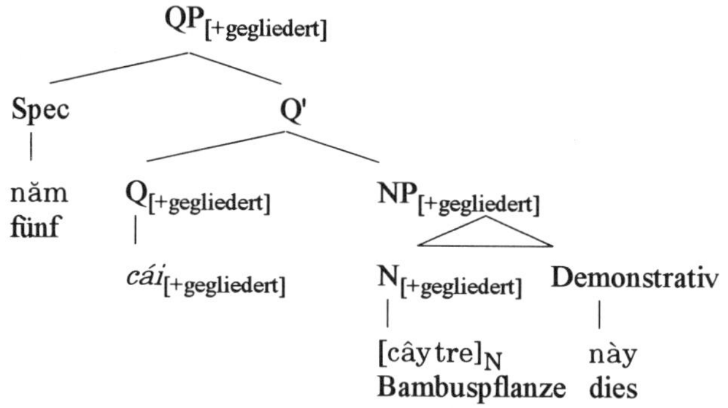

Die Annahme einer funktionalen Kategorie für "extra *cái*" scheint mir insofern gerechtfertigt, als in dieser Position nur dieses eine Element möglich ist, es sich dabei also um eine "geschlossene Klasse" handelt. Da sowohl das Kompositum als auch das "extra *cái*" das Merkmal [+gegliedert] enthalten, liegt hier, um dieses Wortspiel zu gebrauchen, "doppelte Gliederung" vor; diese hat die Funktion, Kontrast zu signalisieren, was als eine spezielle Form referentieller Gliederung aufgefaßt werden kann. Beispiel (65) ist daher im Deutschen genauer mit 'diese fünf *Bambus*pflanzen (im Gegensatz zu anderen Pflanzen)' wiederzugeben. Die andere Konstruktion, die ebenfalls durch *cái* ausgedrückt wird, aber im Gegensatz zu dem erwähnten "extra *cái*" noch über eine pluralische, mit dem Pluralmarker *những* realisierte Variante verfügt, ist das sogenannte *mạo từ* 'Kronenwort, aufgesetztes Wort' (abgekürzt MT). Diese vorwiegend auf die Subjektposition des Satzes beschränkte Konstruktion signalisiert nicht Kontrast, sondern Restriktivität. Ihre primäre Funktion besteht darin, einen Satz als NP mit restriktiver Lesart zu kennzeichnen, wie folgendes Zitat aus Dương (1971:119) zeigt:

> "Another function of the identifier *cái* is to make a free non-introduced clausid [= Satz, E.L.] into an included or bound clausid. *Con chó gặm xương* 'A dog chews bones', for example, is a free sentence or clausid. With the addition of the identifier *cái*, it becomes an included clausid, that is, a clausid which cannot occur alone as a sentence. This type of included clausid usually occurs in the *subject position* in a sentence" (Hervorhebung von mir, E.L.).

(i) tạm gỉa định loại từ
zeitweilig falsch bestimmen Art Wort

(ii) cưỡng định loại từ
zwingen bestimmen Art Wort

Damit erhält man folgende Gegenüberstellung:

(67) a. Con chó gậm xương
Klf Hund kauen Knochen
'Ein Hund kaut Knochen.'

b. [Cái [con chó gậm xương]$_{Satz}$]$_{NP}$ là con Vện.
MT Klf Hund kauen Knochen sein Klf Ven
'Der(jenige) Hund, der Knochen kaut, ist Ven.' (Dương 1971:119)

Ein weiteres Beispiel für die entsprechende pluralische Variante ist (68):

(68) a. Ông Ba ở phố Gia Long
Herr Ba wohnen (in) Straße Gia Long
'Herr Ba wohnt in der Gia-Long-Straße.' (Dương 1971:118)

b. [Những [ông Ba ở phố Gia Long]$_{Satz}$]$_{NP}$
MT Herr Ba wohnen (in) Straße Gia Long
'Die (Herren) Bas, die in der Gia-Long-Straße wohnen'

Dieser Konstruktionstyp ist allerdings nicht darauf beschränkt, aus einem Satz eine restriktive NP zu bilden, wie folgendes Beispiel zeigt:

(69) a. máy bay Mỹ 'amerikanische(s) Flugzeug(e)'
Flugzeug amerikanisch

b. [cái [máy bay Mỹ]$_{NP}$]$_{NP}$ 'das(jenige) amerikanische Flugzeug, das ...'
MT Flugzeug amerikanisch

c. [những[máy bay Mỹ]$_{NP}$]$_{NP}$ 'die(jenigen) amerikanischen Flugzeuge, die ...'
MT Flugzeug amerikanisch

Dies bedeutet, daß *cái* beziehungsweise *những* als *mạo-từ* 'Kronenwort' nicht darauf festgelegt sind, eine NP zu selegieren, sondern eine XP (Satz oder NP). Dieser Konstruktion kann daher anhand von Beispiel (69b) folgende Struktur zugeordnet werden:

(70)

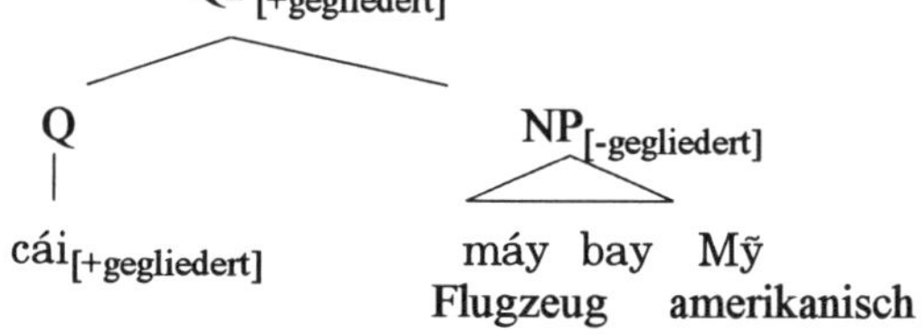

Die bisherigen Ausführungen zeigen, daß sich in der vietnamesischen NP durchaus funktionale Kategorien nachweisen lassen, die sich dadurch von Klassifikatoren unterscheiden, daß sie ein geschlossenes Set bilden. Diese funktionalen Kategorien sind allerdings nicht in dem Sinne obligatorisch, wie dies in den uns bekannten indoeuropäischen Sprachen der Fall ist, was wohl nicht zuletzt durch den isolierenden Charakter des Vietnamesischen bedingt ist.

4 Zusammenfassung und Ausblick

In bezug auf Numerus als funktionale Kategorie im Swahili wurde gezeigt, daß die in Carstens (1991) vertretene These, Belebtheit inhäriere dem Nominalstamm, nicht zutreffend ist. Ferner ist die Annahme nominaler Nullaffixe ebenfalls problematisch, vor allem im Hinblick auf die in Beispiel (29) illustrierten Fälle wie *chungwa* 'Orange(nfrucht)' und *mchungwa* 'Orangenbaum'; die mit "semantischer Subtraktion" erklärte Verteilung der Nominalklassen zwischen denen der Früchte und denen der Bäume ist deswegen problematisch, weil ihr die Verhältnisse im Englischen zugrunde liegen. Eine weitere Klasse, die mit Nullaffigierung erklärt wird, sind Abstrakta. Hierzu werden unter anderem folgende Beispiele genannt:

(71) SWA	a. -toto	'child'	*u-* Kl.14	toto	'childhood'	
	b. -refu	'tall'	*u-* Kl.14	refu	'height'	
	c. -zuri	'good'	*u-* Kl.14	zuri	'goodness'	
	d. -soma	'read'	**u-* Kl.14	soma	'study'	(Carstens 1991:40)

Wie (71) zeigt, werden mit dem Präfix *u-* (Nominalklasse 14) Abstrakta von Nominal- und Adjektivstämmen gebildet, d. h. von Stämmen mit dem Merkmal [+N], nicht aber von solchen mit dem Merkmal [+V].[45] Diese Abstrakta gehören zu einer Gruppe G, die wie folgt charakterisiert ist:

> "Group G has only one member, a null nominal affix with the semantic feature [+abstract]. [...] Members of Group G have *no clear status* with respect to the concepts singular and plural; they are rather *like mass nouns* in this respect. I will *arbitrarily* assume that Group G nouns acquire the *u-* prefix by a rule of singular formation" (Carstens 1991:41, Hervorhebungen von mir, E.L.).

Man erhält also ihr zufolge eine durch ein Nullaffix abgeleitete semantische Klasse von Abstrakta, die sicher nicht zuletzt aus semantischen Gründen als *singularia tantum* bezeichnet werden können. Leider wird allerdings nicht erläutert, wie die von ihr erwähnten Massennomina, genauer: Bezeichnungen von Substanzen, beschrieben werden:

---

[45] Das Präfix *ku-* (Nominalklasse 15) wird für Verbalstämme und deren nominale Ableitung verwendet. Carstens (1991:180f.) unterscheidet zwischen Selektion eines V°-Komplements für Infinitive (hierzu (i)), und Selektion eines VP-Komplements für Gerundialkonstruktionen:

(i) X
X V
ku imba
15 sing (Carstens 1991:181)

(72) a. ma- ji 'Wasser'
Kl.6

b. ma- futa 'Öl'
Kl.6

c. ma- ziwa 'Milch
Kl.6 (Brauner/Herms 1979:101)

Das Nominalklassenpräfix *ma-* ist der Plural der Klasse 5/6 (hierzu Beispiel (4)). Zu dieser Klasse heißt es in Brauner/Herms (1979:101), daß deren Bedeutungsbereich "sehr umfangreich [ist], zu ihr gehören paarweise vorhandene Körperteile, Früchte, besonders große Dinge, Flüssigkeiten, [...]". Man könnte die Beispiele in (72) daher als *pluralia tantum* bezeichnen. Würde man diese Nomina analog zu denen in (71) beschreiben, müßte auch hier ein Nullaffix mit dem semantischen Merkmal [+mass] angenommen werden. Damit entsteht jedoch das Problem der Merkmalzuordnung für folgende Nomina, von denen es heißt, daß "[v]iele von Verben abgeleitete Substantive Pluralbegriffe [sind]" (Brauner/Herms 1979: 101f.):

(73) a. *ma-* kao 'Sitz' (von *-kaa* 'sitzen, wohnen')[46]
Kl.6

b. *ma-* fanikio 'Erfolg' (von *-fanikia* 'Erfolg haben')
Kl.6

c. *ma-* somo 'Unterricht, Studium (von *-soma* 'lesen')
Kl.6 (Brauner/Herms 1979:101)

Die Beispiele (71) bis (73) zeigen, daß es eine ganze Reihe von Nomina gibt, die entweder auf die Singular- oder auf die Pluralklasse festgelegt sind. Auf diesem Hintergrund müßte daher Carstens wichtigste These, daß zwar Genus dem Nomen oder Nominalstamm inhäriert, nicht aber Numerus, überprüft werden. Für die im Zusammenhang mit Beispiel (71) erwähnte Regel der Singularbildung müßte analog für (72) und (73) eine Regel der Pluralbildung angenommen werden. Wenn ein Nomen nur in einer bestimmten Singular- oder Pluralklasse vorkommt, ist dies sicher eine Frage des Lexikons. Die These, Numerus sei nur eine Ausbuchstabierung von Genus, wäre daher, wenn überhaupt, vorwiegend sinnvoll für Nomina, die eine Singular/Plural-Opposition aufweisen. Ferner ist zu überlegen, ob in Anbetracht der Beispiele (71) bis (73) nicht eher ein Grenzbereich zwischen Derivation und Flexion vorliegt. Diese und ähnliche Phänomene haben Spencer (1991:197) zufolge viele Linguisten dazu veranlaßt, eine Unterscheidung zwischen Derivation und Flexion aufzugeben, denn "there never seems to be a principled morphological distinction between the two types of morphological process, in the

---

[46] Das Suffix *-o* dient zur Ableitung von Substantiven aus Verben; so erhält man zum Beispiel von *-soma* 'lesen' folgende Ableitungen:

(i) som-o 'Lektion'
lesen

(ii) ma-som-o 'Studium' [= (73c)]
Kl.6-lesen

(iii) ki-som-o 'Erwachsenenbildung'
Kl.7-lernen (Brauner/Herms 1979:255)

sense that the morphological devices of affixation, phonological processes and so on are just as likely to be used for derivation as for inflection" (Spencer 1991:197).

Die zitierten Beispiele zeigen außerdem, daß im Swahili keinesfalls davon ausgegangen werden kann, daß der deskriptive Gehalt von Nominalklassen in irgendeiner Weise zweitrangig ist (Abneys Kriterium (5)); dies wird vor allem anhand der Beispiele (22) und (29) deutlich.[47] Ordnet man in Ergänzung zu Abbildung (5) auch die Nominalklassen in den Kriterienkatalog von Abney (1987) ein, ergibt sich abschließend folgendes Bild:

Kriterium	Funktionale Kategorien	Nominalklassen	Klassifikatoren	Lexikalische Kategorien
1. Geschlossene Klasse	+	+	-	-
2. Phonologische/ morphologische Abhängigkeit	+	+	+	-
3. Funktionale Selektion	+	+	±	-
4. Nichttrennbarkeit vom Komplement	+	+	+	-
5. Kein deskriptiver Gehalt	+	-	-	-

Abb. 6. Nominalklassen und Klassifikatoren zwischen funktionalen und lexikalischen Kategorien

Daraus ist der Schluß zu ziehen, daß die Zuordnung zu funktionalen oder lexikalischen Kategorien keinesfalls immer eindeutig ist, sondern daß mit Abstufungen gerechnet werden muß.

Für das Vietnamesische konnte im Zusammenhang mit den Beispielen (52) bis (55) gezeigt werden, daß auch in dieser Sprache zwischen Nomina unterschieden werden kann, die auf eine singularische Interpretation festgelegt sind (abstrakte Maßbezeichnungen) und solchen, die dazu nicht in der Lage sind (Massennomina beziehungsweise Nomina, die nichtstrukturierte Konzepte bezeichnen). Die anderen Nomina sind in bezug auf diese Opposition unterspezifiziert, die jeweilige Interpretation ergibt sich erst aufgrund der Kombination mit einem zu klassifizierenden Nomen (hierzu Beispiele (52) und (53)).

In diesem Zusammenhang ist allerdings noch auf folgende Besonderheit hinzuweisen: Die Beispiele (47) bis (49) zeigen, daß die An- vs. Abwesenheit eines Klassifikators damit korreliert, ob eine Nominalphrase syntaktisch bezugsfähig ist oder nicht. Ein anderer Aspekt, der davon unabhängig ist, läßt sich mit folgendem Kontrast zeigen:

(74) a. một *cái* làng ở huyêm Nam-Xương
ein *Klf* Dorf in Gemeinde Nam-Xuong
'*ein* Dorf in der Gemeinde Nam-Xuong'

---

47 Dieses Kriterium ist der prinzipielle Unterschied zwischen Nominalklassen und Genus in indoeuropäischen Sprachen. Ausführlich hierzu Walter (1982).

b. một Ø làng ở huyêm Nam-Xương
ein Dorf in Gemeinde Nam-Xuong
'*das* (eine) Dorf in der Gemeinde Nam-Xuong'

Die NP ohne Klassifikator in (74b) ist im Gegensatz zu derjenigen in (48a) durchaus bezugsfähig; das Fehlen des Klassifikators signalisiert im vorliegenden Fall, daß *làng* 'Dorf' als Funktionalbegriff (Löbner 1985:293) verwendet ist. Funktionalbegriffe identifizieren ihren Referenten und stehen im Gegensatz zu Sortalbegriffen, die lediglich klassifizierende Funktion haben und ein Nebeneinander mehrerer potentieller Referenten implizieren. Dies liegt, wie die deutsche Übersetzung zeigt, in (74a) vor.[48] Die Funktion des Klassifikators ist also auch hier, (referentielle) Gliederung zu signalisieren; syntaktische Referentialität beziehungsweise Bezugsfähigkeit ist daher sekundär. Die Übersetzung von *một cái làng* in (74a) mit 'ein Dorf' und von *một làng* in (74b) mit 'das (eine) Dorf' zeigt, daß die An- vs. Abwesenheit eines Klassifikators auch mit Definitheit und damit Überlegungen zur funktionalen Kategorie D korreliert. Auf diesem Hintergrund ergeben sich interessante Vergleichsmöglichkeiten zu anderen artikellosen Sprachen wie beispielsweise Finnisch (Chesterman 1991), wo das Kriterium der Teilbarkeit eine wichtige Rolle für die Interpretation einer NP als definit oder indefinit spielt.[49]

Von Noyer (1995) ist in einem Diskussionspapier darauf hingewiesen worden, welche Schwierigkeiten im Vietnamesischen im Zusammenhang mit der Definition des Wortbegriffs entstehen; die üblichen allomorphischen (1) und morphonologischen (2) Kriterien, aber auch solche wie das der Opazität gegenüber allen Operationen auf Satzebene (3) oder der potentiell idiomatische Charakter komplexer Wörter (4) lassen sich auf das Vietnamesische nicht anwenden. In diesem Zusammenhang heißt es bei ihm: "Vietnamese is a challenge to all four criteria".[50] Die vorliegenden Ausführungen sollten zeigen, daß Vietnamesisch nicht nur für die Wortebene, sondern auch für die Syntax der Nominalphrase und für die Existenz beziehungsweise Definition funktionaler Kategorien eine Herausforderung darstellt.

Literatur

Abney, Stephen P. (1987): The English noun phrase in its sentential aspect. – PhD Dissertation, Cambridge, Mass.: MIT.

Baker, Mark C. (1988): Incorporation: A Theory of Grammatical Function Changing. – Chicago: The University of Chicago Press.

Biermann, Anna (1982): "Die grammatische Kategorie Numerus". – In: H. Seiler, C. Lehmann (Hgg.): Apprehension. Das sprachliche Erfassen von Gegenständen. Teil I: Bereich und Ordnung der Phänomene (Tübingen: Narr) (Language Universals Series 1/I) 229-243.

Bierwisch, Manfred (1982): "Semantische und konzeptuelle Repräsentation lexikalischer Einheiten". – In: Studia Grammatica XXII, 61-99.

Bisang, Walter (1992): Das Verb im Chinesischen, Hmong, Vietnamesischen, Thai und Khmer. – Tübingen: Narr.

Boelaars, J. Henri M. C. (1950): The Linguistic Position of South-Western New Guinea. – Leiden: Brill.

---

48 Ausführlich hierzu Löbel (1995a) und (1996), Kapitel 8.

49 Hierzu Löbel (1996a).

50 Hierbei handelt es sich um den Vortrag "Vietnamese 'Morphology' and the Definition of Word", den Rolf Noyer (Brown University) im Rahmen der 'International Conference on Lexical Structures' (Wuppertal, August 1995) gehalten hat. Das Zitat stammt aus seiner Tischvorlage.

Brauner, Siegmund (1979): "Aktuelle Tendenzen der Entwicklung der Konkordanzbeziehungen im Swahili". – In: Zeitschrift für Phonetik, Sprachwissenschaft und Kommunikationsforschung 32, 422-428.

Brauner, Siegmund, Irmtraud Herms (1979): Lehrbuch des modernen Swahili. – Leipzig: VEB Verlag Enzyklopädie.

Bresnan, Joan, S. A. Mchombo (1989): On the syntax of Bantu Noun Class prefixes. – Manuskript, Berkeley.

Carstens, Vicki (1991): The Morphology and Syntax of Determiner Phrases in Kiswahili. – PhD Dissertation, UCLA.

Chesterman, Andrew (1991): On definiteness. A study with special reference to English and Finnish. – Cambridge: Cambridge University Press (Cambridge Studies in Linguistics 56).

Chomsky, Noam (1992): A Minimalist Program for Linguistic Theory. – MIT Occasional Working Papers in Linguistics 1.

Churchward, C. Maxwell (1953): Tongan Grammar. – London: Oxford University Press.

Corbett, Greville G. (1991): Gender. – Cambridge: Cambridge University Press.

– (1992): A Typology of Number Systems. – Eurotyp Working Papers No. 15.

Craig, Colette (ed.) (1986): Noun Classes and Categorization. – Amsterdam/Philadelphia: Benjamins (Typological Studies in Language 7).

Dixon, Robert M.W. (1986): "Noun Classes and Noun Classification in Typological Perspective". – In: C. Craig (ed.): Noun Classes and Categorization (Amsterdam/Philadelphia: Benjamins) (Typological Studies in Language 7) 105-112.

Duden, Band 4: (^{5}1995): Grammatik der deutschen Gegenwartssprache. – Mannheim: Bibliographisches Institut.

Dryer, Matthew (1989): "Plural words". – In: Linguistics 27, 865-895.

Dương, Than Bình (1971): A Tagmemic Comparison of the Structure of English and Vietnamese Sentences. – Den Haag/Paris: Mouton (Janua Linguarum, Series practica 110).

Emeneau, M. B. (1951): Studies in Vietnamese (Annamese) Grammar. – Berkeley, Los Angeles: University of California (Publications in Linguistics 8).

Fabri, Ray (1994): "The syntax of numerals in Maltese". – In: J. M. Brincat (ed.): Languages of the Mediterranean. Substrata – The Islands – Malta. (University of Malta: The Institute of Linguistics) 228-239.

Givón, Talmy (1971): "Some historical changes in the noun-class system of Bantu, their possible causes and wider implications". – In: C.-W. Kim, H. Stahlke (eds.): Papers in African Linguistics. Edmonton: Linguistic Research Inc. 33-54.

Greenberg, Joseph H. (1974): "Numeral classifiers and substantival number. Problems in the genesis of a linguistic type". – In: L. Heilmann (ed.): Proceedings of the 11th International Congress of Linguists (Bologne) 17-37.

Karow, Otto (1972): Vietnamesisch – deutsches Wörterbuch. Wiesbaden: Otto Harrassowitz.

Key, H. (1967): Morphology of Cayuvava. – Den Haag: Mouton.

Kiparsky, Paul (1982): "Lexical Phonology and Morphology". – In: Linguistics in the Morning Calm. Seoul: Hansin.

Kitahara, Hisatsugu (1993): "Numeral classifier phrases inside DP and the specificity effect". – In: S. Choi (ed.): Japanese/Korean Linguistics (Stanford University: Stanford Linguistics Association) (Volume 3) 171-186.

Kölver, Ulrike (1982): "Klassifikatorkonstruktionen in Thai, Vietnamesisch und Chinesisch. Ein Beitrag zur Dimension der Apprehension". – In: H. Seiler, C. Lehmann (Hgg).: Apprehension. Das sprachliche Erfassen von Gegenständen. Teil I: Bereich und Ordnung der Phänomene (Tübingen: Narr) (Language Universals Series 1/I) 160-185.

Larson, Richard K. (1988): "On the double object construction". – In: Linguistic Inquiry 17, 335-391.

Löbel, Elisabeth (1995): Classifier systems vs. noun class systems – A case study in Vietnamese. – Theorie des Lexikons [= Arbeiten des Sonderforschungsbereichs 282] 74. Universität Düsseldorf. – Erscheint in: Barbara Unterbeck (ed.): Approaches to Gender. (Berlin: Mouton de Gruyter).

– (1995a)(im Druck): "Function and Use of Vietnamese Classifiers". – In: E. Weigand, F. Hundsnurscher (Hgg.): Lexical Structure and Language Use. Lexikon und Sprachgebrauch. – (Tübingen: Niemeyer) (Linguistische Arbeiten).

– (1996): Klassifikatoren. Eine Fallstudie am Beispiel des Vietnamesischen. – Habilitationsschrift, Universität zu Köln.

– (1996a): Determination in artikellosen Sprachen: Finnisch und Vietnamesisch. – Manuskript, Universität zu Köln.

Löbner, Sebastian (1985): "Definites". – In: Journal of Semantics 4, 279-326.

Mufwene, Salikoko S. (1980): "Bantu class prefixes: Inflectional or derivational?". – In: J. Kreiman, A. E. Ojeda (eds): Papers from the 16th Regional Meeting, Chicago Linguistic Society (Chicago: The University of Chicago Press) 246-258.

Muromatsu, Keiko (1995): "The Classifier as a Primitive: Individuation, Referability, and Argumenthood". – In: GLOW Newsletter 34, 38-39.

Myers, S. (1987): Tone and the Structure of Words in Shona. – PhD Dissertation, Amherst: University of Mass.

Ritter, Elizabeth (1991): "Two Functional Categories in Noun Phrases: Evidence from Modern Hebrew". – In: S. D. Rothstein (ed.): Perspectives on Phrase Structure: Heads and Licensing. (New York: Academic Press) (Syntax and Semantics Vol. 25) 37-62.

Shibatani, Masayoshi, Taro Kageyama (1988): "Word formation in a modular theory of grammar: a case of post-syntactic compounds in Japanese". – In: Language 64, 451-484.

Spencer, Andrew (1991): Morphological Theory. An introduction to Word Structure in Generative Grammar. – Oxford: Blackwell.

Sproat, Richard (1985): On Deriving the Lexicon. – MIT: Unpublished PhD dissertation.

Tang, Chi-Chen Jane (1990): "A note on the DP analysis of the Chinese noun phrase". – In: Linguistics 28, 337-354.

Trương, Van Chỉnh (1970): Structure de la Langue Vietnamienne. – Paris: Librairie Orientaliste Paul Geuthner.

Vater, Heinz (^{2}1979[=1963]): Das System der Artikelformen im gegenwärtigen Deutsch. – Tübingen: Niemeyer (Linguistische Arbeiten 78).

– (1982): "Der 'unbestimmte' Artikel als Quantor". – In: W. Welte (Hg.): Sprachtheorie und Angewandte Linguistik: Festschrift für Alfred Wollmann zum 60. Geburtstag. (Tübingen: Narr) 67-74.

– (1984): "Determinantien und Quantoren im Deutschen". – In: Zeitschrift für Sprachwissenschaft 3, 19-42.

Walter, Heribert (1982): "Genus- und Nominalklassensysteme und die Dimension der Apprehension". – In: H. Seiler, C. Lehmann (Hgg.): Apprehension. Das sprachliche Erfassen von Gegenständen. Teil I: Bereich und Ordnung der Phänomene (Tübingen:Narr) (Language Universals Series 1/I) 217-228.

Wurzel, Wolfgang Ullrich (1986): "Die wiederholte Klassifikation von Substantiven. Zur Entstehung von Deklinationsklassen". – In: Zeitschrift für Phonetik, Sprachwissenschaft und Kommunikationsforschung 39, 76-96.

Zubin, David A., Mitsuaki Shimojo (1993): "How 'general' are general classifiers? with special reference to *ko* and *tsu* in Japanese". – In: J. S. B. Guenter, A. Kaiser, Ch. C. Zoll (eds.): Proceedings of the 18th Annual Meeting, Berkeley Linguistic Society (Berkeley: Linguistic Society) 490-502.

Gisa Rauh

Englische Präpositionen zwischen lexikalischen und funktionalen Kategorien

Abstract

Given the division of grammatical categories into lexical and functional ones, the allocation of prepositions obviously poses a problem since three diverging suggestions are provided in the relevant literature: 1) Prepositions represent a lexical category (e.g. Fukui/Speas 1986), 2) they represent a functional category (e.g. Grimshaw 1991) and 3) they straddle the line between the two category types (e.g. Abney 1987). In this paper it is demonstrated that all three of these suggestions are, in fact, adequate that, however, three grammatically distinct types of prepositions have to be distinguished. Of these, the first exhibits all the properties of lexical categories, the second (almost) all the properties of functional categories and the third a mixture of the two. A feature-based description of elements of all three types is provided which explicitly represents their characteristics.

An important aspect of the discussion is one that transcends the case of prepositions: It is argued that feature-based category definitions need to be developed that include theta-features, case-features and presumably others as category-defining elements in addition to [±N, ±V], which in general are considered the only relevant features. Starting from a broader, multiple-module oriented feature base will allow an explicit definition of a number of categories as natural classes of which lexical and functional categories, prototypic verbs, nouns, adjectives and adverbs or prepositions, as well as systematic variants or deviations, represent examples.

1 Einleitung

Ausgelöst durch die grundlegenden Arbeiten von Abney (1987) sowie Fukui (1986) und Fukui/Speas (1986) wird die Menge der syntaktischen Kategorien in jüngeren Varianten der Prinzipien- und Parametertheorie (PPT) in zwei prinzipiell verschiedene Klassen, in lexikalische und funktionale Kategorien eingeteilt.[1] Diese Einteilung basiert auf je spezifischen Eigenschaften, die Elemente der beiden Klassen als Köpfe endozentrischer Konstruktionen im Hinblick auf den Aufbau von Phrasenkategorien aufweisen. Sie ist verwandt mit der im Rahmen des Strukturalismus postulierten, inzwischen traditionellen Einteilung in *parts of speech* und *function words* (vgl. z.B. Fries 1952), schafft im Gegensatz zu dieser jedoch aufgrund der Identifikation von expliziten, definierenden Eigenschaften eine objektive Grundlage für die Zuordnung sprachlicher Einheiten zu der einen oder anderen Klasse.

Wie so oft in der grammatischen Beschreibung, so stellt auch in bezug auf die Zuordnung zu lexikalischen oder funktionalen Kategorien die traditionelle Kategorie der Präpositionen – insbesondere der englischen, die hier betrachtet werden soll – ein Problem dar.[2] So ordnet

---

[1] Eine zusammenfassende Darstellung der PPT, die auch die Einteilung in lexikalische und funktionale Kategorien berücksichtigt, geben Chomsky/Lasnik (1993).

[2] Als problematisch hinsichtlich ihrer Einordnung als *parts of speech* oder *function words* haben beispielsweise Gleason (1955, ²1961:158), Hockett (1958:192), Quirk (1962, ²1968:78) Präpositionen betrachtet. Der Grund dafür ist der, daß zumindest ein Teil der Präpositionen über einen eigenständigen

Abney (1987:63) auf der Grundlage seiner Kriterien (vgl. dazu Abschnitt 2) die traditionellen Kategorien V(erb), N(omen), A(djektiv) und Adv(erb) zweifelsfrei der lexikalischen, in seiner Terminologie "thematischen" Klasse zu, die er durch das Merkmal [-F] beschreibt, und die im Rahmen der X-bar-Syntax (vgl. Chomsky 1986) identifizierten Kategorien I(nflection), C(omplementizer) und D(eterminer) der funktionalen Klasse, der er das Merkmal [+F] zuordnet. Die traditionelle Kategorie der Präpositionen führt er mit einem Fragezeichen versehen in der Klasse der lexikalischen/thematischen Elemente auf und führt dazu aus: "P seems to straddle the line between functional and thematic elements, one might wish to treat it as unspecified for [±F]." (Abney 1987:63).

Im Gegensatz zu Abney ordnen Fukui (1986:28) und Fukui/Speas (1986:129) Präpositionen zweifelsfrei als lexikalische Kategorien ein, ohne allerdings ihre spezifischen Eigenschaften zu diskutieren. Grimshaw (1991:3, 6, 8) wiederum klassifiziert Präpositionen als funktionale Kategorien, denen sie in ihrem Beschreibungssystem eine Position im funktionalen Überbau der erweiterten Projektion der lexikalischen Kategorie N zuweist. Sie weist allerdings auf eine Sonderstellung von Präpositionen hin, indem sie für die Kategorie P – wie für lexikalische Kategorien, jedoch im Gegensatz zu anderen funktionalen – die Eigenschaft der semantischen Selektion andeutet (Grimshaw 1991:41). Über Andeutungen gehen die Ausführungen jedoch nicht hinaus.

Die unentschiedene oder widersprüchliche Einordnung von Präpositionen zwischen den Klassen der lexikalischen und funktionalen Kategorien knüpft an an die ebenso unentschiedene oder widersprüchliche Charakterisierung von Elementen dieser traditionellen Kategorie in früheren Ansätzen der grammatischen Beschreibung, die in Rauh (1990, 1991, 1993a, 1995) aufgezeigt und kritisch bewertet wird. Als Grund für die problematische Beschreibung wird dort herausgestellt, daß in Ansätzen, die zu divergierenden Ergebnissen kommen, jeweils eine Teilmenge der betroffenen Einheiten betrachtet und deren Eigenschaften mutatis mutandis auf die Beschreibung der Gesamtmenge übertragen wird. Ausführliche empirische Untersuchungen[3] haben demgegenüber ergeben, daß die Menge der Elemente, die der traditionellen Charakterisierung von Präpositionen genügen, in signifikanter Weise grammatisch heterogen ist.[4] Auf der Basis von Projektionseigenschaften präpositionaler Köpfe und unter Berücksichtigung der Lizensierung von [P+NP]-Konstruktionen lassen sich deutlich verschiedene Klassen identifizieren. Entsprechend wird in Rauh (1995) eine Typologie englischer Präpositionen erstellt, die fünf Typen umfaßt. Von diesen sind drei grundlegend, während zwei jeweils über Lexikalisierungsprozesse erklärt werden können. Es ist das Ziel des vorliegenden Aufsatzes, auf der Grundlage der empirischen Untersuchungen und unter Berücksichtigung der

---

semantischen Gehalt verfügt, was für *function words* nicht vorgesehen ist. Auf weitere kontroverse Beschreibungen von Präpositionen unter unterschiedlichen Gesichtspunkten weisen Rauh (1990, 1991, 1993a, 1995) hin.

3 Die Untersuchungen wurden im Rahmen des SFB-Projektes "Syntaktische Eigenschaften englischer Präpositionen im Lexikon" (SFB 282 "Theorie des Lexikons") durchgeführt.

4 Auf die Notwendigkeit zur grammatischen Unterscheidung von adverbialen und nicht-adverbialen Präpositionen weist – bezogen auf das Deutsche – bereits Steinitz (1969) hin. Verglichen mit den hier in Abschnitt 3 vorgestellten Typen englischer Präpositionen kann eine Entsprechung von adverbialen Präpositionen und lexikalischen gemeinsam mit den grammatischen Präpositionen festgestellt werden sowie eine von nicht-adverbialen und regierten Präpositionen.

in Rauh (1995) erstellten Typologie explizit zu zeigen, in welcher Weise englische Präpositionen einerseits Eigenschaften lexikalischer Kategorien und andererseits Eigenschaften funktionaler Kategorien aufweisen. Zu diesem Zweck werden im folgenden zunächst signifikante Eigenschaften der beiden Kategorientypen einander gegenübergestellt (Abschnitt 2). Dabei soll auf die wegweisenden Ausführungen von Abney (1987), Fukui (1986), Fukui/Speas (1986) und Grimshaw (1991) eingegangen werden. In Abschnitt 3 werden die drei für die gegenwärtige Diskussion relevanten Typen englischer Präpositionen aus der in Rauh (1995) erstellten Typologie vorgestellt und charakterisiert. Unter Berücksichtigung der Ausführungen in Abschnitt 2 wird dabei gezeigt, daß einer der drei Typen eindeutig als lexikalische Kategorie identifiziert werden kann, ein zweiter vorwiegend Eigenschaften funktionaler Kategorien aufweist, während der dritte Eigenschaften beider zeigt und somit eine Mischkategorie repräsentiert. Abschnitt 4 schließt in ein Resümee und einen Ausblick Vorschläge zu einer merkmalbasierten Repräsentation der drei Typen von Präpositionen ein, die die in Abschnitt 3 vorgestellten grammatischen Eigenschaften widerspiegeln und eine explizite Grundlage für die Zuordnung zu dem einen oder anderen Kategorientyp bilden.

2 Funktionale versus lexikalische Kategorien

2.0 Allgemeines

Mit der Einteilung in lexikalische und funktionale Kategorien wird die Menge der Elemente grammatischer Kategorien, die Köpfe von Phrasenkategorien sein können, explizit in zwei verschiedene Klassen eingeteilt. Grosso modo werden zu den Elementen lexikalischer Kategorien die Elemente der traditionellen Kategorien Nomen, Verb, Adjektiv und Adverb gerechnet und zu den Elementen der funktionalen Kategorien Elemente der Kategorien C(omplementizer), I(nflection) und Det(erminer), die im Rahmen der X-bar-Syntax als nicht-lexikalische Kategorien mit der Fähigkeit, Köpfe von Phrasenkategorien zu sein, definiert sind (vgl. z. B. Chomsky 1989, Abney 1987).[5] Die Bestimmung der Klassenzugehörigkeit von Präpositionen ist – wie eingangs bereits angedeutet – uneinheitlich.

Zur Unterscheidung der beiden Klassen werden zum einen Eigenschaften angeführt, die an die traditionelle Unterscheidung in *parts of speech* und *function words* (vgl. dazu Fries 1952) anknüpfen und die zum Teil auch bei der Beschreibung von Grammatikalisierungsprozessen, also bei der Beschreibung des Wandels grammatischer Eigenschaften beim diachronen Wechsel einer sprachlichen Einheit von einem Element einer lexikalischen Kategorie zu einem Element einer funktionalen Kategorie angeführt werden (vgl. dazu Lehmann 1985, 1986/87, 1989). Diese Eigenschaften sind mit folgenden Ausführungen Abneys genannt, die sich auf Elemente funktionaler Kategorien beziehen und in Abgrenzung dazu die Eigenschaften von Elementen lexikalischer Kategorien erschließen lassen:

---

[5] Mit den Arbeiten von Pollock (1989), Chomsky (1991), Ritter (1991), Huppertz (1992), Zwarts (1992), Koopman (1993) und anderen sind weitere und differenziertere funktionale Kategorien vorgeschlagen worden, auf die jedoch hier zunächst nicht eingegangen werden soll.

1. Functional elements constitute closed lexical classes.
2. Functional elements are generally phonologically and morphologically dependent. They are generally stressless, often clitics or affixes, and sometimes even phono-logically null.

- - - - -

5. Functional elements lack what I will call "descriptive content" ... [→"a phrase's link to the world"] ...

(Abney 1987:64f.)

Neben diesen gewissermaßen bereits bekannten unterscheidenden Eigenschaften von lexikalischen und funktionalen Kategorien werden zum anderen jedoch auch – und vor allem – solche angeführt, die zuvor nicht identifiziert wurden. Es sind dies Eigenschaften, die Elemente der beiden Klassen als Köpfe von Phrasenkategorien aufweisen und die für den unterschiedlichen Aufbau von Phrasen einerseits wie auch für unterschiedliche Beziehungen zwischen Phrasenkategorien andererseits relevant sind. Mit einer Charakterisierung und Beschreibung der je verschiedenen Eigenschaften haben sich vor allem Abney (1987), Fukui (1986), Fukui/Speas (1986) sowie Grimshaw (1991) befaßt. Die wesentlichen Gesichtspunkte der unterschiedlichen Ansätze werden im folgenden vorgestellt.

2.1 F-Selektion, C-Projektion und S-Projektion

Als vorrangiges Unterscheidungskriterium zwischen funktionalen und lexikalischen Elementen betrachtet Abney (1987:54f.)[6] die Tatsache, daß funktionale Elemente stets denselben kategorialen Komplementtyp selegieren und daß die Anzahl der Komplemente prinzipiell auf eines beschränkt ist: C(*omplementizer*) selegiert stets nur IP, I(*nflection*) selegiert stets nur VP und Det(*erminer*) stets nur NP. Diese Eigenschaft bezeichnet Abney als "F-Selektion", als spezifische Eigenschaft von funktionalen Kategorien, die er in Abgrenzung zu lexikalischen Kategorien (= [-F]-Kategorien) als [+F]-Kategorien beschreibt. Die Eigenschaft der F-Selektion ist entsprechend an das Merkmal [+F] gebunden.

In bezug auf den Aufbau von Phrasenkategorien, hier die Konstruktion von X' als Beziehung des Kopfes X zu seinem Komplement, stellt Abney damit die F-Selektion von funktionalen Kategorien der S- oder C-Selektion von lexikalischen Kategorien gegenüber, die Grimshaw (1979, 1981) und Pesetzky (1982) identifiziert und charakterisiert hatten. S- und C-Selektion sind jeweils im Lexikon spezifizierte Eigenschaften von lexikalischen Köpfen, die deren Beziehung zu ihren Komplementen unter unterschiedlichen Gesichtspunkten charakterisieren. "S-Selektion" bezeichnet nach Grimshaw und Pesetzky die Selektion von Komplementen auf der Grundlage von semantischen Typen wie "E" für *exclamative*, "Q" für *interrogative* oder "P" für *proposition* (vgl. z. B. Grimshaw 1979:286; Pesetzky 1982:204). Sie bezeichnet nach Chomsky (1986:86f.) die Selektion von Komplementen auf der Grundlage von Thetarollen. In jedem Fall handelt es sich um eine semantische Selektion. "C-Selektion" hingegen bezeichnet die Selektion von Komplementen bezüglich ihrer kategorialen Realisierung, also zum Beispiel als NP, PP oder CP. Es ist mithin eine syntaktisch-kategoriale Selektion. S- und C-Selektion zusammen erlauben folgende allgemeine Charakterisierung: (1) Die Beziehung von lexikalischen Köpfen und ihren Komplementen ist stets semantisch definiert. (2) Kom-

---

6 Es sei hier darauf hingewiesen, daß Abney nicht von lexikalischen Elementen, sondern von "thematic elements" spricht.

plemente lexikalischer Köpfe können im Prinzip durch verschiedene Kategorien syntaktisch repräsentiert sein. Es kommt hinzu, daß – abhängig von der Anzahl der Thetarollen im Thetaraster – die Anzahl der Komplemente lexikalischer Köpfe $n \geq 0$ sein kann.

Vor diesem Hintergrund kann die von Abney durch die F-Selektion beschriebene Beziehung von funktionalen Köpfen und ihren Komplementen ex negativo präziser als zuvor charakterisiert werden, nämlich: (1) Die Beziehung zwischen funktionalen Köpfen und ihren Komplementen ist nicht semantisch definiert. (2) Komplemente funktionaler Köpfe können nicht durch verschiedene Kategorien syntaktisch repräsentiert werden. (3) Funktionale Kategorien selegieren genau ein Komplement.

Zu Punkt (1) ist jedoch eine Anmerkung zu machen, die für die nachfolgende Diskussion von Relevanz ist: Zwar ist die Beziehung von funktionalen Köpfen und ihren Komplementen nicht semantisch definiert, dennoch spielt sie für die Semantik eine Rolle. Diese besteht nach Abney darin, daß funktionale Köpfe den semantischen Gehalt ihres Komplements weiterleiten. Diese Eigenschaft – die ausschließlich Elemente von funktionalen Kategorien, nicht solche von lexikalischen auszeichnet – begründet nach Abney eine Differenzierung von zwei Projektionstypen: c(*ategory*)-*projection* einerseits und s(*emantic*)-*projection* andererseits. C-Projektion und S-Projektion werden wie folgt definiert:

> A node's c-projection is its syntactic projection in the usual sense: the maximal c-projection of V is VP, I IP, and C CP. A node's s-projection path is the path of nodes along which descriptive content is "passed along". The maximal s-projection of V is CP, via IP; likewise the maximal s-projection of I is CP, and the maximal s-projection of C is CP. (Abney 1987:57)

Während die Identifikation der C-Projektion keine Neuerung darstellt, liegt mit der Identifikation der S-Projektion eine Neuerung insofern vor, als hier eine Beziehung zwischen Phrasenkategorien definiert wird, die Phrasen funktionaler und lexikalischer Köpfe einschließt. Gemäß der Definition kann die S-Projektion von lexikalischen Köpfen ausgehen und übergeordnete Projektionen funktionaler, aber nicht die lexikalischer Köpfe einschließen.

Zusammenfassend kann somit in bezug auf den Aufbau von und die Beziehung zwischen Phrasenkategorien unter Beteiligung von funktionalen und lexikalischen Köpfen aus Abneys Ausführungen folgendes festgehalten werden: Funktionale Köpfe f-selegieren ihr (einziges) Komplement, das heißt, die kategoriale Zugehörigkeit des Komplementes ist festgelegt, und es steht in keiner originären semantischen Beziehung zum funktionalen Kopf. Lexikalische Kategorien hingegen s-selegieren ihr Komplement auf semantischer Basis und c-selegieren die kategoriale Repräsentation des Komplements gegebenenfalls aus einer Auswahl von Möglichkeiten. Über die S-Projektion wird eine Beziehung zwischen Phrasenkategorien mit lexikalischen und funktionalen Köpfen hergestellt, die von den lexikalischen Kategorien determiniert ist und übergeordnete Phrasenkategorien mit funktionalen Köpfen einschließt.

In bezug auf den Aufbau von Phrasenkategorien beschränkt Abney sich auf die Beziehung von Köpfen zu ihren Komplementen, mithin auf die Domäne X'. Die *Spec*X-Position bleibt dabei unberücksichtigt. Insbesondere mit dieser Position und ihrer Relevanz für die Differenzierung von funktionalen und lexikalischen Kategorien befassen sich Fukui (1986) sowie Fukui/Speas (1986), deren Ausführungen im folgenden betrachtet werden sollen.

2.2 Thetaraster, *Kase*-Raster und die Lizensierung von syntaktischen Positionen

Fukui (1986) sowie Fukui/Speas (1986) teilen zunächst Abneys Auffassung bezüglich der signifikanten Unterschiede zwischen Elementen funktionaler und lexikalischer Kategorien, die hier in den Abschnitten 2.0 und 2.1 wiedergegeben wurde. Sie führen außerdem einen zusätzlichen Unterschied an, der die Spezifiziererposition in Phrasenkategorien mit lexikalischen Köpfen einerseits und in solchen mit funktionalen Köpfen andererseits betrifft, nämlich:

1. Functional heads have one and only one (i.e. non-iterable) specifier, while the specifiers of Lexical heads may be iterable ones.
2. The specifiers of Functional heads are often (in our model, always ...) moved from within their complements.
3. All Functional heads have specifier positions; it is not at all clear that all Lexical heads have spec positions. (Fukui/Speas 1986:133)

Diese Unterschiede führen Fukui/Speas (1986:137ff.) auf Unterschiede in der Merkmalstruktur der beiden Kategorientypen zurück, wobei prinzipiell die Annahme zugrundegelegt wird, daß die Existenz von Positionen innerhalb einer Phrasenkategorie abhängig ist von spezifischen Merkmalen des Kopfes. Das heißt, innerhalb einer Phrasenkategorie werden Komplement-, Adjunkt- und Spezifiziererpositionen jeweils durch spezifische Merkmale des Kopfes lizensiert. Entsprechend führen unterschiedliche Merkmale von funktionalen Köpfen einerseits und lexikalischen andererseits zur Lizensierung unterschiedlicher Positionen.

Die von Fukui/Speas angeführten unterschiedlichen Merkmale betreffen Rastermerkmale (*grid-features*), wobei zwei Typen von Rastern differenziert werden: Thetaraster und *Kase*-Raster. Beide enthalten Positionen und Merkmale, die diese Positionen einnehmen. Die Positionen im Thetaraster werden von Thetarollen – hier als Theta"merkmalen" – eingenommen. Die Positionen im *Kase*-Raster werden von *Kase*-Merkmalen eingenommen. *Kase*-Merkmale umfassen nach der Definition von Fukui/Speas die Menge der abstrakten Kasus,[7] die von lexikalischen Kategorien zugewiesen werden, insbesondere den Objektskasus, sowie *function features* oder F-Merkmale, die funktionale Kategorien charakterisieren. Zu den F-Merkmalen werden die abstrakten Kasus Nominativ (abhängig von *tense/agr* der funktionalen Kategorie I), Genitiv (abhängig von *'s* der funktionalen Kategorie D) und +WH (abhängig von WH in der funktionalen Kategorie C) gerechnet. Es gilt, daß Elemente der lexikalischen, nicht jedoch der funktionalen Kategorien Thetaraster haben, während Elemente beider Kategorientypen *Kase*-Raster haben können. Die Positionen im *Kase*-Raster funktionaler Kategorien werden ausschließlich durch F-Merkmale eingenommen.

Der unterschiedliche Aufbau von Phrasenkategorien mit lexikalischen Köpfen einerseits und funktionalen andererseits wird nun im Modell von Fukui/Speas dadurch erklärt, daß die Lizensierung von Positionen in einer Phrasenkategorie durch die Entladung der Positionen im Raster oder in den Rastern des jeweiligen Kopfes erfolgt. Dies wird gesteuert durch das Sättigungsprinzip, dem beide Rastertypen unterliegen. Es besagt, daß jede Position in einem Raster entladen werden muß:

(1) All positions in a grid must be discharged. (Fukui/Speas 1986:139)

[7] Zugrundegelegt wird hier die Kasustheorie der PPT. Man vergleiche dazu Chomsky (1986:186ff.), Haegeman (1991; ²1994:153ff.) oder Webelhuth (1995:41ff.).

Da funktionale und lexikalische Köpfe unterschiedliche Rastereigenschaften haben, werden jeweils unterschiedliche syntaktische Positionen lizensiert. Durch die Entladung von Positionen im Thetaraster werden syntaktische Argumentpositionen – also gegebenenfalls Subjektpositionen und Komplementpositionen – sowie Adjunktpositionen lizensiert. Die Lizensierung erfolgt über Thetamarkierung beziehungsweise Thetaidentifikation.[8] Da nur lexikalische Kategorien Thetaraster haben, können nur diese, nicht jedoch funktionale Kategorien syntaktische Argument- und Adjunktpositionen lizensieren.

Durch die Entladung von Positionen im *Kase*-Raster werden Spezifiziererpositionen lizensiert. Da sowohl lexikalische als auch funktionale Köpfe *Kase*-Raster haben können, können in beiden Fällen *Spec*-Positionen lizensiert werden. Nach Fukui/Speas ergibt sich allerdings ein entscheidender Unterschied dadurch, daß für die beiden Kategorientypen die Richtung der Entladung von *Kase*-Merkmalen und also die Richtung der Lizensierung von *Spec*-Positionen unterschiedlich ist: Funktionale Kategorien entladen ihre *Kase*-Merkmale nach links, lexikalische nach rechts. Als Folge lizensieren funktionale Köpfe durch *Kase*-Merkmale in ihrem *Kase*-Raster eine *Spec*-Position innerhalb ihrer eigenen Projektion, während lexikalische Köpfe eine *Spec*-Position innerhalb der Projektion ihres Komplementes lizensieren. Die Unterschiede sind mit folgenden Beispielen veranschaulicht (vgl. Fukui 1986:80):

(2)a. [$_{CP}$ who$_i$ [$_{C'}$ [$_C$ WH] did you see t$_i$]]
<WH>
discharged

b. I think that [$_{IP}$ John [$_{I'}$ [$_I$ Tense/AGR see (= saw) Mary yesterday]]
<Nom>
discharged

c. [$_{DP}$ John [$_{D'}$ [$_D$ -s'] pictures]] are on sale
<Gen>
discharged

(3)a. who$_i$ do you believe [$_{CP}$ t$_i$ [$_{C'}$ [$_C$ that] John kissed t$_i$]]
<Obj>
discharged

---

8 Fukui/Speas übernehmen hier die Thetatheorie, die Higginbotham (1985) entwickelt hat, auf die auch Chomsky (1993:46 (Fn. 23)) zurückgreift. Eine Übersicht darüber gibt Speas (1990:60ff.).

b. I believed $[_{IP}$ Bill $[_{I'}$ $[_{I}$ to] be intelligent]]
<Obj>
discharged

c. I lost $[_{DP}$ $[_{D'}$ $[_{D}$ an] interesting book]] last night.
<Obj>
discharged

In den Beispielen unter (2) werden nacheinander durch die *Kase*-Merkmale ⟨WH⟩, ⟨Nom⟩ und ⟨Gen⟩ der funktionalen Köpfe C, I und D die *Spec*C-, *Spec*I- und *Spec*D-Position lizensiert. In den Beispielen unter (3) wird jeweils durch das *Kase*-Merkmal ⟨Obj⟩ des Matrixverbs die *Spec*-Position des Kopfes des Komplements lizensiert. Dies ist in (3a) die *Spec*-Position des funktionalen Kopfes C, in (3b) die des funktionalen Kopfes I und in (3c) die des funktionalen Kopfes D.

Die Beispiele veranschaulichen damit das Postulat von Fukui/Speas, daß nur Phrasenkategorien mit funktionalen Köpfen, nicht jedoch solche mit lexikalischen *Spec*-Positionen haben. Sie veranschaulichen auch, daß die Existenz von *Spec*-Positionen abhängig ist von *Kase*-Merkmalen, über die sie lizensiert werden, und daß die *Spec*-Positionen Landeplätze für Elemente sind, die aus der Komplementposition funktionaler Köpfe in deren *Spec*-Position bewegt werden. Nach Fukui/Speas können Elemente funktionaler und lexikalischer Kategorien jeweils nur ein einziges *Kase*-Merkmal enthalten und entsprechend nur eine *Spec*-Position lizensieren. Dies wird erklärt damit, daß die *Spec-Head*-Beziehung eine Kongruenzbeziehung ist, die jeweils nur zwischen dem funktionalen Kopf und einer *Spec*-Position bestehen kann (vgl. z. B. Fukui 1986:84). Damit wird ein weiteres, eingangs genanntes Postulat begründet, daß nämlich Phrasenkategorien mit funktionalen Köpfen jeweils nur eine einzige *Spec*-Position enthalten können. Das ebenfalls eingangs genannte Postulat von Fukui/Speas, daß lexikalische Köpfe iterierbare Spezifizierer haben, das dem Postulat, lexikalische Köpfe haben keine Spezifiziererposition entgegengesetzt scheint, ergibt sich schließlich aus folgenden unterschiedlichen, möglichen Definitionen.

Nach Fukui/Speas sind syntaktische Positionen innerhalb einer Projektion durch die Art ihrer Lizensierung definiert. Durch die Entladung von Positionen im Thetaraster eines lexikalischen Kopfes über den Modus der Thetamarkierung werden A-Positionen lizensiert, die entweder als Schwester von X und Tochter von X' oder als Schwester und Tochter von X' repräsentiert sind. Durch Thetaidentifikation werden Adjunkte lizensiert, die ebenfalls als Schwestern und Töchter von X' definiert sind. Dadurch ergibt sich für die interne Struktur von Phrasenkategorien mit lexikalischen Köpfen potentiell eine Iteration von X', wobei Schwestern und Töchter von X' auch links vom Kopf lokalisiert sein können. Will man solche Elemente als Spezifizierer von X definieren, so ist das Ergebnis, daß Spezifizierer lexikalischer Köpfe iterierbar sind. Definiert man hingegen als Spezifiziererpositionen nur solche syntaktischen Positionen, die – wie oben gezeigt – durch die Entladung von *Kase*-Merkmalen lizensiert sind, so weisen Phrasenkategorien mit lexikalischen Köpfen keine Spezifiziererpositionen auf, da auch all diejenigen Positionen in Phrasenkategorien mit lexikalischen Köpfen, die links vom Kopf stehen, durch die Entladung von Thetamerkmalen lizensiert sind. Die beiden Aussagen sind folglich nur scheinbar unvereinbar.

Aus den Ausführungen von Fukui/Speas lassen sich – zusätzlich zu den von Abney festgestellten – zusammenfassend folgende Unterschiede zwischen Elementen funktionaler und lexikalischer Kategorien festhalten, die jeweils Konsequenzen für den Aufbau von Phrasenkategorien und die Beziehung zwischen Phrasenkategorien haben: Elemente lexikalischer, nicht jedoch die funktionaler Kategorien können Thetaraster haben. Folglich können nur lexikalische Köpfe syntaktische Argument- und Adjunktpositionen lizensieren, wobei über Thetamarkierung und Thetaidentifikation syntaktische Argument- beziehungsweise Adjunktpositionen innerhalb der Projektion lexikalischer Köpfe lizensiert werden. Elemente funktionaler und lexikalischer Kategorien können *Kase*-Raster haben. Funktionale Köpfe entladen *Kase*-Merkmale nach links und lizensieren damit eine *Spec*-Position innerhalb ihrer eigenen Projektion. Lexikalische Köpfe entladen *Kase*-Merkmale nach rechts und lizensieren damit die *Spec*-Position des funktionalen Kopfes ihres Komplementes. Zwischen funktionalen Köpfen und den Elementen, die deren *Spec*-Position einnehmen, besteht eine Beziehung der Kongruenz.

Mit der Richtung der Entladung des *Kase*-Merkmals von Elementen lexikalischer Kategorien wird nicht nur ein Teil des Aufbaus einer Phrasenkategorie mit einem funktionalen Kopf geleistet, sondern zugleich eine Beziehung zwischen Phrasenkategorien erklärt: Über das abstrakte Kasusmerkmal *<objective>* werden lexikalische Köpfe und damit lexikalische Phrasenkategorien mit der dominanten funktionalen Phrasenkategorie ihres Komplementes verkettet, während zusätzlich die Verkettung mit der lexikalischen Phrasenkategorie innerhalb des Komplementes über Thetamarkierung erfolgt. Eine vergleichbare Grundlage für die Verkettung von funktionalen Köpfen mit ihren Komplementen führen Fukui/Speas nicht an. Die Beschreibung der Beziehung von funktionalen Köpfen zu ihren kategoriell je spezifischen Komplementen (C-IP, I-VP, D-NP) über die Eigenschaft der F-Selektion wird von Abney übernommen und ist hier wie da lediglich stipuliert. Mit einer Erklärung dieser Beziehung befaßt sich Grimshaw (1991), deren diesbezügliche Ausführungen im folgenden Abschnitt betrachtet werden.

2.3 Erweiterte Projektionen: Projektion versus Selektion

Wie in Abschnitt 2.1 gezeigt, differenziert Abney (1987) Elemente funktionaler und lexikalischer Kategorien maßgeblich durch die Zuordnung von je spezifischen Selektionseigenschaften: Elemente lexikalischer Kategorien selegieren ihre Komplemente über S-Selektion und gegebenenfalls über C-Selektion; Elemente funktionaler Kategorien selegieren ihre Komplemente über F-Selektion. Dieser Zuordnung unterschiedlicher Selektionseigenschaften widersprechen die in 2.2 vorgestellten, weiterreichenden Annahmen von Fukui/Speas nicht.[9] Grimshaw (1991) hingegen, die der Differenzierung der beiden Kategorientypen –

9 Dabei ist darauf hinzuweisen, daß die von Fukui/Speas berücksichtigte Thetamarkierung als S-Selektion in der Variante von Chomsky (1986) betrachtet werden kann.

soweit sie die in 2.0 genannten Eigenschaften wie auch die der in 2.2 charakterisierten Lizensierung von Argument-, Adjunkt- und Spezifiziererpositionen betrifft – an sich zustimmt, nimmt in dieser Hinsicht eine andere Position ein. Sie stellt fest (Grimshaw 1991:41):

(4) Principle 1. Only Lexical Heads Select, Syntactically and Semantically.

Und sie ergänzt (ibid.):

(5) Functional heads have no selectional powers at all.

Diese Feststellungen beruhen auf folgenden Überlegungen: Grimshaw merkt kritisch an, daß die Identifikation der F-Selektion im Gegensatz zu der von S- und C-Selektion in keiner Weise prinzipienbasierten Restriktionen unterliegt.[10] Sie stellt eine willkürliche Stipulation dar. Dennoch ist die Beziehung zwischen funktionalen Kategorien und ihren Komplementen, die durch die F-Selektion beschrieben werden soll, nicht willkürlich, da C stets eine IP zum Komplement hat, I stets eine VP und D stets eine NP. Eine Erklärung für die Spezifik der jeweiligen Beziehung kann allerdings – so Grimshaw – nicht gewonnen werden, wenn diese Beziehung aus der Perspektive der funktionalen Kategorie als Eigenschaft der Selektion analysiert wird. Wählt man jedoch die andere Perspektive und betrachtet das Komplement beziehungsweise dessen lexikalischen Kopf als bestimmend für die Beziehung, so läßt sich folgende Erklärung formulieren (vgl. Grimshaw 1991:2ff.; 39f.): Funktionale Kategorien sind relationale Einheiten, deren Existenzberechtigung sich allein daraus ergibt, daß sie jeweils zu einer bestimmten lexikalischen Kategorie in einem fundamentalen Zugehörigkeitsverhältnis stehen. In diesem Sinne ist beispielsweise DP nicht einfach eine funktionale Kategorie, sondern eine funktionale Kategorie für N ebenso wie IP für V. Die Beziehung zwischen einer funktionalen Kategorie und ihrem Komplement ist daher keine der Selektion, die von Eigenschaften der funktionalen Kategorie bestimmt wird, sondern eine der Projektion, die von Eigenschaften des lexikalischen Kopfes bestimmt wird: Lexikalische Kategorien bilden mit den ihnen übergeordneten funktionalen Kategorien gemeinsame Projektionen, für die Grimshaw die Bezeichnung "erweiterte Projektionen" (*extended projections*) einführt. Die Domäne der erweiterten Projektionen ist dabei koextensiv mit der Domäne der S-Projektionen, die Abney identifiziert und charakterisiert hatte (vgl. Abschnitt 2.1). Neben den erweiterten Projektionen sind auch in Grimshaws Modell weiterhin die "normalen" Projektionen relevant, die bei Abney unter die Bezeichnung "C-Projektion" fallen und die Grimshaw als "perfekte" Projektionen (*perfect projections*) bezeichnet.

Die fundamentale Zugehörigkeit von funktionalen zu lexikalischen Kategorien, die die Grundlage für erweiterte Projektionen bildet und damit zugleich die Bedingung für deren Restriktion liefert, beschreibt Grimshaw jeweils über identische Kategorienmerkmale. Folglich spezifiziert in ihrem Modell die Kombination [+V -N] nicht nur die lexikalische Kategorie V, sondern auch die funktionalen Kategorien I und C. Entsprechend spezifiziert [-V +N] nicht nur N, sondern auch D und – als Besonderheit, auf die noch zurückzukommen sein wird – P, das heißt, die Kategorie P wird als funktionale Kategorie in der erweiterten Projektion von N beschrieben. Die unterschiedlichen Eigenschaften, die funktionale und lexikalische Köpfe

[10] Auf eine entsprechende Basis der S-Selektion wurde in Abschnitt 2.1 hingewiesen. Eine prinzipienbasierte Basis für die C-Selektion wird seit Pesetzky (1982) in der Kasustheorie gesehen.

jeweils für den Aufbau der eigenen Phrasenkategorie haben, führt Grimshaw auf das differenzierende Merkmal {F} zurück, das für lexikalische Kategorien den Wert {0} hat und für funktionale einen Wert {n > 0}. Die relative Ordnung funktionaler Kategorien innerhalb der erweiterten Projektion einer lexikalischen Kategorie wird über den jeweiligen Wert von {F} beschrieben: I wird der Wert {F1} zugeordnet und C der Wert {F2}, D der Wert {F1} und P der Wert {F2}. Dies beschreibt, daß I und D jeweils näher an ihrem erweiterten Kopf sind als C und P. Die Projektionsstufen innerhalb der perfekten Projektionen werden über die Merkmale (L0), (L1) und (L2) beschrieben. Für Köpfe und perfekte Projektionen lexikalischer und funktionaler Kategorien ergeben sich somit Merkmalspezifikationen der folgenden Art (vgl. Grimshaw 1991:3, 6):

(6)

V	[+V -N]	{F0}	(L0)
V'	[+V -N]	{F0}	(L1)
VP	[+V -N]	{F0}	(L2)
I	[+V -N]	{F1}	(L0)
I'	[+V -N]	{F1}	(L1)
IP	[+V -N]	{F1}	(L2)
C	[+V -N]	{F2}	(L0)
C'	[+V -N]	{F2}	(L1)
CP	[+V -N]	{F2}	(L2)

Auf dieser Grundlage kann Grimshaw nunmehr Bedingungen für die Wohlgeformtheit von erweiterten Projektionen formulieren (vgl. Grimshaw 1991:4):

(7) y is an extended projection of x iff:

(a) y dominates x,
(b) y and x share all categorial features,
(c) all nodes intervening between x and y share all categorial features.
(d) If x and y are not in the same perfect projection, the F value of y is higher than the F value of x.

Zur Erläuterung muß betont werden, daß nur die Merkmale [±V,±N] als kategoriale Merkmale betrachtet werden.

Zusammenfassend kann als entscheidender Beitrag Grimshaws zur Differenzierung und Beschreibung der Eigenschaften von funktionalen und lexikalischen Kategorien folgendes festgehalten werden: Selektionseigenschaften liegen nur bei Elementen lexikalischer Kategorien vor. S-Selektion charakterisiert dabei eine lexikalisch bedingte Selektion des semantischen Typs des Komplements wie "Proposition", "Ereignis", "Handlung", etc., nicht einer semantischen Rolle. Sie ist deshalb nicht – wie nach der Auffassung Chomskys (1986:86f.) – eine Entsprechung der Thetarollenzuweisung. C-Selektion charakterisiert eine lexikalisch bedingte Selektion des syntaktischen Typs des Komplements. S- und C-Selektion regulieren über Eigenschaften eines lexikalischen Kopfes die Beziehung zwischen erweiterten Projektionen, also zwischen Phrasenkategorien, die verschiedenen erweiterten Projektionen angehören. Die Beziehungen zwischen Phrasenkategorien innerhalb einer erweiterten Projektion werden nicht durch Selektionseigenschaften funktionaler Köpfe beschrieben, sondern über Projektionseigenschaften der lexikalischen Köpfe, die als erweiterte Köpfe die kategoriellen Voraussetzungen für die Bildung erweiterter Projektionen bestimmen.

2.4 Die relevanten Eigenschaften von Elementen funktionaler und lexikalischer Kategorien im Überblick

Zur besseren Übersicht werden hier die in den vorangehenden Abschnitten vorgestellten Annahmen über die unterschiedlichen Eigenschaften von Elementen funktionaler und lexikalischer Kategorien in einer Liste zusammengestellt:

1. Elemente funktionaler Kategorien bilden eine geschlossene Klasse.
2. Elemente funktionaler Kategorien sind in der Regel phonologisch und morphologisch abhängig. Sie tragen in der Regel keinen Akzent, sind oft Klitika oder Affixe und manchmal sogar phonetisch leer.
3. Elemente funktionaler Kategorien selegieren stets ein (einziges) kategorial in gleicher Weise spezifiziertes Komplement, das kein Argument ist (= F-Selektion).
4. Elemente funktionaler Kategorien können in der Regel nicht von ihrem Komplement getrennt werden.
5. Elemente funktionaler Kategorien haben keinen deskriptiven Gehalt, das meint hier, sie enthalten keine semantische Information, über die Referenz zu Entitäten einer möglichen Welt hergestellt wird.
6. Elemente funktionaler Kategorien sind transparent für die semantische Information von Elementen lexikalischer Kategorien.
7. Elemente lexikalischer Kategorien können Thetaraster haben. Über die Entladung von Positionen in Thetarastern werden syntaktische Argument- und Adjunktpositionen innerhalb von Projektionen lexikalischer Köpfe lizensiert.
8. Elemente lexikalischer und funktionaler Kategorien können *Kase*-Raster haben. Über die Entladung von Positionen im *Kase*-Raster eines funktionalen Kopfes, die nach links erfolgt, wird jeweils eine *Spec*-Position innerhalb der Projektion dieses Kopfes lizensiert. Durch die Entladung von Positionen im *Kase*-Raster eines lexikalischen Kopfes, die nach rechts erfolgt, wird jeweils eine *Spec*-Position innerhalb der Projektion des funktionalen Komplementes lizensiert.
9. Funktionale Köpfe und ihre Spezifizierer unterliegen der Bedingung der Kongruenz (*Spec-Head-agreement*).
10. Elemente funktionaler Kategorien stehen in einem fundamentalen Zugehörigkeitsverhältnis zu ausgewählten lexikalischen Kategorien. Sie teilen deren kategoriale Eigenschaften und bilden mit ihnen erweiterte Projektionen.
11. Elemente lexikalischer Kategorien s-selegieren ihre Komplemente, das heißt, sie bestimmen deren semantischen Typ.
12. Elemente lexikalischer Kategorien c-selegieren ihre Komplemente, das heißt, sie bestimmen deren kategorialen Typ.

Diese Liste bildet im nachfolgenden Abschnitt, in dem die drei relevanten Typen englischer Präpositionen mit ihren je spezifischen grammatischen Eigenschaften vorgestellt werden, die Ausgangsbasis für die Zuordnung zu dem einen oder anderen Kategorientyp.

3 Drei Typen englischer Präpositionen

3.0 Gegenstand, Kriterien und methodische Grundlagen der Analyse

Im Rahmen des in der Einleitung erwähnten Forschungsprojektes wurden umfangreiche empirische Untersuchungen zu englischen Präpositionen durchgeführt. Ausgangspunkt war dabei die Beobachtung, daß die traditionelle Kategorie der Präpositionen – insbesondere nach deren modifizierter Definition durch Jackendoff (1973, 1977) und Emonds (1976)[11] – in sich heterogen ist und folglich einer internen Systematisierung bedarf. Ziel der Untersuchungen war daher, auf der Grundlage je spezifischen grammatischen Verhaltens zu Subkategorisierungen der Kategorie in der Definition von Jackendoff (1973, 1977) und Emonds (1976) zu gelangen. Das heißt, der Gegenstand der Untersuchungen umfaßt die Menge der Einheiten, die die traditionelle Grammatik als Präpositionen definiert und für die folgende Charakterisierung Curmes repräsentativ ist (vgl. Curme 1935:87): "A preposition is a word that indicates a relation between the noun or pronoun it governs and another word, which may be a verb, an adjective, or another pronoun."

Er umfaßt darüber hinaus solche Einheiten, die Jackendoff und Emonds aufgrund beobachteter gemeinsamer grammatischer Eigenschaften mit traditionellen Präpositionen und zum Teil gemeinsamer Formen als Präpositionen identifizierten: Formen wie *in*, *before*, *since* oder *away*, die im Gegensatz zu traditionellen Präpositionen intransitiv sein können oder satzwertige Komplemente nehmen.

Untersucht wurden zum einen die syntaktischen Projektionseigenschaften. Methodisch erfolgten diese Untersuchungen auf der Grundlage einer Variante des X-bar-Schemas, die die umfassendsten Möglichkeiten für Projektionseigenschaften deskriptiv erfassen kann, wobei funktionale und lexikalische Kategorien nicht voneinander getrennt wurden. Das heißt, Spezifiziererpositionen wurden hier noch nicht als Kopfpositionen funktionaler Kategorien betrachtet, sondern als Positionen innerhalb einer Projektion, die die Projektion abschließen. Entsprechend wurde das folgende Schema zugrundegelegt:

[11] Nach den Überlegungen von Jackendoff und Emonds gehören auch traditionelle Adverbien und subordinierende Konjunktionen zur Kategorie der Präpositionen, als intransitive einerseits und solche mit satzwertigen Komplementen andererseits. Eine vergleichbare Feststellung traf für das Deutsche bereits Steinitz (1969).

(8)

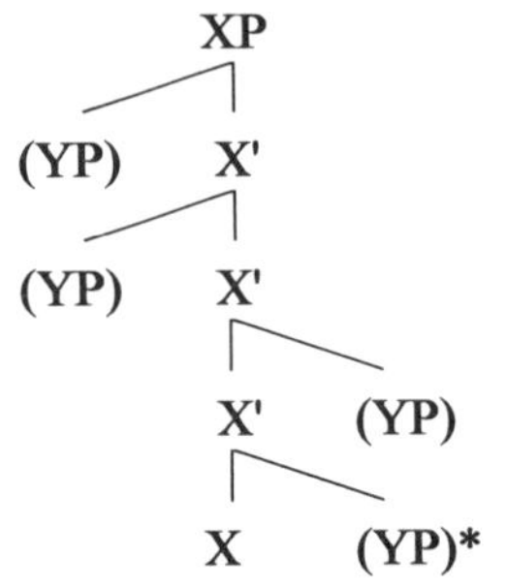

In diesem Schema ist die Position "Schwester von X und Tochter von X'" als Komplementposition definiert. Die Anzahl dieser Positionen kann prinzipiell n $\geq$ 0 sein. Im Falle von Präpositionen kann sie – gemäß der oben erläuterten, hier zugrundegelegten Definition – abhängig von lexikalischen Eigenschaften der betroffenen Einheiten n $\leq$ 1 sein. Als Komplemente wurden solche Einheiten identifiziert, die im Sinne von Rauh (1988)[12] mit der Präposition in einer thematischen Beziehung stehen, die als AUSGANGSPUNKT, PFAD, ZIEL oder LOKALITÄT charakterisiert werden kann.

Die Positionen "Schwester von X' und Tochter von X'", die links und rechts vom Kopf lokalisiert sein können, sind als Adjunktpositionen definiert. Sie sind fakultativ. X' ist potentiell rekursiv. Als Adjunkte wurden solche Einheiten identifiziert, die Beziehungen wie AUSGANGSPUNKT, PFAD, ZIEL oder LOKALITÄT modifizieren. Als Test für Adjunkte wurde in Anlehnung an Higginbotham (1985) und Zwarts (1992:50ff.) der Konjunktionstest angewendet. So kann beispielsweise der Adjunktstatus von *tall* innerhalb der NP *a tall man* in (9a) durch die mögliche Konjunktion in (9b) festgestellt werden:

(9) a. John is a tall man.
b. John is a man and John is tall.

Ein gleiches gilt für Adjunkte innerhalb von PPs. Entsprechend kann über den Konjunktionstest festgestellt werden, daß *up* in der PP *up into the sky* (in 10a) Adjunktstatus hat:

(10) a. The kite flew up into the sky.
b. The kite flew up and into the sky.

Da jedoch Adjunkte links oder rechts vom Kopf lokalisiert sein können und in (10a) anders als in (9a) der Kopf des Adjunktes der gleichen Kategorie angehört wie der Kopf der durch das

---

12 In Rauh (1988) wird eine Analyse thematischer Beziehungen im Kontext von Präpositionen vorgeschlagen, die von einer Korrespondenz mit einem begrifflichen, konzeptuellen Ruheschema beziehungsweise mit einem reduzierten Bewegungsschema ausgeht. Das Ruheschema beteiligt die Rollen THEMA und LOKALITÄT, wobei die Rolle THEMA mit dem externen Argument korreliert und die Rolle LOKALITÄT mit dem internen Argument, also dem Komplement. Beispiele sind die Präpositionen *on*, *at*, *in*, etc. Das Bewegungsschema beteiligt die Rollen THEMA, AUSGANGSPUNKT, PFAD und ZIEL. Bezogen auf Präpositionen wird eine Reduktion dieses Schemas vorgeschlagen, so daß jeweils die Rolle THEMA und eine der anderen drei Rollen beteiligt sind, wobei wiederum die Rolle THEMA mit dem externen Argument korreliert und AUSGANGSPUNKT, PFAD oder ZIEL mit dem internen, also dem Komplement der Präposition. Beispiele sind hier *from/out of*, *along/across* beziehungsweise *to/into*. Es wird an späterer Stelle zu zeigen sein, daß diese Analyse nicht präzise genug ist. Man vergleiche dazu die Abschnitte 3.3 und 4 sowie Fußnote 33.

Adjunkt modifizierten Projektion, sind Beispiele wie (10a) ambig zwischen zwei Lesarten: Sowohl *up* als auch *into* kann Kopf der PP *up into the sky* sein:

(11) a. The kite flew up.
b. The kite flew into the sky.

Ist *into* Kopf der PP, so hat in (10a) *up* den Status des Adjunktes. Ist hingegen *up* der Kopf der PP, so hat *into the sky* den Status des Adjunktes. Beides ist möglich. Im ersten Fall wird das ZIEL *up* durch die Angabe seines Endbereiches *into the sky* modifiziert. Im zweiten Fall wird das ZIEL *into the sky* durch die Angabe der Zielrichtung *up* modifiziert.

Die Position "Schwester von X' und Tochter von XP" in (8) ist als Spezifiziererposition definiert. Sie schließt die Projektion ab und kann fakultativ, jedoch stets maximal nur einmal realisiert sein. Als Spezifizierer wurden solche Einheiten identifiziert, die die durch die Präposition ausgedrückte Beziehung von zwei Entitäten zueinander spezifizieren. Dies trifft beispielsweise auf Maßphrasen wie *ten inches* und Ausdrücke wie *right* oder *slightly* zu:

(12) He fixed the picture ten inches above the door.
right
slightly

Die Tatsache, daß durch den Spezifizierer die durch die Präposition ausgedrückte Beziehung spezifiziert wird, bedingt, daß die Selektion von Spezifizierern abhängig ist von der Semantik der Präposition.[13] So kann beispielsweise die Präposition *on*, die Kontakt zwischen zwei Entitäten ausdrückt, nicht durch Maßphrasen, die eine Distanz spezifizieren, wie *ten inches* oder *slightly*, spezifiziert werden, wohl aber durch *right*, während Präpositionen wie *above*, *in front of* oder *behind*, die Distanz ausdrücken oder zumindest als Möglichkeit zulassen, durch die entsprechenden Spezifizierer spezifiziert werden können. Dabei ist die aufgezeigte Abhängigkeit des Spezifizierers von der Semantik des Kopfes keineswegs ein Sonderfall, der nur für PPs zutrifft. Auch für NPs gilt, daß die Wahl des Spezifizierers von der Semantik des Kopfes abhängt. Dies gilt vor allem für Quantorenausdrücke wie *many* oder *much* in bezug auf Individuativa, Kontinuativa oder Abstrakta[14] und Maßphrasen wie *two pints*, *two pounds* oder *two inches* in bezug auf Ausdrücke für Typen von Substanzen. Über den Konjunktionstest kann festgestellt werden, ob Einheiten, die in einer Projektion links vom Kopf lokalisiert sind, den Status von Spezifizierern oder Adjunkten haben. Führt der Test zu einem ungrammatischen Ergebnis, so liegt ein Spezifizierer vor:

(13) a. two pints of dark beer
b. x is beer and x is dark
c. *x is beer and x is two pints

(14) a. ten inches above the door near the photograph
b. x is above the door and x is near the photograph
c. *x is above the door and x is ten inches

---

[13] Dieses Phänomen wurde bereits in Rauh (1993c:107) diskutiert. Man vergleiche dazu auch Kunert (1992:142ff.).

[14] Man vergleiche dazu zum Deutschen zum Beispiel Vater (1984).

Für die Analyse der grammatischen Eigenschaften englischer Präpositionen wurde Schema (8) zunächst zugrundegelegt, um in der angegebenen Weise zu prüfen, ob und durch welche syntaktischen Kategorien oder Elemente die syntaktischen Positionen innerhalb der Projektion eines präpositionalen Kopfes besetzt werden können. Es wurde darüber hinaus auch zugrundegelegt, um zu prüfen, in welchen Positionen von Projektionen anderer Kategorien maximale Projektionen präpositionaler Köpfe erscheinen können, beispielsweise als Komplemente oder Adjunkte in Projektionen von A, V oder N. Das heißt, das Schema diente auch zur Feststellung der Distribution von maximalen Projektionen mit präpositionalen Köpfen. In beiden Fällen wurde neben der Feststellung des auf Schema (8) bezogenen syntaktischen Verhaltens auch untersucht, ob und in welcher Weise eine Korrelation mit semantischen Eigenschaften in dem Sinne vorliegt, daß semantische Eigenschaften des präpositionalen Kopfes Restriktionen für die Fähigkeit und die Art der Komplementierung, Adjungierung oder Spezifizierung darstellen oder dafür, welche Positionen maximale Projektionen präpositionaler Köpfe einnehmen können.

Untersucht wurde des weiteren, welche Restriktionen für die Substitution von Projektionen präpositionaler Köpfe durch Proformen wie *there* oder *then* vorliegen und ebenfalls, welche Bedingungen im Falle der Koordination mit anderen Projektionen erfüllt sein müssen. Untersucht wurden auch Kasuseigenschaften präpositionaler Köpfe im Sinne der Kasustheorie der PPT.

Das Ergebnis der empirischen Untersuchungen legt eine Differenzierung von drei grundlegenden Typen englischer Präpositionen nahe, die bereits in Rauh (1995) vorgestellt wurden und dort als "lexikalische", "grammatische" und "regierte" Präpositionen (oder "Kasuspräpositionen") bezeichnet werden. Im folgenden werden die spezifischen Eigenschaften dieser drei Typen auf der Grundlage von Beispielen veranschaulicht. Unter Berücksichtigung der angeführten Charakterisierungen von lexikalischen und funktionalen Kategorien nach Abney, Fukui (und Speas) und Grimshaw wird dabei aufgezeigt, daß lexikalische Präpositionen alle den lexikalischen Kategorien zugeordneten Eigenschaften aufweisen, regierte Präpositionen wesentliche Eigenschaften der funktionalen und daß grammatische Präpositionen dazwischen anzusiedeln sind.

3.1 Lexikalische Präpositionen

Lexikalische Präpositionen haben das Potential zur Instantiierung von Komplement-, Adjunkt- und Spezifiziererpositionen innerhalb des Schemas (8). Präpositionale Köpfe dieses Typs können intransitiv sein, NP-, PP- oder CP-Komplemente nehmen, wie die folgenden Beispiele zeigen:

(15) John went *away*.

(16) John put the book *on* $[_{NP}$ the shelf].

(17) They had met *before* $[_{NP}$ sunset].
$[_{CP}$ it got dark].
[#].

(18) Bill came *from* [$_{NP}$ Boston].
[$_{PP}$ near Boston].

(19) The man stayed *inside* [#].
[$_{NP}$ the house].

(20) The temperature had risen *above* [$_{NP}$ ten degrees].
from [$_{PP}$ below zero].

Bezogen auf die kategoriale Repräsentation von Komplementen erlauben lexikalische Präpositionen also eine Reihe von Möglichkeiten, die – abhängig vom gegebenen präpositionalen Kopf – obligatorisch oder fakultativ sein können. Sie weisen somit die Eigenschaft der C-Selektion auf, die lexikalische, nicht jedoch funktionale Kategorien charakterisiert.

Dabei sind jeweils spezifische semantische Eigenschaften und Beziehungen zu beobachten. Lexikalische Präpositionen können lokale (vgl. 15, 16, 18, 19), temporale (vgl. 17) oder auch skalare (vgl. 20) Beziehungen ausdrücken. Sie haben folglich wie Elemente lexikalischer Kategorien im Sinne Abneys – anders als Elemente funktionaler Kategorien – "deskriptiven Gehalt". Nur lokale und temporale Präpositionen können intransitiv verwendet werden und nur temporale nehmen satzwertige Komplemente. Lokale, temporale und skalare Präpositionen können in den thematischen Beziehungen AUSGANGSPUNKT (z.B. *from* $_{\text{l(ocal), sc(alar), t(emporal)}}$, *since* $_{\text{t}}$), PFAD (z. B. *along* $_{\text{l}}$, *during* $_{\text{t}}$, *over* $_{\text{l, sc, t}}$), ZIEL (z. B. *to* $_{\text{l, sc, t}}$, *until* $_{\text{t}}$) oder LOKALITÄT (z. B. *at* $_{\text{l, sc, t}}$) zu ihren Komplementen stehen.

Die auf Komplemente bezogenen semantischen Eigenschaften können zunächst als Eigenschaft der S-Selektion im Sinne von Grimshaw (1979) aufgefaßt werden, die für lexikalische Kategorien identifiziert wird. Nach Grimshaw besteht bezogen auf Komplemente lexikalischer Kategorien eine Abhängigkeit zwischen der Selektion eines semantischen Typs und der kategorialen Repräsentation. So sei beispielsweise ein CP-Komplement nur dann möglich, wenn über die S-Selektion der semantische Typ "Proposition" selegiert werde. Vergleichbare Zusammenhänge können postuliert werden für das Faktum, daß nur temporale Präpositionen, die Propositionen s-selegieren, satzwertige Komplemente c-selegieren. Da lokale und skalare Präpositionen keine Propositionen s-selegieren, können sie auch keine satzwertigen Komplemente c-selegieren.

Die auf Komplemente bezogenen semantischen Eigenschaften können auch als Eigenschaft der S-Selektion im Sinne von Chomsky (1986) aufgefaßt werden, der darunter die Selektion bestimmter Thetarollen versteht. Diese steht in unmittelbarer Verbindung mit Thetamerkmalen, die nach Fukui/Speas in Anlehnung an Higginbotham (1985) über den Vorgang der Thetamarkierung Komplementpositionen lizensieren.[15] Wenn also lexikalische Präpositionen Komplemente zu sich nehmen, die zu ihnen in einer semantischen Selektionsbeziehung stehen,

---

[15] Nach der Thetatheorie von Higginbotham (1985), die Fukui/Speas übernehmen, sind Thetamerkmale beziehungsweise Positionen in einem Thetaraster wie Variable in einer Funktion. Durch die Thetamarkierung wird einer Variablen dadurch ein Wert zugewiesen, daß sie durch eine Konstante ersetzt wird. Dabei werden in Higginbothams Terminologie die Positionen im Thetaraster "entladen" und – in der Terminologie von Fukui/Speas – Elemente in den entsprechenden Positionen in der Phrasenstruktur lizensiert. Betroffen sind bei der Thetamarkierung im Thetaraster das externe und das interne Argument; lizensiert werden dabei Subjekte beziehungsweise Komplemente.

so verfügen sie nach Fukui/Speas über ein Thetaraster, das – ebenso wie die S-Selektion – lexikalische Kategorien charakterisiert.

Innerhalb der Projektion lexikalischer Präpositionen können fakultativ Adjunktpositionen belegt sein, wobei – wie in Abschnitt 3.0 beispielhaft angeführt – Adjunkte links oder rechts vom Kopf lokalisiert sein können, was zu strukturellen Ambiguitäten führen kann. Modifikationen durch Adjunkte sind möglich bei präpositionalen Köpfen mit lokaler oder temporaler Bedeutung, aber auch bei solchen, die zur Bezeichnung skalarer Angaben verwendet werden. In (21a) modifiziert *near London* als Adjunkt *in a small town* (oder umgekehrt), in (21b) *on Friday after dinner* (oder umgekehrt) und in (21c) *near -2 degrees below freezing point* (oder umgekehrt):

(21) a. He lived in a small town near London.
b. They started their trip after dinner on Friday.
c. The temperature was below freezing point near -2 degrees.

In (21a) und (21b) könnte die rechte der beiden PPs auch Adjunkt zum vorangehenden N sein. Es liegen folglich hier mehrfach strukturelle Ambiguitäten vor.

Unter der Interpretation, daß die Adjunkte PP-Adjunkte sind, erfolgt bei lexikalischen Präpositionen durch die Adjunkte semantisch jeweils eine Modifikation im Sinne einer Angabe zusätzlicher Eigenschaften des durch den präpositionalen Kopf bezeichneten Raumes, der ein lokaler, temporaler oder skalarer Raum sein kann. In (22) veranschaulichen die Paraphrasen zu (21) den semantischen Zusammenhang:

(22) a. He lived at a place which is in a small town and which is near London.
b. They started their trip at a time which was after dinner and which was on Friday.
c. The temperature was at a point on the thermometer which is below freezing point and which is near -2 degrees.

Ebenso wie die Fähigkeit, semantisch selegierte Komplemente in ihrer Projektion zu erlauben, führen Fukui/Speas in Anlehnung an Higginbotham (1985) die Fähigkeit, Adjunkte zu erlauben, auf Thetamerkmale im Thetaraster des Kopfes zurück, die in diesem Fall über den Vorgang der Thetaidentifikation Adjunktpositionen lizensieren.[16] Da Thetaraster nur lexikalische Kategorien charakterisieren, kennzeichnet somit auch das Vorkommen von Adjunkten innerhalb der Projektion von lexikalischen Präpositionen diese als Elemente einer lexikalischen Kategorie.

---

[16] Nach Higginbotham (1985) beschreibt die Thetaidentifikation die Unifikation von zwei Positionen in zwei Thetarastern. Dabei werden die referentielle Thetarolle beziehungsweise das referentielle Argument im Thetaraster des Kopfes der Konstruktion mit der externen Rolle oder dem externen Argument des Adjunktes unifiziert. Im Sinne Higginbothams gilt damit das externe Argument des Adjunktes als "entladen" und im Sinne von Fukui/Speas das Adjunkt als lizensiert. Die Zusammenhänge zeigen, daß dann, wenn eine Präposition in ihrer Projektion Adjunkte erlaubt, die nicht das Komplement, sondern den bezeichneten Raum, Zeitraum oder Skalenraum modifizieren, zur Lizensierung solcher Adjunkte im Rahmen einer Thetatheorie nach Higginbotham (1985) eine referentielle Rolle/ein referentielles Argument im Thetaraster von Präpositionen angenommen werden muß. Man vergleiche in diesem Zusammenhang auch Abschnitt 4.

Als Beispiele für eine Belegung von Spezifiziererpositionen in Projektionen mit präpositionalen Köpfen wurden in Anlehnung an Jackendoff (1977:137ff.), Van Riemsdijk (1978:45ff.) und Emonds (1985:18ff.) solche wie die folgenden identifiziert:

(23) a. Bill bought the car *an hour* before dinner.
right

b. He fixed the picture *two feet* above the door.
right
slightly

c. The temperature was *two degrees* below zero.
right
slightly

Die Differenzierung von Spezifizierern und prämodifizierenden Adjunkten wurde – wie in Abschnitt 3.0 erläutert – über den Konjunktionstest vorgenommen. Die Untersuchungen ergaben, daß für lexikalische Präpositionen eine Belegung der Spezifiziererposition prinzipiell möglich ist. Sie unterliegt allerdings semantischen Restriktionen: Spezifizierer müssen erstens kompatibel sein mit den semantischen Eigenschaften "lokal", "temporal" oder "skalar" des präpositionalen Kopfes. Sie müssen zweitens kompatibel sein mit den semantischen Eigenschaften des präpositionalen Kopfes, die die Art der ausgedrückten Beziehung betreffen, zum Beispiel "Distanz" vs. "Kontakt", die bereits in Abschnitt 3.0 angesprochen wurden.

In bezug auf die Identifikation von Spezifizierern innerhalb der Projektionen von präpositionalen Köpfen ist hier zu berücksichtigen, daß für die Untersuchungen zunächst ein X-bar-Schema zugrundegelegt wurde, das möglichst viele Positionen umfaßt, die gegebenenfalls einer neuerlichen Prüfung zu unterziehen sind. Eben dieses ist notwendig im Hinblick auf die Spezifiziererposition, die – um es an einem Vergleich zu verdeutlichen – beispielsweise innerhalb der Projektion von N den Determinator D als Spezifizierer ansiedeln würde. Mit der Identifikation von funktionalen Köpfen, die ihre eigenen maximalen Projektionen projizieren, ist folglich in bezug auf die Elemente, die zunächst im Kontext von P als Spezifizierer identifiziert wurden ebenso wie in bezug auf die Elemente, die die D-Position im Kontext von N belegen, zu fragen, welchen Stellenwert sie nunmehr haben. Dazu sind in der Literatur unterschiedliche Vorschläge gemacht worden.

Zunächst befaßt sich Bierwisch (1988:3ff) mit den verschiedenen Spezifizierertypen, die Van Riemsdijk (1978:45ff.) im Kontext von Präpositionen identifiziert hatte und führt aus, daß es sich hier nicht in vergleichbarer Weise um Spezifikation handele wie im Falle von D im Kontext von N. Nach seiner Analyse sind Maßphrasen wie zum Beispiel *vier Meter* in *vier Meter hinter der Tür* – und folglich auch *an hour*, *two feet* und *two degrees* in (23) – "a particular type of argument" (vgl. Bierwisch 1988:4) und intensivierende APs wie *sehr weit* in *sehr weit vor der Tür* modifizierende Adjunkte, die durch Chomsky-Adjunktion an PPs adjungiert sind.[17] Als intensivierender Ausdruck hat die genannte AP in bezug auf die PP die

[17] Bierwisch (1988:49) diskutiert auch die Möglichkeit, Maßphrasen wie *vier Meter* als elliptische Varianten zu *vier Meter weit* und in diesem Fall als AP-Adjunkte mit leerem A-Kopf zu analysieren. Für das Englische bietet sich diese Lösung nicht gut an: **two meters far behind the door*. Auch für das Deutsche ist

gleiche Funktion wie *right* oder *slightly* in (23), wie die gegenseitige Austauschbarkeit mit einem entsprechenden Ausdruck im Englischen zeigt:

(24) *very far*
right in front of the door
slightly

Entsprechend würden diese Ausdrücke nach Bierwisch als Adjunkte außerhalb der PP analysiert. Nach dieser Analyse würden die ursprünglichen Spezifizierer von P nicht wie der Spezifizierer D von N mit funktionalen Köpfen in Verbindung gebracht. Allerdings wird diese Möglichkeit von Bierwisch auch nicht diskutiert.[18] Dies ist anders bei den Vorschlägen, die beispielsweise Zwarts (1992), Koopman (1993) und Napoli (1993) für die Struktur von Projektionen von P machen.

Napoli (1993:216f.) identifiziert als funktionale Kategorie analog zu D im Kontext von N und Aux im Kontext von V die Kategorie *Int*(*ensifier*) im Kontext von A und P, die durch *very* beziehungsweise *right* repräsentiert werden kann. Mit dieser Analyse wird das in unseren Untersuchungen zunächst als Spezifizierer von P analysierte Element *right* als funktionaler Kopf mit eigener Projektion in der erweiterten Projektion von P analysiert. Da nur lexikalische Köpfe erweiterte Projektionen bilden können, wäre somit auch hier eine Eigenschaft identifiziert, die lexikalische Präpositionen als Elemente einer lexikalischen Kategorie kennzeichnen.

Ausführlicher als Napoli, jedoch tendenziell mit dem gleichen Ergebnis, befassen sich Zwarts (1992) und Koopman (1993) mit der Frage, ob die Kategorie P erweiterte Projektionen lizensiert und welche funktionalen Kategorien mit welchen spezifischen Eigenschaften gegebenenfalls durch sprachliche Fakten motiviert werden und entsprechend zu identifizieren sind. Zwarts (1992:193) konzentriert sich dabei auf eine Identifikation von Eigenschaften einer potentiellen funktionalen Kategorie im Kontext von P – die er schließlich "R"[19] nennt – in Analogie zu Eigenschaften von I und D und kommt dabei zu folgender Liste, die er empirisch begründet:

(25) a. R carries δ-features like [±wh], [±neg], etc.
b. R can be pronominal.
c. R is the determiner of the prepositional phrase.
d. R carries the referential force of the prepositional phrase.
e. R can assign Case to [*Spec*, RP].

---

diese Lösung bei nicht-lokalen Präpositionen nicht naheliegend: *Er kam eine Stunde (*lang) nach Mitternacht an.*

18 Was Bierwisch jedoch diskutiert, ist die Frage, ob Präpositionen Spezifizierer haben und ob diese wie Elemente in D im Falle von N ein referentielles Argument binden. Dabei geht Bierwisch davon aus, daß das externe Argument von P – ebenso wie im Falle von N – zugleich das referentielle repräsentiere. Mit der Beobachtung, daß letzteres nicht der Fall ist, begründet er die Aussage, daß Präpositionen keine Spezifizierer mit einer analogen Funktion zu der von Elementen in D haben.

19 Diese Bezeichnung erfolgt in Anlehnung an Van Riemsdijk (1978), der einen spezifischen Typ von Präpositionen als "R-Präpositionen" bezeichnete, die einerseits – und dies ist die Grundlage der Bezeichnung – in ihrer phonologischen Matrix alle das Phonem /r/ aufweisen und andererseits signifikante grammatische Eigenschaften teilen.

f. There is head-to-head movement from P to R.
g. [*Spec*, RP] can be an escape-hatch for Move Alpha. (Zwarts 1992:198)

Unter die δ-Merkmale fallen dabei Merkmale, die funktionale Köpfe spezifizieren und im Ansatz von Fukui/Speas solche Merkmale wären, die das *Kase*-Raster funktionaler Köpfe motivieren. Sie bilden die Grundlage für das *Spec-Head-Agreement* und können daher auch als *agreement features* (= AGR) bezeichnet werden.

Koopman (1993) präsentiert eine Analyse niederländischer PPs im Rahmen des minimalistischen Programms (vgl. Chomsky 1993, 1995) und identifiziert funktionale Kategorien im Kontext von P auf der Grundlage von Wortstellung unter Berücksichtigung beispielsweise der Position von P, Komplementen von P und Elementen wie *pal* (= *right*), *vlak* (= *just*) und *er* (ohne Entsprechung im Englischen), wobei mögliche Kopfbewegungen und Bewegungen von XPs eine entscheidende Rolle spielen. Die Daten veranlassen Koopman zu einer Identifikation von vier funktionalen Kategorien in der erweiterten Projektion von niederländischen Präpositionen, deren relative Ordnung zu P mit Grimshaws F-Merkmalen wie folgt beschrieben wäre:

(26) *Place* = {F1}
Deg(ree) <Place> = {F2}
C <Place> = {F3}
Path = {F4}

Maßphrasen wie *two meters* und *right*, die im Niederländischen Entsprechungen haben, würden in dieser Analyse als basisgenerierter Spezifizierer beziehungsweise als Kopf der *Deg <Place>* P analysiert.

Wir wollen auf die weiteren Ausführungen von Koopman an dieser Stelle nicht eingehen, sondern lediglich feststellen, daß sie – wie auch Zwarts – hinreichend Evidenz dafür erbracht hat, daß Präpositionen Köpfe erweiterter Projektionen sein können und somit eine signifikante Eigenschaft lexikalischer Kategorien aufweisen. Bezogen auf das Englische ist dies zunächst für die hier betrachteten lexikalischen Präpositionen zutreffend, die Elemente wie *right*, *just*, *slightly* und Maßphrasen in ihrem Kontext zulassen.

Maximale Projektionen von lexikalischen Präpositionen können in Komplement- und Adjunktpositionen von Elementen der Kategorien V, N und P sowie als Prädikate vorkommen. Die Beispiele unter (27) zeigen PPs als Komplemente, die unter (28) zeigen sie als Adjunkte und die unter (29) zeigen sie als Prädikate:

(27) a. He [$_V$ put] the book *on the shelf*.
b. The session [$_V$ lasted] *for three hours*.
c. His [$_N$ journey] *to Australia* was wonderful.
d. A [$_N$ meeting] *until midnight* is rather annoying.
e. The cat emerged [$_P$ from] *behind the sofa*.

(28) a. They [$_V$ bought] the car *in London in October*.
b. The [$_N$ book] *on the shelf* is John's.
c. They met the [$_N$ day] *after the election*.
d. He read a book [$_P$ in] the garden *on a bench*.

(29) a. The man is *at the door.*
b. The meeting is *in the afternoon.*
c. The temperature is *at freezing point.*

Diese Möglichkeiten sind wie die Fähigkeit, innerhalb der eigenen Projektion Komplemente und Adjunkte zu lizensieren, ein Hinweis darauf, daß lexikalische Präpositionen ein Thetaraster haben, mithin eine lexikalische Kategorie repräsentieren. Dabei ist die Lizensierung in Adjunktpositionen auf ein Thetamerkmal zurückzuführen, das nach Fukui/Speas in Anlehnung an Higginbotham durch Thetaidentifikation entladen wird, und die Lizensierung als Prädikat auf eines, das durch Thetamarkierung entladen wird.[20]

Maximale Projektionen von lexikalischen Präpositionen können durch Proformen substituiert werden, bei lokaler und skalarer Bedeutung durch *there*, bei temporaler durch *then*:

(30) A man was *at the door* and stayed *there* for a while.

(31) He wanted to leave *at five o'clock* and left *then.*

(32) The temperature rose *above freezing point* and stayed *there* all day.

Greift man auf die von Zwarts entwickelte Analyse einer funktionalen Kategorie R im Kontext von P zurück, so werden pronominale Proformen in Analogie zu der Analyse von Pronomina durch Abney (1987; vgl. auch z. B. Olsen 1991:57), der sie als intransitive Determinatoren beschreibt, als intransitive Köpfe der Kategorie R analysiert.[21] Da im Prinzip die Kategorie R in der erweiterten Projektion von P erscheint, ist somit auch die Möglichkeit der Substitution maximaler Projektionen von P durch Proformen eine Eigenschaft, die sie als lexikalische Kategorien charakterisiert.

Maximale Projektionen von lexikalischen Präpositionen können mit anderen koordiniert werden. Es besteht nicht die Restriktion, daß nur identische präpositionale Köpfe koordiniert werden können:

(33) The cat sat under the chair and behind the sofa.

---

[20] Wie in Anmerkung 16 ausgeführt, erfolgt nach Higginbotham sowie Fukui/Speas die Lizensierung von Adjunkten dadurch, daß das externe Argument des Adjunktes mit dem referentiellen des Kopfes der Projektion unifiziert wird. Können Projektionen von Präpositionen als Adjunkte verwendet werden, so muß folglich ein Thetaraster mit einem externen Argument vorhanden sein. Wie in Anmerkung 15 ausgeführt, erfolgt die Lizensierung von Subjekten durch Thetamarkierung über externe Argumente. Der gegenseitige Zusammenhang von Subjekt und Prädikat bedingt, daß dadurch nicht nur das Subjekt, sondern auch das Prädikat lizensiert wird. Folglich muß daher auch in diesen Kontexten ein Thetaraster mit einem externen Argument vorhanden sein.

[21] Es ergäbe sich somit zum Beispiel folgende, analoge Repräsentation:

DP	RP
|	|
D	R
|	|
[1 PS, + Plural]	[loc, + proximal]
we	*here*

(34) He met his friend in the morning and in the afternoon.

(35) The temperature fell to one degree and finally below freezing point.

Die Aussagekraft dieser Daten wird erst deutlich im Vergleich mit den entsprechenden Daten zu regierten Präpositionen. Deshalb sei die Argumentation bis dahin aufgehoben.

Da Kasus im Englischen nur an Pronomina morphologisch erkennbar sind, können Kasuseigenschaften von Präpositionen nur dann getestet werden, wenn das Komplement durch ein Pronomen repräsentiert wird. Die folgenden Beispiele von lokalen und temporalen Präpositionen zeigen, daß jeweils der Objektskasus zugewiesen wird:

(36) She approached John and stopped near him.

(37) She had left with John but arrived after him.

Da im Kontext von skalaren Präpositionen nur das morphologisch nicht erkennbar kasusmarkierte *it* möglich ist, kann nicht nachgewiesen werden, daß auch hier eine Kasusmarkierung vorliegt:

(38) The temperature reached freezing point and rose above it.

Nehmen wir Beispiele wie (36) und (37) als Evidenz dafür, daß lexikalische Präpositionen im Sinne der Kasustheorie der PPT den abstrakten Objektskasus zuweisen, so heißt dies nach der Analyse von Fukui und Fukui/Speas, daß sie ein *Kase*-Raster haben. Da in den betroffenen Konstruktionen – so wie Fukui/Speas sie annehmen würden – durch das Merkmal <*obj*> eine Spezifiziererposition im Komplement von P lizensiert wird, erfolgt die Lizensierung nach rechts und kennzeichnet somit ebenfalls lexikalische Präpositionen als Elemente einer lexikalischen Kategorie.

Die Ausführungen haben somit gezeigt, daß unter Berücksichtigung der Charakterisierungen von lexikalischen Kategorien durch Abney, Fukui (und Speas) und Grimshaw lexikalische Präpositionen aufgrund ihrer hier vorgestellten Eigenschaften als Elemente einer lexikalischen Kategorie einzuordnen sind. Dies bestätigt die in der Einleitung erwähnte, entsprechende Einordnung von Präpositionen durch Fukui/Speas, die sich hier der herrschenden Meinung von Vertretern der PPT anschließen. Es widerspricht hingegen der Einordnung von Präpositionen als funktionale Köpfe in der erweiterten Projektion von N, die – wie ebenfalls eingangs erwähnt – Grimshaw vornimmt. Die nachfolgenden Ausführungen über regierte Präpositionen zeigen, daß auch Grimshaws Analyse adäquat ist, jedoch auf eine andere Teilmenge von Präpositionen zutrifft.

3.2 Regierte Präpositionen (Kasuspräpositionen)

Um einen ersten Eindruck zu vermitteln, sind mit den Sätzen unter (39) Beispiele für regierte Präpositionen gegeben, die – aus Gründen, die noch zu verdeutlichen sind – hier auch als "Kasuspräpositionen" bezeichnet werden:

(39) a. The president called *upon* the nation to economise.
b. They had been absent *from* school.
c. He had no influence *over* his sister.
d. The dog ran out *of* the house.

Im Gegensatz zu den lexikalischen Präpositionen haben regierte nicht das Potential zur vollständigen Instantiierung des unter (8) vorgestellten Projektionsschemas. Weder Spezifizierer noch Adjunkte sind möglich, wie die Beispiele unter (40) und (41) zeigen:

(40) a. *The president called *right* upon the nation.
b. *He had no influence *right* over his sister.

(41) a. *The president called upon the nation *in their responsibility* to economise.
b. *He had no influence over his sister *in her lack of experience*.

Unter Berücksichtigung der Ausführungen zu Spezifizierern beziehungsweise funktionalen Kategorien im Kontext von P im vorangehenden Abschnitt kann aus der Tatsache, daß hier keine Spezifizierer möglich sind, geschlossen werden, daß regierte Präpositionen keine erweiterten Projektionen bilden und sich folglich in dieser Hinsicht nicht wie lexikalische Kategorien, sondern wie funktionale verhalten. Dies wird unterstützt durch die Tatsache, daß regierte Präpositionen auch keine Substitution ihrer Projektionen durch eine entsprechende Proform zulassen, ein Faktum, das im vorangehenden Abschnitt ebenfalls mit erweiterten Projektionen in Verbindung gebracht wurde:

(42) a. *The president called *upon the nation* and the vice president called *there* too.
b. *He had no influence *over his sister* and their mother had no influence *there* either.

Die Tatsache, daß innerhalb der Projektion von regierten Präpositionen keine Adjunkte möglich sind, ist ein Hinweis darauf, daß sie nicht über das notwendige Thetamerkmal verfügen, das über Thetaidentifikation Adjunkte lizensieren könnte. Die nächsten Beobachtungen zeigen, daß sie gar kein Thetaraster haben und sich auch in dieser Hinsicht wie funktionale Kategorien verhalten.

Zunächst ist zu beobachten, daß in der Projektion regierter Präpositionen Komplemente vorkommen. Diese sind allerdings nicht nur möglich, sondern notwendig, und es sind ausschließlich DP-Komplemente. Dies erinnert an die F-Selektion, die Abney als charakteristisch für funktionale Kategorien bezeichnet hatte. Daß nur (obligatorische) DP-Komplemente möglich sind, ist entsprechend ein Hinweis dafür, daß keine C-Selektion vorliegt. Die Daten unter (43) veranschaulichen, daß auch keine S-Selektion vorliegt, da kein semantisches Selektionsverhältnis zwischen der Präposition und ihrem Komplement besteht, wohl aber eines zwischen diesem Komplement und der die Projektion von P regierenden lexikalischen Kategorie:

(43) a. ?The president called upon the rocks.
b. ?He had no influence over the table.

In (43a) und (43b) selegieren *call* beziehungsweise *influence* belebte beziehungsweise kontrollierbare Entitäten. Daß (43a) gegebenenfalls als zynische Äußerung und (43b) als Aussage über einen Menschen mit magischen Kräften interpretiert werden kann, ist Evidenz dafür, daß die Selektion vom Verb beziehungsweise vom Nomen ausgeht. Die Komplement-DP ist also kein Argument von P. Sie wird nicht durch ein Thetamerkmal im Thetaraster von P lizensiert.

Daß regierte Präpositionen gar kein Thetaraster haben, wird schließlich auch dadurch nahegelegt, daß Projektionen regierter Präpositionen ausschließlich in Komplementpositionen erscheinen können, nicht jedoch als Adjunkte oder Prädikate. Offensichtlich gibt es kein Thetamerkmal, das durch Thetaidentifikation oder -markierung die Projektionen in diesen Positionen lizensieren könnte.

Die Beobachtung, daß das Komplement regierter Präpositionen mit der die Projektion von P regierenden lexikalischen Kategorie – die, wie die Beispiele unter (39) zeigen, V, A, N oder P sein kann – in einem semantischen Selektionsverhältnis steht, zeigt zunächst, daß regierte Präpositionen transparent sind für die semantische Information lexikalischer Kategorien. Im Sinne Abneys weisen sie somit die Eigenschaft auf, innerhalb der S-Projektion von N zu erscheinen, beziehungsweise im Sinne von Grimshaw innerhalb der erweiterten Projektion von N. Beides sind Eigenschaften, die funktionale Kategorien kennzeichnen. Es legt des weiteren nahe, daß die S-Selektion des Komplementes auch im Sinne der Thetamarkierung von der regierenden lexikalischen Kategorie ausgeht, daß also das Komplement von P in diesen Kontexten von der die Projektion von P regierenden lexikalischen Kategorie als deren Argument über ein Thetamerkmal lizensiert wird.

Diese Überlegungen haben zu der durch weitere Beobachtungen gestützten Annahme geführt, daß regierte Präpositionen als Realisierungen inhärenter Kasus im Sinne der Kasustheorie von Chomsky (1986) zu analysieren sind (vgl. Rauh 1991:211f.; 1993a). Inhärente Kasus sind nach Chomsky (1986:186ff.) auf der Grundlage idiosynkratischer Eigenschaften lexikalischer Einheiten zugewiesene Kasus(markierungen) nominaler Komplemente, die stets gekoppelt sind mit der Thetamarkierung. Das heißt, eine durch eine inhärente Kasuszuweisung markierte DP muß zugleich von dem Element, das den Kasus zuweist, thetamarkiert werden, während ein solcher Zusammenhang für strukturelle Kasuszuweisung – die allein von strukturellen Bedingungen abhängt – nicht gegeben ist. Die Bedingung der Koppelung von Thetamarkierung und Kasuszuweisung wäre im Falle der regierten Präpositionen erfüllt.

Die folgenden Beobachtungen unterstützen die Analyse von regierten Präpositionen als (inhärente) Kasusmarkierungen.

(1) Regierte Präpositionen werden wie die inhärenten Kasus Dativ oder Genitiv im Kontext entsprechender Verben im Deutschen[22] lexikalisch regiert, also gefordert. Dies wird nicht zuletzt dann deutlich, wenn eine Koordination der Projektionen von P erfolgt, die hier nur identische Ps, nämlich die vom lexikalischen Kopf geforderten zuläßt, ebenso wie Dativ- oder Genitivverben nur dativ- oder genitivmarkierte DPs zulassen:

(44) a. *They arrived at a good solution and near a compromise.
b. *He had no influence over his sister and by the rest of his family.

(45) a. *Sie dankte ihrem Freund (Dat) und seine Schwester (Akk).
b. *Sie gedachten der Gefallenen (Gen) und ihre Opfer (Akk).

---

[22] Man vergleiche dazu die Ausführungen von Haegeman (1991, ^{2}1994:176f.).

In Abschnitt 3.1 war gezeigt worden, daß eine entsprechende Restriktion für die Koordination von Projektionen lexikalischer Präpositionen nicht zutrifft.

(2) In gegebenen Kontexten zeigen Projektionen regierter Präpositionen Bindungsphänomene wie kasusmarkierte DPs, nicht wie Projektionen lexikalischer Präpositionen:

(46) a. He_i shaved $[_{DP}$ $himself_i$/*him_i].

(47) a. He_i looked $[_{PlexP}$ around him_i/*$himself_i$].
b. He_i put the book $[_{PlexP}$ near him_i/*$himself_i$].

(48) a. He_i talked $[_{PregP}$ about $himself_i$/*him_i].
b. He_i looked $[_{PregP}$ at $himself_i$/*him_i].

(3) Im Zusammenhang mit *floated quantifiers* verhalten sich Projektionen von regierten Präpositionen ebenfalls wie kasusmarkierte DPs, nicht wie Projektionen lexikalischer Präpositionen:[23]

(49) He saw $[_{DP}$ the $girls_i$] several times $each_i$.

(50) *He sat $[_{PlexP}$ near the $girls_i$] several times $each_i$.

(51) a. He appealed $[_{PregP}$ to the $girls_i$] several times $each_i$.
b. He thought $[_{PregP}$ about the $offers_i$] several times $each_i$.

(4) Auch Beispiele, die die Kontrolle von PRO betreffen, zeigen, daß Projektionen regierter Präpositionen sich wie kasusmarkierte DPs, nicht wie Projektionen von lexikalischen Präpositionen verhalten:[24]

(52) He asked $[_{DP}$ the $boys_i$] [PRO_i to leave].

(53) *He put the book $[_{PlexP}$ near $[_{DP}$ $John_i$]] [PRO_i to read during the party].

(54) a. He counted $[_{PregP}$ on $[_{DP}$ the $boys_i$]] [PRO_i to leave].
b. He waited $[_{PregP}$ for $[_{DP}$ the $girls_i$]] [PRO_i to finish].

Diese Fakten legen also nahe, regierte Präpositionen als Realisierungen inhärenter Kasus zu analysieren und mithin als Köpfe einer funktionalen Kategorie K(asus), so wie es entsprechend von Huppertz (1992) in Anlehnung an Rauh (1991) vorgeschlagen wurde. Die Fakten zeigen auch, daß regierte Präpositionen neben den bereits herausgestellten weitere Eigenschaften funktionaler Kategorien haben, die Abney genannt hat: Als lexikalisch geforderte Kasus sind sie morphologisch abhängig und als Kasusmarkierung von DPs verhalten sie sich wie Affixe. Sie bilden außerdem eine geschlossene Klasse,[25] was für die lexikalischen so nicht gilt, tragen keinen Akzent, wie der Vergleich zwischen (55a) und (55b) zeigt,

(55) a. Bill relied on Mary's experience.
b. Bill sat on Mary's sofa.

---

23 Auf dieses Problem von *floated quantifiers* machte zunächst Jaeggli (1982) aufmerksam.

24 Beispiele wie diese gehen auf Goodluck (1978) zurück.

25 Im Rahmen des Projektes wurden für das Englische folgende Formen als regierte Präpositionen identifiziert: *about, after, against, at, between, by, for, from, in, into, of, on, over, to, towards, under, up to, with, without.*

und haben im Sinne von Abney keinen deskriptiven Gehalt ("a phrase's link to the world", vgl. Abney 1987:64). Während nämlich – wie gezeigt – Projektionen lexikalischer Präpositionen auf Räume referieren, die lokale, temporale oder skalare Räume sein können (vgl. Beispiele (15) - (23)), tun Projektionen regierter Präpositionen dies nicht, wie die entsprechenden Beispiele unter (39) und (46) - (55) zeigen. Die Referenz der Phrase ist ausschließlich auf die Komplement-DP von P zurückzuführen.

Es gibt also eine ganze Reihe von Gründen, regierte Präpositionen als Elemente einer funktionalen Kategorie zu analysieren. Es gibt allerdings auch einige, die dagegen sprechen, das heißt, es gibt einige Eigenschaften, die regierte Präpositionen aufweisen, die keine Eigenschaften funktionaler, sondern lexikalischer Kategorien sind.

Betroffen ist zunächst die Eigenschaft der Kasuszuweisung. Nach Fukui/Speas haben funktionale wie lexikalische Kategorien *Kase*-Raster, jedoch weisen funktionale Kategorien *Kase*-Merkmale nach links zu und lizensieren damit Spezifizierer innerhalb ihrer eigenen Projektion. Dies trifft für regierte Präpositionen nicht zu. Wie lexikalische Präpositionen weisen sie den Objektskasus nach rechts zu:

(56) Bill stood [$_{\text{PlexP}}$ behind him].

(57) Bill waited [$_{\text{PregP}}$ for him].

Außerdem können nach Abney Elemente funktionaler Kategorien – in der Regel – nicht von ihrem Komplement getrennt werden. Auch dies trifft für regierte Präpositionen nicht zu. Sie können ebenso wie lexikalische Präpositionen (vgl. (58) und (60)) "stranden", und zwar sowohl im Zusammenhang mit WH-Bewegungen, wie in (59b), wie auch im Zusammenhang mit dem Pseudopassiv, wie in (61b):

(58) a. [$_{\text{PlexP}}$ On what] did he sit __ ?
b. What did he sit on __ ?

(59) a. [$_{\text{PregP}}$ On whom] did he rely __ ?
b. Who did he rely on __ ?

(60) a. Famous people have slept [$_{\text{PlexP}}$ in this bed].
b. This bed has been slept in __ by famous people.

(61) a. Everyone talked [$_{\text{PregP}}$ about the accident].
b. The accident was talked about __ by everyone.

Es ist im übrigen auch nicht zutreffend, daß regierte Präpositionen gar keinen semantischen Gehalt haben. Zwar verweisen sie nicht wie lexikalische Präpositionen auf Räume unterschiedlicher Art und stellen somit – wie Abney dies für funktionale Elemente postuliert – keine Referenz zur Außenwelt her, doch drücken sie wie lexikalische Präpositionen semantische Beziehungen aus, wie jeweils die Oppositionen unter (62) und (63) veranschaulichen, wobei *about* jeweils eine Lokalitäts- beziehungsweise Bereichsangabe macht und *to* ein Ziel bezeichnet:

(62) a. Bill walked [$_{\text{PlexP}}$ about the house].
b. Bill walked [$_{\text{PlexP}}$ to the station].

(63) a. Bill talked [$_{\text{PregP}}$ about his sister].
b. Bill talked [$_{\text{PregP}}$ to his sister].

Die hier aufgezeigten, für Elemente funktionaler Kategorien untypischen Eigenschaften können einerseits als Erbe der regierten Präpositionen von den lexikalischen betrachtet werden, das sie nach einem Grammatikalisierungsprozeß noch besitzen[26] und das sie zu nicht ganz reinen funktionalen Köpfen macht. Sie können andererseits jedoch auch als Zeichen einer anderen Funktion betrachtet werden, die regierte Präpositionen neben ihrer Kasusfunktion erfüllen, nämlich der eines Wortbildungsaffixes, das mit Basen unterschiedlicher Kategorienzugehörigkeit verbunden werden kann und deren Thetaraster, deren Fähigkeit zur (strukturellen) Kasuszuweisung und nicht selten deren Bedeutung verändert.[27] Mit (64) – (67) sind dafür einige Beispiele gegeben:

(64) a. look_V (for/after/at)
b. wait_V (for, on)

(65) a. suspicious_A (of/about)
b. angry_A (at/about)

(66) a. competence_N (for)
b. discrepancy_N (in)

(67) a. out_P (of)
b. away_P (from)

Das heißt, regierte Präpositionen sind janusköpfig, klitisieren zum einen als Kasusmarkierungen an die nachfolgende DP und zum anderen als Wortbildungsaffixe an den vorangehenden lexikalischen Kopf.[28] Die beiden Möglichkeiten von *pied piping* (vgl. (59a)) einerseits und *preposition stranding* andererseits (vgl. (59b); (61b)) können als Evidenz dafür betrachtet werden. In diesem Kontext ist nicht uninteressant, daß eine der Bedingungen für die (sehr beschränkte) Möglichkeit von *preposition stranding* von lexikalischen Präpositionen im Zusammenhang mit dem Pseudopassiv (vgl. 60b) darin gesehen wird, daß der lexikalische Kopf und die Präposition ein "mögliches Wort" bilden (vgl. z. B. Van Riemsdijk 1978:221), daß hier also eine Art Wortbildungsprozeß stattgefunden hat.[29]

---

26 Man vergleiche dazu Lehmann (1985, 1986/87, 1989).

27 Bresnans (1978:17ff.) Ausführungen zu regierten Präpositionen können in diesem Sinne interpretiert werden. Da regierte Präpositionen intransitive Verben in transitive umformen können, spricht sie hier von "transitivizers".

28 Diese Charakterisierung stimmt überein mit Aussagen, die die historische Grammatik macht. So stellen Delbrück (1893:654ff.), Brugmann (1911:758ff.) und Wackernagel (1924:153ff.) fest, daß Präpositionen von ihren adverbialen Positionen einerseits in Richtung auf NPs gewandert sind, um diese semantisch zu spezifizieren, andererseits in Richtung auf V.

29 Dieser Wortbildungsprozeß wird in der Literatur unterschiedlich, in der Regel jedoch nicht als lexikalisch-morphologischer, sondern als syntaktischer Prozeß beschrieben. Hornstein und Weinberg (1981) diskutieren den syntaktischen Prozeß der Rekonstruktion, der die Sequenz V + [P+NP] in [$_V$ V+P] + NP umformt, Baker (1988:236ff.) beschreibt den gleichen Vorgang als syntaktische Inkorporation von P in V. In Rauh (1991:212) wird hingegen vorgeschlagen, daß bereits lexikalisch eine Entscheidung zwischen den beiden Möglichkeiten zu treffen ist.

Für die gegenwärtige Diskussion ist von den zwei Gesichtern regierter Präpositionen das eine relevant, das sie als Realisierungen inhärenter Kasus charakterisiert und mit dem sie – abgesehen von den genannten Ausnahmen – Eigenschaften funktionaler Köpfe zeigen. Es ist daher dieser Typ von Präpositionen, für den Grimshaws Analyse weitestgehend zutrifft, die sie in der erweiterten Projektion von N ansiedelt.

3.3 Grammatische Präpositionen

Die nachfolgenden Sätze präsentieren erste Beispiele für grammatische Präpositionen:

(68) a. I am *with* you, wherever you go.
b. The boy talked *in* a choked voice.
c. Bill was my senior *by* some years.

Grammatische Präpositionen unterscheiden sich von den lexikalischen dadurch, daß sie – ebenso wie regierte – nicht das Potential zur vollständigen Instantiierung des unter (8) vorgestellten Projektionsschemas haben. Weder Spezifizierer, noch Adjunkte sind möglich:

(69) a. *The boy talked *right* in a choked voice.
b. *Bill is my senior *right* by two years.

(70) a. *The boy talked in a choked voice *near crying*.
b. *Bill was my senior by some years *near two*.

Daß Spezifizierer nicht möglich sind, kann wie im Zusammenhang mit regierten Präpositionen als Indiz dafür gesehen werden, daß grammatische Präpositionen keine erweiterten Projektionen lizensieren. Wiederum wird diese Annahme dadurch bestätigt, daß auch hier – wie bei den regierten Präpositionen – keine Substitution der Projektionen durch Proformen möglich ist:

(71) a. *The boy talked *in a choked voice* and his friend spoke *there* too.
b. *Bill was my senior *by some years* and he was John's senior *there* too.

Grammatische Präpositionen teilen also hier die funktionalen Eigenschaften der regierten Präpositionen, nicht die der lexikalischen.

Daß keine Adjunkte möglich sind, ist hier – ebenso wie bei den regierten Präpositionen – ein Indiz dafür, daß ein entsprechendes Merkmal fehlt, das sie über Thetaidentifikation lizensieren kann.[30] Allerdings trifft hier – anders als bei regierten Präpositionen – nicht zu, daß sie gar kein Thetaraster haben. Denn die Projektionen grammatischer Präpositionen können – wie die Beispiele unter (68) zeigen – ebenso wie die lexikalischer als Prädikate oder als Adjunkte erscheinen, und beide Positionen setzen nach Fukui/Speas voraus, daß ein Thetamerkmal vorhanden ist, das über Thetaidentifikation entladen wird und so das Adjunkt lizensiert.[31]

---

[30] Den Ausführungen in Anmerkung 16 folgend handelt es sich dabei um ein referentielles Argument als Merkmal im Thetaraster.

[31] Zurückzuführen ist dies, Anmerkungen 15 und 20 folgend, auf ein externes Argument im Thetaraster grammatischer Präpositionen. Angemerkt werden sollte jedoch, daß Projektionen grammatischer Präpositionen eine erheblich umfassendere Distribution als Adjunkte haben, als Projektionen lexikalischer

Projektionen grammatischer Präpositionen kommen nicht als Komplemente, also nicht in Argumentpositionen vor. Bezogen auf den Konjunktionstest verhalten sie sich wie Projektionen lexikalischer Präpositionen, nicht wie die regierter, das heißt, die präpositionalen Köpfe müssen nicht identisch sein:

(72) The boy talked *in* a choked voice and *with* suppressed tears.

(73) Bread *with* butter and *without* anything else is good for your health.

Ob ein *Kase*-Raster vorliegt, kann oft nicht geprüft werden, da grammatische Präpositionen eine starke Tendenz dazu haben, NP-, nicht DP-Komplemente zu selegieren, die nicht durch Pronomina substituiert werden können, oder solche DPs, die nur durch *it* substituierbar sind, so daß eine Kasusmarkierung nicht sichtbar wird. Wo allerdings die Substitution durch ein Pronomen möglich ist, wird die gleiche Art der Kasusmarkierung sichtbar, wie bei den beiden anderen Typen von Präpositionen, die nach Fukui/Speas als charakteristisch für lexikalische Kategorien einzuordnen ist:

(74) Mary played golf with John's sister and not *with him.*

(75) She wanted to do everything *like him.*

In der Projektion von grammatischen Präpositionen sind Komplemente nicht nur möglich – wie bei den lexikalischen Präpositionen – sondern notwendig – wie bei den regierten. Die bevorzugte Repräsentation ist die durch eine NP beziehungsweise DP. AP- und PP-Komplemente kommen vor, wenngleich äußerst selten. Sie wurden bislang nur im Kontext von *for* identifiziert:

(76) a. They got everything for [$_{AP}$ *free*].
b. It's okay for [$_{PP}$ *now*].

Ob satzwertige Komplemente identifiziert werden, ist abhängig davon, ob Elemente wie *unless* oder *although* und andere, die die traditionelle Grammatik als subordinierende Konjunktionen klassifiziert, hier eingeordnet werden.

Die äußerst beschränkten kategorialen Möglichkeiten für Komplemente grammatischer Präpositionen machen es nicht ganz leicht zu entscheiden, ob hier im Sinne Abneys eher die Eigenschaft der C-Selektion lexikalischer Kategorien oder die der F-Selektion funktionaler vorliegt. Auf keinen Fall kann im Sinne Grimshaws angenommen werden, daß dieser Typ von Präpositionen in der erweiterten Projektion von N anzusiedeln ist, da die Thetaeigenschaften von N das Vorkommen der Projektionen als Adjunkte nicht lizensieren könnten. Grammatische Präpositionen verhalten sich in dieser Hinsicht also nicht wie funktionale Kategorien.

Bleibt zu fragen, ob die Präposition-Komplement-Beziehung Eigenschaften der S-Selektion aufweist. Legt man die Version von Grimshaw zugrunde, so könnten die kategorialen Selektionsunterschiede zwischen *unless*, *although* und ähnlichen einerseits und Elementen wie beispielsweise *with*, *in* oder *by* in (68) andererseits wie im Falle der lexikalischen Präpositionen dadurch erklärt werden, daß erstere Propositionen selegieren, während letztere dies nicht tun.

Präpositionen. Anders, wenngleich unklar, sind zum Beispiel die Positionen von Ausdrücken wie *in my opinion*, *as far as X is concerned*, *at any rate*, *at face value* und anderen, die als Projektionen (fixierter) grammatischer Präpositionen betrachtet werden.

Nach der chomskyschen Version in Verbindung mit Fukui/Speas kann postuliert werden, daß Thetamarkierung und folglich S-Selektion beziehungsweise Entladung eines Thetamerkmals mit der Funktion, eine syntaktische Position zu lizensieren, immer dann vorliegt, wenn ein Komplement – unter gegebenen Restriktionen – frei gewählt werden kann und nicht im Lexikon bereits vorgegeben ist. Dies ist der Fall in Beispielen wie den folgenden:

(77) They live in a constant state of revolt.
a good relationship.
harmony with everyone.

(78) The team has been run on a pocket money basis.
a large amount of money.
approximately 15 thousand dollars a year.

(79) He is no friend to ladies.
Southerners.
uneducated people.

Im Lexikon vorgegeben sind hingegen Komplemente grammatischer Präpositionen in einer Vielzahl von Fällen, so daß hier lexikalisierte, fixierte Phrasen, "idiomatische Ausdrücke" oder "Phraseologismen" vorliegen, wie etwa die folgenden:[32]

(80)	on duty	by heart
	in a hurry	in due course
	out of order	for good or ill
	on good terms	from rags to riches
	at hand	at a rough guess
	on credit	in fits and starts
	in love	in the long run

Der Unterschied zwischen lexikalisierten Konstruktionen und solchen wie unter (77) – (79) stützt die Annahme, daß hier ein Thetamerkmal vorliegt, das Komplemente durch Thetamarkierung lizensiert und daß grammatische Präpositionen sich in dieser Hinsicht wie lexikalische verhalten.

Sie unterscheiden sich hingegen von diesen dadurch, daß sie – auch wenn sie mit ihnen formidentisch sind – keinen Bezug auf lokale, temporale oder skalare Räume ausdrücken. So wurde in Abschnitt 3.1 für Beispiele wie (81) – (83) festgestellt, daß ihre Bedeutung durch Sätze wie (81') – (83') paraphrasiert werden kann, wobei jeweils der "Raumbezug" verdeutlicht wird:

(81) He lived in a small town.
(81') He lived at a place which is in a small town.

(82) They started their trip after dinner.
(82') They started their trip at a time which was after dinner.

---

32 Eine systematische Zusammenstellung solcher Phraseologismen präsentiert Sick (1993).

(83) The temperature was below freezing point.
(83') The temperature was at a point on the thermometer which is below freezing point.

Ein vergleichbarer Raumbezug, sei es auch ein metaphorischer, ist für die folgenden Beispiele nicht festzustellen:

(84) She was in a bad mood.
(84') *She was in a place/situation/temper which was in a bad mood.

(85) Bill was my senior by some years.
(85') *Bill was my senior in a place/at an age which was by some years.

(86) They went at high speed.
(86') *They went at a point on the speedometer which was at high speed.

Während Projektionen lexikalischer Präpositionen einen Raum in Relation zu einem Referenzobjekt bezeichnen, wobei das Referenzobjekt durch das Komplement von P ausgedrückt wird, machen Projektionen grammatischer Präpositionen wie in (84) – (86) lediglich eine Bereichsangabe. Das Komplement der Präpositionen bezeichnet kein Referenzobjekt, sondern den durch die Semantik des Nomens charakterisierten "Raum", der den Gültigkeitsbereich der Bedeutung der Projektion von P insgesamt bezeichnet. Man kann daher folgern, daß die Bedeutung von Projektionen lexikalischer Präpositionen zwei Entitäten beteiligt, einen (lokalen, temporalen oder skalaren) Raum und ein Referenzobjekt, während grammatische nur eine beteiligen, die als durch die Bedeutung des Nomens spezifizierter, abstrakter Raum charakterisiert werden kann.[33]

Diese Analyse trifft allerdings nicht für alle Präpositionen zu, die hier aufgrund sonstiger gemeinsamer Eigenschaften zu den grammatischen gerechnet werden. So beteiligen zwar beispielsweise *with*, *without*, *like* oder *as* wie die anderen grammatischen Präpositionen nur eine Entität, doch handelt es sich hierbei – verglichen mit den lexikalischen – nicht um die räumliche Entität, sondern um das Referenzobjekt:

(87) John likes sandwiches *with/without* tuna salad.

(88) He received the same respect *like/as* his brothers.

Die Ausführungen haben gezeigt, daß grammatische Präpositionen teils Eigenschaften lexikalischer Kategorien und teils solche von funktionalen aufweisen. Für diesen Typ trifft daher zu, was Abney in dem in der Einleitung wiedergegebenen Zitat für Präpositionen insgesamt feststellte: [They] "seem to straddle the line between functional and thematic elements." Mit der hier gewählten, vielleicht nicht ganz glücklichen Bezeichnung "grammatische" Präpositionen sollte dabei ausgedrückt werden, daß die mit lexikalischen Präpositionen formidentischen Elemente dieses Typs als Grammatikalisierungen betrachtet werden können, die

33 Es zeigt sich hier – wie in Anmerkung 12 vorausgesagt – daß die in Rauh (1988) entwickelte und in Abschnitt 3.0 zugrundegelegte Analyse bezogen auf die Thetastruktur von Präpositionen nicht präzise genug ist. Präziser und mithin angemessener ist die Analyse von Zwarts (1992:53ff.), der ein referentielles Argument im Thetaraster von Präpositionen annimmt, das auf eine Lokalität oder einen Pfad verweist, letzterer zu spezifizieren als Ausgangspunkt, Pfad oder Ziel, sowie zusätzlich ein Referenzobjekt. Allerdings ist die Annahme auf Thetaraster von lexikalischen Präpositionen zu beschränken.

gegenüber der Ausgangskategorie einen Verlust an Merkmalen erfahren haben. Zwar gilt dies auch für die regierten Präpositionen, doch unterscheiden sich diese von den grammatischen durch die Ausprägung einer neuen, eigenen Funktion, die daher für die Namengebung naheliegend war.

4 Resümee und Ausblick

Mit den Ausführungen im vorangehenden Abschnitt ist gezeigt worden, daß bezogen auf das Englische drei deutlich voneinander zu unterscheidende Typen von Präpositionen zu identifizieren sind, wobei unter Berücksichtigung der in Abschnitt 2 vorgestellten, je spezifischen Eigenschaften von lexikalischen und funktionalen Kategorien der erste, lexikalische Präpositionen, alle Eigenschaften einer lexikalischen Kategorie aufweist, der zweite, regierte Präpositionen, in einer seiner zwei Funktionen fast alle Eigenschaften funktionaler Kategorien und der dritte, grammatische Präpositionen, teils die Eigenschaften von lexikalischen, teils die von funktionalen Kategorien. Die nachfolgende Zusammenstellung der relevanten Eigenschaften der drei Typen veranschaulicht noch einmal die jeweilige Zuordnung:

I. Lexikalische Präpositionen:
I.1. Lexikalische Präpositionen c-selegieren ihre Komplemente.
I.2. Lexikalische Präpositionen s-selegieren ihre Komplemente.
I.3. Lexikalische Präpositionen haben ein Thetaraster. Durch Merkmale im Thetaraster werden Subjekte, Komplemente und Adjunkte innerhalb der Projektion der Präposition lizensiert.
I.4. Durch Merkmale im Thetaraster werden maximale Projektionen lexikalischer Präpositionen als Prädikate oder Adjunkte lizensiert.
I.5. Lexikalische Präpositionen bilden erweiterte Projektionen. Ihre maximalen Projektionen können daher durch Proformen substituiert werden.
I.6. Lexikalische Präpositionen sind morphologisch (und phonologisch) unabhängig. Daher sind ihre maximalen Projektionen (relativ)[34] frei koordinierbar.
I.7. Lexikalische Präpositionen haben ein *Kase*-Raster mit dem Merkmal *<objective>*.
I.8. Lexikalische Präpositionen haben semantischen Gehalt, über den die Referenz zu Entitäten einer möglichen Welt hergestellt wird und der in ihre S-Projektion beziehungsweise in ihre erweiterte Projektion eingeht.
I.9. Semantisch beteiligt die Konstruktion einer lexikalischen Präposition mit ihrem Komplement nicht nur eine Entität, sondern zwei. Dabei repräsentiert das Komplement die Entität Referenzobjekt, während die zweite Entität (Raum, Zeit oder Skala) implizit ist.

II. Regierte Präpositionen:
II.1. Regierte Präpositionen f-selegieren ihr Komplement, und zwar stets die Kategorie NP (DP).

[34] Die Einschränkung auf "relativ" freie Koordinierbarkeit bezieht sich darauf, daß die Konjunkte vom gleichen ontologischen Typ sein müssen. Die folgenden Beispiele machen diese Restriktion deutlich: **He met his friend in the morning and in town*; **He bought the book in London and in August*.

II.2. Regierte Präpositionen haben kein Thetaraster. Sie können folglich weder Subjekte, s-selegierte Komplemente oder Adjunkte lizensieren, noch können ihre maximalen Projektionen als Prädikate oder Adjunkte lizensiert werden.
II.3. Regierte Präpositionen bilden keine erweiterten Projektionen. Sie erlauben daher in ihrer Projektion keine Spezifizierer und ihre maximalen Projektionen können nicht durch Proformen substituiert werden.
II.4. Regierte Präpositionen sind morphologisch (und phonologisch) abhängig. Ihre maximalen Projektionen können daher nur dann untereinander koordiniert werden, wenn sie identische Köpfe haben.
II.5. wie (7) für lexikalische Präpositionen
II.6. Regierte Präpositionen haben keinen semantischen Gehalt, über den die Referenz zu Entitäten einer möglichen Welt hergestellt wird. Sie drücken jedoch semantische Beziehungen aus.
II.7. Regierte Präpositionen sind transparent für die semantische Information von lexikalischen Köpfen.
II.8. Regierte Präpositionen bilden eine geschlossene Klasse.

III. Grammatische Präpositionen:
III.1. Grammatische Präpositionen c-selegieren ihre Komplemente äußerst beschränkt.
III.2. wie (2) für lexikalische Präpositionen
III.3. Grammatische Präpositionen haben ein Thetaraster. Die Merkmale in ihrem Thetaraster können jedoch nur Subjekte und Komplemente, aber keine Adjunkte lizensieren.
III.4. wie (4) für lexikalische Präpositionen
III.5. wie (3) für regierte Präpositionen
III.6. wie (6) für lexikalische Präpositionen[35]
III.7. wie (7) für lexikalische Präpositionen
III.8. wie (6) für regierte Präpositionen
III.9. Semantisch beteiligt die Konstruktion einer grammatischen Präposition mit ihrem Komplement nur eine Entität, die entweder ein Referenzobjekt oder einen abstrakten Bereich repräsentiert.

Wie die Ausführungen in den Abschnitten 2 und 3, so macht auch diese Zusammenstellung deutlich, daß die Identifikation der einzelnen Eigenschaften und folglich auch die Differenzierung von lexikalischen und funktionalen Kategorien theoriebasiert erfolgt. Die zugrundegelegte Theorie ist dabei die PPT, in deren Kontext die in Abschnitt 2 vorgestellten Ausführungen von Abney, Fukui (und Speas) und Grimshaw angesiedelt sind.[36] Als explizite Grammatiktheorie stellt die PPT das Potential zur Verfügung, die für lexikalische und funktionale Kategorien je spezifischen Eigenschaften – sowie mutatis mutandis die je spezifischen Eigenschaften für die drei Typen englischer Präpositionen – explizit zu repräsentieren. Darin liegt die in der Einleitung erwähnte Überlegenheit der jüngeren Einteilung in lexikalische

[35] Auch für die Koordinierbarkeit von Projektionen grammatischer Präpositionen gilt die Restriktion, daß die Konjunkte eine gewisse Gleichheit aufweisen müssen, wie die Ungrammatikalität der folgenden Beispiele zeigt: **He talked in a choked voice and from experience*; **He wrote the letter with a red pencil and in a hurry*.

[36] Von den zahlreichen Varianten der PPT entspricht die von diesen Autoren zugrundegelegte, die auch hier als theoretische Vorgabe dient, in etwa dem Modell, das in Speas (1990) vorgestellt wird. Der mit der PPT wenig vertraute, jedoch interessierte Leser sei daher zum Verständnis der nachfolgenden Ausführungen auf diese Schrift verwiesen.

und funktionale Kategorien gegenüber der verwandten, strukturalistischen Einteilung in *parts of speech* und *function words*, die aufgrund mangelnder Explizität nicht immer nachvollziehbar ist.

Eine explizite Repräsentation der in der Zusammenstellung aufgelisteten Eigenschaften kann über Merkmale erfolgen, die im lexikalischen Eintrag lexikalischer Einheiten repräsentiert sind und die die entsprechenden Eigenschaften vorhersagen. Bezogen auf die drei Typen englischer Präpositionen wurden Ansätze zu solchen Repräsentationen in Rauh (1993b, 1994, 1995) vorgestellt. Es würde den Rahmen dieses Aufsatzes sprengen, die theoretische Fundierung für die einzelnen Merkmale hier vorzustellen oder gar Weiterentwicklungen oder Alternativen zu diskutieren.[37] Um dennoch einen Eindruck davon zu vermitteln, in welcher Weise eine Beziehung zwischen lexikalisch notierten Merkmalen und grammatischen Eigenschaften hergestellt werden kann, die eine explizite Basis für die Differenzierung von lexikalischen und funktionalen Kategorien bildet, seien hier entsprechende Ergebnisse aus Rauh (1993b, 1994, 1995) wiedergegeben.

In Rauh (1995) wird vorgeschlagen, für lexikalische Präpositionen ein Thetaraster anzunehmen, das für nicht-intransitive Elemente als Thetamerkmale ein externes Argument <1>, ein internes <2> und ein referentielles enthält, wobei letzteres je nach der Referenz der Präpositionenbedeutung als "*l*(*ocal*)", "*t*(*emporal*)" oder "*sc*(*alar*)" ausbuchstabiert wird. Für intransitive Elemente ist entsprechend ein Thetaraster anzunehmen, das kein internes, sondern lediglich ein externes und ein referentielles Argument enthält.

Über diese Thetamerkmale und ihre in der Theorie definierte Funktion[38] können die folgenden Eigenschaften erklärt werden:

<1>:
- lexikalische Präpositionen können Subjekte lizensieren
- maximale Projektionen lexikalischer Präpositionen können als Prädikate und Adjunkte lizensiert werden

<2>:
- lexikalische Präpositionen lizensieren Komplemente

<l/t/sc>:
- lexikalische Präpositionen lizensieren Adjunkte, wodurch ein Raum, Zeitraum oder Skalenbereich modifiziert wird
- lexikalische Präpositionen lizensieren einen funktionalen Kopf in ihrer erweiterten Projektion, wodurch die Möglichkeit der Spezifikation durch *right* und vergleichbare Elemente oder durch Maßphrasen sowie die Möglichkeit der Substitution maximaler Projektionen durch Proformen erklärt werden kann
- Konstruktionen von lexikalischen Präpositionen und ihren Komplementen beteiligen neben der Entität, die das Komplement bezeichnet, eine zweite, implizite, die als Raum, Zeitraum oder Skalenbereich interpretiert wird
- bezüglich der Substitution durch Proformen (*there* vs. *then*) und bezüglich der Spezifikation (*two meters* vs. *two years* vs. *two degrees*) liegen Restriktionen vor, die von der Ausbuchstabierung des referentiellen Argumentes abhängen

Von den vorgestellten Thetamerkmalen und ihren lizensierenden Effekten sind das externe und das interne Argument unkontrovers. Über das referentielle hingegen, das für Präpositionen von

---

[37] Die theoretische Fundierung wird in Rauh (1993b) skizziert. Sie steht in ihren Umrissen im Einklang mit Speas (1990) sowie mit entsprechenden Weiterentwicklungen in Zwarts (1992).

[38] Die hier zugrundegelegte Thetatheorie entspricht der von Higginbotham (1985) in der Version von Speas (1990:60ff.). Man vergleiche auch Zwarts (1992:45ff.).

Speas (1990, in Anlehnung an Higginbotham) postuliert und unabhängig davon von Haumann (1990) und Zwarts (1992) motiviert wird, wobei die Analysen in Rauh (1995) sich an Zwarts (1992) orientiert haben, bestehen unterschiedliche Auffassungen.[39] Es soll darauf hier jedoch nicht eingegangen werden. Eine entsprechende Diskussion, die insbesondere auch Fragen nach der Motivation für sowie nach der Art und Anzahl von funktionalen Köpfen innerhalb der Projektion von lexikalischen Präpositionen etwa im Stile von Koopman (1993, vgl. Abschnitt 3.1) nachgeht, bleibt späteren Arbeiten vorbehalten.

Neben Thetamerkmalen wurde in Rauh (1993b) vorgeschlagen, Kasusmerkmale im Lexikoneintrag lexikalischer Einheiten so zu notieren, daß sie deren entsprechende grammatische Eigenschaften vorhersagen. In der Tradition von Chomsky (1981) wurde als relevantes Merkmal das Merkmal [-N] vorgesehen, das die kasuszuweisenden Kategorien Verb und Präposition spezifiziert. Es wurde vorgeschlagen, dieses Merkmal nur dann zu notieren, wenn ein NP-Komplement selegiert wird. Damit jedoch wird die in der PPT in der Regel akzeptierte Kategorienspezifikation [-N,-V] für Präpositionen, die ohnehin fragwürdig ist, praktisch gegenstandslos. Ein späterer Vorschlag (Rauh 1994) sieht daher vor, die kasuszuweisende Eigenschaft, die den Effekt der Lizensierung eines funktionalen Kopfes in der erweiterten Projektion eines N-Komplementes hat, durch das kasusspezifische Merkmal [+K] zu repräsentieren, das – je nachdem, ob es sich um die Eigenschaft der strukturellen oder der inhärenten Kasuszuweisung handelt – weiter spezifiziert ist als [+S] oder [-S], wobei [+S] im Englischen durch >*objective*<, >*genitive*< oder >*nominative*< weiter spezifiziert werden kann.

Mit dieser Annahme wird für lexikalische Präpositionen, die ein NP-Komplement selegieren, das Merkmal [+S:>obj<] im Lexikoneintrag notiert.

Neben Thetamerkmalen und Kasusmerkmalen wird in Rauh (1993b) vorgeschlagen, für lexikalische Präpositionen die Merkmale [-N,-V] mit ihrer in der PPT üblichen Interpretation zu notieren. Da diese äußerst problematisch ist,[40] wird in Rauh (1994) vorgeschlagen, die Merkmale zwar beizubehalten, sie jedoch abhängig zu machen von der Fähigkeit, erweiterte Projektionen zu bilden. Das heißt, die Merkmale [-N,-V] sind notwendig für die Lizensierung von funktionalen Köpfen in der erweiterten Projektion lexikalischer Präpositionen.[41] Dieser Zusammenhang zeigt, daß hier – ebenso wie im Hinblick auf das referentielle Argument – noch weitere Forschungstätigkeit notwendig ist, die zu präziseren Annahmen führt.

Beim jetzigen Stand der Forschung lassen sich mit dem vorgestellten Inventar von Thetamerkmalen, Kasusmerkmalen und kategorialen Projektionsmerkmalen für einzelne lexikalische Präpositionen merkmalbasierte Repräsentationen entwickeln, die deren spezifische grammatische Eigenschaften erklären. Beispiele sind unter (89) gegeben:

---

[39] So vertreten Bierwisch (1988:56) und Wunderlich (1991:600; 1992:9) dezidiert die Auffassung, daß Präpositionen kein referentielles Argument in ihrem Thetaraster haben.

[40] Sie ist deshalb problematisch, weil in der Literatur unterschiedliche Definitionen dieser Merkmale angeführt werden, wobei unklar bleibt, welche üblicherweise zugrundegelegt werden. Man vergleiche dazu zum Beispiel Stowell (1981:22ff.), Aoun (1981:8ff.), Chomsky und Lasnik (1993:517).

[41] Im Prinzip können allerdings genauso gut die Merkmale N, V, A und P angenommen werden. Die Merkmale [±N,±V] werden jedoch deshalb hier bevorzugt, weil sie signalisieren, daß der zur Verfügung stehende Kategorienraum für lexikalische Kategorien vollständig genutzt wird. Merkmale wie N, V, A und P suggerieren hingegen, daß die Reihe beliebig fortgesetzt werden kann.

(89)	*on*:	1. [-N,-V] <1,2,l> [+S:>obj<]
		2. [-N,-V] <1,2,t> [+S:>obj<]
	away:	[-N,-V] <1,l> [-K]
	behind:	1. [-N,-V] <1,2,l> [+S:>obj<]
		2. [-N,-V] <1,l> [-K]
	above:	1. [-N,-V] <1,2,l> [+S:>obj<]
		2. [-N,-V] <1,l> [-K]
		3. [-N,-V] <1,2,t> [+S:>obj<]
		4. [-N,-V] <1,2,sc> [+S:>obj<]
	before:	1. [-N,-V] <1,2,l> [+S:>obj<]
		2. [-N,-V] <1,2,t> [+S:>obj<]
		3. [-N,-V] <1,t> [-K]
		4. [-N,-V] <1,2,t> [-K]
	from:	1. [-N,-V] <1,2,l> [+S:>obj<]
		2. [-N,-V] <1,2,t> [+S:>obj<]
		3. [-N,-V] <1,2,sc> [+S:>obj<]
		4. [-N,-V] <1,2,l> [-K]
		5. [-N,-V] <1,2,t> [-K]
		6. [-N,-V] <1,2,sc> [-K]
	out:	1. [-N,-V] <1,2,l> [-S:*of* [+N,-V] [+S:>obj<]]
		2. [-N,-V] <1,l> [-K]

Liegt in einer Merkmalkombination ein internes Argument, jedoch ein negativ spezifiziertes Kasusmerkmal [-K] vor – wie für *before* (4) und *from* (4,5,6) – so kann das Komplement entweder durch eine CP/IP oder eine PP realisiert werden. Es wird durch eine CP/IP realisiert, wenn auf der semantischen Ebene eine Proposition selegiert wird, ansonsten durch eine PP. Besonders hervorzuheben in bezug auf die Merkmalrepräsentationen ist wohl auch, daß *out* als inhärenter Kasuszuweiser analysiert wird, wobei *of* als Kasusrealisierung notiert wird (vgl. dazu weiter unten).

Für grammatische Präpositionen wurde festgestellt, daß sie all die Eigenschaften, die im Zusammenhang mit dem Thetamerkmal referentielles Argument für lexikalische Präpositionen aufgeführt wurden, nicht haben. Dies schließt die Unfähigkeit zur Bildung von erweiterten Projektionen ein. Als Konsequenz wurde in Rauh (1994) vorgeschlagen, daß die Merkmalkombinationen für grammatische Präpositionen lediglich die Thetamerkmale <1,2> sowie das Kasusmerkmal [+S:>obj<], nicht jedoch die kategorialen Projektionsmerkmale [-N,-V] enthalten. Für grammatische Präpositionen mit satzwertigen Komplementen, die auf der semantischen Ebene Propositionen selegieren, fällt auch das Merkmal [+S:>obj<] weg. Sie sind für die Eigenschaft der Kasuszuweisung negativ spezifiziert. Theta- und Kasusmerkmale erklären ansonsten die gleichen grammatischen Eigenschaften wie bei den lexikalischen Präpositionen. Beispiele für Merkmalrepräsentationen von grammatischen Präpositionen sind unter (90) gegeben:

(90)	*with*:	1. <1,2> [+S:>obj<]
		2. <1,2> [-K]

on: 1. <1,2> [+S:>obj<]
2. <1,2> [-K]
by: 1. <1,2> [+S:>obj<]
although: <1,2> [-K]

Für *with* und *on* ist dabei zusätzlich zu notieren, daß die semantisch selegierte Proposition durch eine V-*ing*-Konstruktion realisiert wird.

Für regierte Präpositionen war bereits festgestellt worden, daß sie keine Thetaraster, also auch keinerlei Thetamerkmale haben. Damit wird erklärt, daß sie keine der mit diesen Merkmalen verbundenen Eigenschaften aufweisen. Hingegen teilen sie mit den anderen beiden Typen das Kasusmerkmal [+S:>obj<], das hier einheitlich im Sinne der F-Selektion die Selektion einer NP/DP lizensiert. Da regierte Präpositionen keine erweiterten Projektionen bilden, fehlen ihnen auch die kategorialen Projektionsmerkmale [-N,-V]. Da sie jedoch als funktionale Köpfe in der erweiterten Projektion von N vorkommen, wurde in Rauh (1994) – in Abweichung zu Annahmen in Rauh (1993a, b)[42] – vorgeschlagen, in ihrer Merkmalkombination die Merkmale [+N,-V] zu notieren, die ihre Lizensierung in der erweiterten Projektion von N sichern. Es ergeben sich folglich für regierte Präpositionen einheitlich Merkmalkombinationen wie die für (*apologize*) *for* in (91):

(91) (*apologize*) *for*: [+N,-V] [+S:>obj<]

Zusätzlich gilt für regierte Präpositionen, daß sie über Kasusmerkmale der lexikalischen Köpfe, von denen sie regiert werden, als inhärente Kasus gefordert werden. Sie haben daher keinen eigenen Lexikoneintrag, sondern erscheinen wie folgt im Eintrag eines lexikalischen Kopfes:

(92) *apologize*: [+N,-V] <1,2,e> [-S:*for* [+N,-V] [+S:>obj<]]
angry: [+N,-V] <1,2,d> [-S:*at* [+N,-V] [+S:>obj<]]
competence: [+N,-V] <1,2> [-S:*for* [+N,-V] [+S:>obj<]]

Damit erklärt die Repräsentation von regierten Präpositionen neben den bereits genannten Eigenschaften deren Eigenschaft als inhärente Kasus – die auch wohl der Grund dafür ist, daß sie eine geschlossene Klasse bilden – und mithin ihre phonologische und morphologische Abhängigkeit sowie ihre Transparenz für die semantische Information lexikalischer Köpfe, die ihnen als funktionaler Kopf eigen ist. Die Repräsentation von regierten Präpositionen erklärt darüber hinaus deren markierte Eigenschaft, als funktionale Köpfe selbst Kasus zuzuweisen.

Betrachtet man die jeweiligen Merkmalmengen unter dem Gesichtspunkt einer Differenzierung von lexikalischen und funktionalen Kategorien auf expliziter Basis, so läßt sich folgendes festhalten: Elemente lexikalischer Kategorien haben eigene kategoriale Projektionsmerkmale und ein Thetaraster; Elemente funktionaler Kategorien haben keine eigenen

---

42 In Rauh (1993a) wurde der Konvention folgend angenommen, daß alle drei Typen von Präpositionen durch die Merkmalkombination [-N,-V] repräsentiert werden. In Rauh (1993b) wurde das Merkmal [-N] als Kasuszuweiser interpretiert und [-V] als verantwortlich für die syntaktische Eigenschaft maximaler Projektionen von Köpfen, die dieses Merkmal enthalten, in Spaltsätzen vorkommen zu können. Da erstere Eigenschaft für regierte Präpositionen zutrifft, letztere hingegen nicht, wurden sie entsprechend lediglich durch das Merkmal [-N] repräsentiert. Da diese Repräsentation als Unterspezifikation interpretiert werden kann, wurde in Rauh (1994) die kasuszuweisende Eigenschaft durch eigene Merkmale repräsentiert ([±K,±S]), während die Merkmale [±N,±V], wie ausgeführt, auf erweiterte Projektionen Bezug nehmen.

kategorialen Projektionsmerkmale, sondern die Merkmale der lexikalischen Köpfe, in deren erweiterter Projektion sie lizensiert sind, und sie haben kein Thetaraster.

Die Ausführungen zeigen, daß es im Rahmen der PPT möglich ist, über differenzierte Merkmalrepräsentationen, die unter Einbeziehung verschiedener Module der Grammatik identifiziert werden, eine explizite Grundlage für die Zuordnung einzelner lexikalischer Einheiten wie auch von Gruppen davon (= Typen von Präpositionen) zu lexikalischen beziehungsweise funktionalen Kategorien zu entwickeln. Sie zeigen auch, worauf die in der Einleitung erwähnte, in der Literatur sich abzeichnende Unsicherheit hinsichtlich der Einordnung von Präpositionen in den einen oder anderen Kategorientyp gründet: Solange ein Kategorienetikett, das die Kategorienzugehörigkeit lexikalischer Einheiten im Lexikon ausweist, sich auf eine Spezifikation durch die Merkmale [±N,±V] beschränkt und folglich alle Präpositionen – das ist die Menge der Elemente, die die traditionelle Grammatik als solche identifizierte zuzüglich derer, die Jackendoff (1973, 1977) und Emonds (1976) zusätzlich identifizierten – mit dem Kategorienetikett [-N,-V] versieht, wird es keine Möglichkeit einer angemessenen Zuordnung geben können. Unter diesem Gesichtspunkt ist zwar Abneys Lösung des Problems angemessen (*P seems to straddle the line between functional and thematic elements*), aber wenig hilfreich, da die Voraussetzungen für das *straddling* nicht explizit sind. Die Zuordnungen durch Fukui/Speas sowie Grimshaw sind hingegen nicht angemessen, aber erklärlich: Die Eigenschaften einer Teilmenge wurden jeweils als charakteristisch für die ganze Kategorie betrachtet, eine Lösung, für die es keine Alternative gibt, solange keine Differenzierung des Kategorienetiketts [-N,-V] erfolgt.

Die Ergebnisse dieses Aufsatzes unterstützen somit das Plädoyer, das in Rauh (1993b) vorgetragen wurde, daß nämlich im Rahmen einer differenzierten, modular strukturierten Grammatik wie der PPT auch Kategoriendefinitionen, das heißt die Kategorienetiketten, die lexikalischen Einheiten in ihrem Lexikoneintrag zugeordnet werden und ihre kategoriale Zugehörigkeit ausweisen, modular strukturiert sein sollten. Dabei ist nicht gemeint, daß die Kategorien [±N,±V] durch andere Merkmale subkategorisiert werden, sondern daß andere Merkmale wie Thetamerkmale und Kasusmerkmale gleichberechtigt neben den kategorialen Projektionsmerkmalen zur Kategoriendefinition gehören.[43] Ein solches komplexes Kategorienetikett sieht von einer der traditionellen Grammatik eigenen – und wie die endlose Literatur über die Identifikation von grammatischen Kategorien[44] zeigt – unangemessenen Zuordnung jedes einzelnen lexikalischen Elementes zu nur einer grammatischen Kategorie ab. Es ist hingegen erstens eine Art Zusammenfassung der grammatischen Eigenschaften der lexikalischen Einheit, in deren Lexikoneintrag es erscheint, sozusagen deren ganz individuelle DNS, und es ist zweitens die Grundlage für die Definition und Identifikation einer Vielzahl von grammatischen Kategorien im Sinne von natürlichen Klassen, zu denen diese lexikalische Einheit jeweils gehört, also zum Beispiel der grammatischen Kategorie der Kasuszuweiser

---

43 Daß es sich nicht um eine Subkategorisierung handeln kann, wird besonders dann deutlich, wenn – wie hier für grammatische Präpositionen angenommen – die Merkmale [±N,±V] gar nicht im Kategorienetikett repräsentiert sind.

44 Man vergleiche dazu zum Beispiel Fries (1952), Ives (1957), Koch (1963), Helbig (1969), Schmid (1970), Flämig (1975), Bergenholtz/Schaeder (1977), Weigand (1979), Aaronson/Ferres (1984), Plank (1984), Reuland (1985), Lefebvre/Muysken (1986), Emonds (1987), Zimmermann (1987), Taylor (1989), Schwarze (1990) sowie die jeweils dort aufgeführte Literatur.

(= [+K]), der Thetarollenzuweiser (= <...>), der Kategorie mit ausschließlich einem internen Argument (= <2>), der Kategorie der Verben mit einem NP/DP-Komplement (= [-N,+V] <... 2 ...> [+S]), etc. Unter dieser Vorgabe können durchaus auch die traditionellen Kategorien N, V, A und P als natürliche Klassen definiert werden. Nach den vorangehenden Ausführungen erfolgt dies über die Merkmale [±N,±V] mit der Interpretation, daß hier solche Kategorien definiert werden, deren Elemente erweiterte Projektionen lizensieren können, da unter die jeweils lizensierten Köpfe genau die Elemente fallen, die nach der traditionellen Grammatik kategoriendefinierend oder kategorienidentifizierend sind, nämlich beispielsweise die grammatischen Flexive für Person, Numerus, Kasus oder Tempus und grammatische Formative wie der Artikel etc. Eine entsprechende Analyse würde jedoch auch zeigen, daß eine Reihe von lexikalischen Einheiten diesen natürlichen Klassen nicht zugeordnet werden kann, was die Probleme, die die traditionellen Kategorien stets bereitet haben, erklärt.[45]

Als natürliche Klassen im angesprochenen Sinn wären bei einer entsprechenden Konzeption von Kategorienetiketten auch die in diesem Aufsatz thematisierten lexikalischen und funktionalen Kategorien zu definieren. Nach den vorangehenden Ausführungen erfolgt dabei die Definition und Differenzierung über die kategorialen Projektionsmerkmale und die Thetamerkmale: Elemente lexikalischer Kategorien werden durch eigene kategoriale Projektionsmerkmale sowie durch Thetamerkmale spezifiziert, Elemente funktionaler Kategorien durch kategoriale Projektionsmerkmale der lexikalischen Köpfe, in deren erweiterter Projektion sie lizensiert sind. Sie haben keine Thetamerkmale.

Die Ausführungen haben am Beispiel der Präpositionen auch gezeigt, daß nicht alle lexikalischen Einheiten eindeutig der einen oder anderen der beiden Kategorien zugeordnet werden können. Und auch dieses ist ein Faktum, das nur dann explizit beschrieben werden kann, wenn ein in der vorgestellten Weise differenziertes Kategorienetikett vorliegt, das einzelne Merkmale und nicht nur das definierende Merkmalbündel als lexikalisch oder funktional identifiziert. Im Hinblick auf das Ziel einer expliziten Beschreibung unterstützt somit auch dieses Ergebnis das in Rauh (1993b) vorgetragene Plädoyer, komplexe, modular strukturierte Kategoriendefinitionen zu entwickeln.

Literatur

Aaronson, Doris, Steven Ferres (1984): "A structure and meaning based classification of lexical categories". – In: S. J. White, V. Teller (eds.): Discourses in Reading and Linguistics (New York: New York Acad. of Sciences) 21-57.

Abney, Steven P. (1987): The English Noun Phrase in its Sentential Aspects. – Cambridge, Mass.: MIT (unpublished diss.).

Aoun, Joseph (1981): "Parts of speech: a case of redistribution". – In: A. Belletti (ed.): Theory of Markedness in Generative Grammar (Proceedings of the 1979 GLOW Conference) (Pisa: Scuola Normale Superiore di Pisa) 3-24.

Baker, Mark C. (1988): Incorporation: A Theory of Grammatical Function Changing. – Chicago: The University Press.

Bergenholtz, Henning, Burkhart Schaeder (1977): Die Wortarten des Deutschen: Versuch einer syntaktisch orientierten Klassifikation. – Stuttgart: Klett.

[45] Man beachte in diesem Zusammenhang die Ausführungen von Sasse (1993).

Bierwisch, Manfred (1988): "On the grammar of local prepositions". – In: M. Bierwisch, W. Motsch, I. Zimmermann (Hgg.): Syntax, Semantik und Lexikon (Berlin: Akademie-Verlag) (studia grammatica XXIX) 1-65.

Bresnan, Joan (1978): "A realistic transformational grammar". – In: M. Halle, J. Bresnan, G. A. Miller (eds.): Linguistic Theory and Psychological Reality (Cambridge, Mass.: The MIT Press) 1-59.

Brugmann, Karl (1911): Vergleichende Laut-, Stammbildungs- und Flexionslehre nebst Lehre vom Gebrauch der Wortformen der indogermanischen Sprachen. Bd. 2.2, von K. Brugmann und B. Delbrück, Grundriß der vergleichenden Grammatik der indogermanischen Sprachen. – Straßburg: Karl J. Trübner.

Chomsky, Noam (1981): Lectures on Government and Binding. – Dordrecht: Foris Publications.

– (1986): Knowledge of Language: Its Nature, Origin, and Use. – New York: Praeger.

– (1989): "A generalization of X-bar-theory". – In: A. Borg, S. Somekh, P. Wexler (eds.): Studia Linguistica et Orientalia Memoriae Haim Blanc Dedicata (Wiesbaden: Otto Harrassowitz Verlag) 86-93.

– (1991): "Some notes on the economy of derivation". – In: R. Freidin (ed.): Principles and Parameters in Comparative Grammar (Cambridge, Mass.: The MIT Press) 417-454.

– (1993): "A minimalist program for linguistic theory". – In: K. Hale, S. J. Keyser (eds.): The View from Building 20. Essays in Linguistics in Honor of Sylvain Bromberger (Cambridge, Mass.: The MIT Press) 1-52.

– (1995): "Bare Phrase Structure". – In: G. Webelhuth (ed.): Government and Binding Theory and the Minimalist Program (Oxford: Blackwell) 383-439.

Chomsky, Noam, Howard Lasnik (1993): "The theory of principles and parameters". – In: J. Jacobs, A. von Stechow, W. Sternefeld, T. Vennemann (Hgg.): Syntax. Ein internationales Handbuch zeitgenössischer Forschung (Berlin: Walter de Gruyter) 506-569.

Curme, George O. (1935): A Grammar of the English Language. Vol. 2: Parts of Speech and Accidence. – Boston, etc.: D. C. Heath & Comp.

Delbrück, Berthold (1893): Vergleichende Syntax der indogermanischen Sprachen. Bd. 3.1, von K. Brugmann und B. Delbrück, Grundriß der vergleichenden Grammatik der indogermanischen Sprachen. – Straßburg: Karl J. Trübner.

Emonds, Joseph E. (1976): A Transformational Approach to English Syntax: Root, Structure Preserving, and Local Transformations. – New York: Academic Press.

– (1985): A Unified Theory of Syntactic Categories. – Dordrecht: Foris Publications.

– (1987): "Parts of speech in generative grammar". – In: Linguistic Analysis 12, 1-21.

Flämig, Walter (1975): "Zur grammatischen Klassifizierung des Wortbestandes im Deutschen". – In: G. Helbig (Hg.): Linguistische Studien: Klassifizierung der Wortarten, 39-52.

Fries, Charles C. (1952): The Structure of English. – New York: Holt, Rinehart & Winston, Inc.

Fukui, Naoki (1986): A Theory of Category Projection and its Principles and Applications. – Cambridge, Mass.: MIT.

Fukui, Naoki, Margaret Speas (1986): Specifiers and Projection. – Cambridge, Mass.: The MIT-Press (MIT Working Papers in Linguistics 8) 128-172.

Gleason, Henry A. (1955; ^{2}1961): An Introduction to Descriptive Linguistics. – New York: Holt, Rinehart and Winston.

Goodluck, Helen (1978): Linguistic Principles in Children's Grammar of Complement Subject Interpretation. – Phil. Diss. University of Amherst, Amherst, Mass.

Grimshaw, Jane (1979): "Complement selection and the lexicon". – In: Linguistic Inquiry 10, 279-326.

– (1981): "Form, function and the language acquisition device". – In: C. L. Baker, J. McCarthy (eds.): The Logical Problem of Language Acquisition (Cambridge, Mass.: The MIT Press) 165-182.

– (1991): "Extended projection". – MS, Waltham, MA: Brandeis University.

Haegeman, Liliane (1991; ^{2}1994): Introduction to Government and Binding Theory. – Oxford: Blackwell.

Haumann, Dagmar (1990): Thetarollen englischer Lokalpräpositionen: Syntaktische und semantische Aspekte. – Magisterarbeit, Bergische Universität – Gesamthochschule Wuppertal.

Helbig, Gerhard (1969): "Zur Klassifizierung der deutschen Wortarten". – In: Sprachpflege 4, 65-71.

Higginbotham, James (1985): "On semantics". – In: Linguistic Inquiry 16, 547-593.

Hockett, Charles F. (1958): A Course in Modern Linguistics. – New York: The McMillan Company.

Hornstein, Norbert, Amy Weinberg (1981): "Case theory and preposition stranding". – In: Linguistic Inquiry 12, 55-91.
Huppertz, Angelika (1992): 'A Phrase for Kase' – Zum syntaktischen Anspruch einer KP-Analyse. – Arbeiten des Sonderforschungsbereichs 282: Theorie des Lexikons, Nr. 17 – Wuppertal: Bergische Universität – Gesamthochschule Wuppertal.
Ives, Sumner (1957): "Defining parts of speech in English". – In: College English 18, 341-48.
Jackendoff, Ray S. (1973): "The base rules for pepositional phrases". – In: S. Anderson, P. Kiparsky (eds.): A Festschrift for Morris Halle (New York: Holt, Rinehart & Winston) 345-366.
– (1977): X' Syntax. A Study of Phrase Structure. – Cambridge, Mass., London: The MIT Press.
Jaeggli, Osvaldo (1982): Topics in Romance Syntax. – Dordrecht: Foris Publications.
Koch, Walter A. (1963): "Towards a definition of the parts of speech". – In: Studia Linguistica 17, 1-12.
Koopman, Hilda (1993): The Structure of Dutch PPs. – MS, Los Angeles, Cal.: University of California.
Kunert, Lydia (1992): Syntax und Semantik ausgewählter englischer Präpositionen. Konsequenzen für eine lexikalische Repräsentation. – Diss.: Bergische Universität – Gesamthochschule Wuppertal.
Lefebvre, Claire, Pieter Muysken (1986): Mixed Categories: Nominalizations in Quetchua. – Dordrecht: Kluwer.
Lehmann, Christian (1985): "Grammaticalization: synchronic variation and diachronic change". – In: Lingua e Stile 20, 303-318.
– (1986/87): "Grammaticalization and linguistic typology". – General Linguistics 26/27, 3-22.
– (1989): "Grammatikalisierung und Lexikalisierung". – Zeitschrift für Phonetik, Sprachwissenschaft und Kommunikationsforschung 42, 11-19.
Napoli, Donna J. (1993): Syntax. Theory and Problems. – Oxford: University Press.
Olsen, Susan (1991): "Die deutsche Nominalphrase als 'Determinatorphrase'". – In: S. Olsen, G. Fanselow (Hgg.): DET, COMP und INFL. Zur Syntax funktionaler Kategorien und grammatischer Funktionen (Tübingen: Max Niemeyer Verlag) 35-56.
Pesetzky, David (1982): "Paths and categories". – Cambridge, Mass.: The MIT Press (diss.).
Plank, Frans (1984): "Vierundzwanzig grundsätzliche Bemerkungen zur Wortartenfrage". – In: Leuvense Bijdragen: Tijdschrift voor germaanse Filologie 73, 489-520.
Pollock, Jean-Yves (1989): "Verb movement, UG and the structure of IP". – In: Linguistic Inquiry 20, 365-424.
Quirk, Randolph (1962; [2]1968): The Use of English. – London: Longman Group Ltd.
Rauh, Gisa (1988): Tiefenkasus, thematische Relationen und Thetarollen. Die Entwicklung einer Theorie von semantischen Relationen. – Tübingen: Narr.
– (1990): "Präpositionen: Eine geschlossene Klasse?" – In: Die Neueren Sprachen 89, 5, 476-498.
– (1991): "Prepositional forms in the lexicon: problems and suggestions". – In: G. Rauh (Hg.): Approaches to Prepositions (Tübingen: Narr) 169-223. Deutsche Version erschienen in: Sprachwissenschaft 17 (1992) 339-396.
– (1993a): "Kasus und Präpositionen im Englischen". – In: Indogermanische Forschungen 98, 252-292.
– (1993b): Grammatische Kategorien. – Arbeiten des Sonderforschungsbereichs 282: Theorie des Lexikons, Nr. 39 – Wuppertal: Bergische Universität – Gesamthochschule Wuppertal.
– (1993c): "On the grammar of lexical and non-lexical prepositions in English". – In: C. Zelinsky-Wibbelt (ed.): The Semantics of Prepositions. From Mental Processing to Natural Language Processing (Berlin: Mouton der Gruyter) 99-150. Deutsche Version erschienen als: Arbeiten des Sonderforschungsbereichs 282: Theorie des Lexikons, Nr. 5, 1991 – Wuppertal: Bergische Universität – Gesamthochschule Wuppertal.
– (1994): "Zur Beschreibung englischer Präpositionen zwischen lexikalischen und funktionalen Kategorien: Plädoyer für eine modulare Definition grammatischer Kategorien im Rahmen der Prinzipien- und Parametertheorie". – Vortrag: gehalten auf der Jahrestagung der Deutschen Gesellschaft für Sprachwissenschaft in Münster, 11.03.1994.
– (1995): "Präpositionen und Rollen". – Sprachwissenschaft 20, 2, 123-167.
Reuland, Eric (1985): "A feature system for the set of categorial heads". – In: P. Muysken, H. Van Riemsdijk (eds.): Features and Projections (Dordrecht: Foris Publications) 41-88.

Ritter, Elizabeth (1991): "Two functional categories in noun phrases: evidence from modern Hebrew". – In: S. Rothstein (ed.): Perspectives on Phrase Structure: Heads and Licensing (Syntax and Semantics 25) (San Diego: Academic Press) 37-62.

Sasse, Hans-Jürgen (1993): "Syntactic categories and subcategories". – In: J. Jacobs, A. von Stechow, W. Sternefeld, T. Vennemann (Hgg.): Syntax. Ein internationales Handbuch zeitgenössischer Forschung (Berlin: Walter de Gruyter) 646-686.

Schmid, Wolfgang P. (1970): "Skizze einer allgemeinen Theorie der Wortarten". – Akademie der Wissenschaften und der Literatur. Abhandlungen der Geistes- und Sozialwissenschaftlichen Klasse. Jahrgang 1970 (Mainz: Akademie der Wissenschaften und der Literatur) 5-26.

Schwarze, Christoph (1990): Concept Types and Parts of Speech: With Special Reference to the Lexicalization of Region Concepts in French. – Fachgruppe Sprachwissenschaft in der Universität Konstanz. Fachgruppe Theorie des Lexikons. Arbeitspapier Nr. 22.

Sick, Christine (1993): Adverbiale Phraseologismen des Englischen. – Tübingen: Gunter Narr Verlag.

Speas, Margaret (1990): Phrase Structure in Natural Language. – Dordrecht: Kluwer.

Steinitz, Renate (1969): Adverbialsyntax. – Berlin: Akademie Verlag (studia grammatica X).

Stowell, Timothy (1981): Origins of Phrase Structure. – Doctoral diss., Cambridge, Mass.

Taylor, John R. (1989): Linguistic Categorization. Prototypes in Linguistic Theory. – Oxford: Clarendon Press.

Van Riemsdijk, Henk (1978): A Case Study in Syntactic Markedness: The Binding Nature of Prepositional Phrases. – Lisse: The Pieter Ridder Press.

Vater, Heinz (1984): "Determinantien und Quantoren im Deutschen". – In: Zeitschrift für Sprachwissenschaft 3, 19-42.

Wackernagel, Jacob (1924): Vorlesungen über Syntax. Bd. 2. – Basel: Kommissionsverlag von Emil Birkhäuser & Cie.

Webelhuth, Gert (1995): "X-bar theory and case theory". – In: G. Webelhuth (ed.): Government and Binding Theory and the Minimalist Program (Oxford: Blackwell) 15-95.

Weigand, Edda (1979): "Wortarten als grammatische Kategorien". – In: E. Weigand, G. Tschauder (Hgg.): Perspektive: textintern. Akten des 14. Linguistischen Kolloquiums. Bochum. Bd. 7, 197-209.

Wunderlich, Dieter (1991): "How do prepositional phrases fit into compositional syntax and semantics". – In: Linguistics 29, 591-621.

– (1992): Funktionale Kategorien im Lexikon. – Arbeiten des Sonderforschungsbereichs 282: Theorie des Lexikons, Nr. 24 – Düsseldorf: Heinrich-Heine-Universität Düsseldorf.

Zimmermann, Ilse (1987): "Syntactic categorization". – In: W. Bahner, J. Schildt, D. Viehweger (eds.): Proceedings of the Fourteenth International Congress of Linguists, Berlin, August 10-15 – Berlin, Bd. 1, 864-867.

Zwarts, Jost (1992): X'-Syntax – X'-Semantics. On the Interpretation of Functional and Lexical Heads. – Utrecht: OTS Dissertation Series.

Dagmar Haumann

Lexikalische Varianten des Komplementierers *that**

Abstract

This paper attempts to trace back the syntactic behavior of *that*-initial CPs to the grammatical features defining this complementizer. On the basis of syntactic phenomena – such as their being selected by different classes of governing heads and the (un)availability of CP-bound *wh*-movement versus *wh*-extraction out of CP – it will be argued that there are three lexical variants of the complementizer *that* and hence three types of CPs headed by *that*. A first distinction of *that* and CPs headed by *that* concerns mood: *that*-initial CPs are either in the indicative or the subjunctive. For reasons of morphosyntactic feature checking as well as for reasons of selection of *that*-CPs, I will argue that mood plays a crucial role in the feature make-up of the three variants of *that*. I will argue – adopting and modifying a proposal by Melvold (1991) – that, within the indicative type, a distinction has to be made between factive and non-factive CPs. This distinction is based on the observation that factive and non-factive CPs behave asymmetrically with respect to CP-bound *wh*-movement versus *wh*-extraction out of CP. On the basis of the grammatical features that are identified, certain correlations between non-factive CPs and subjunctive CPs can be accounted for in a principled way. Thus it will be shown that both the affinities and discrepancies with respect to admissible syntactic operations in the three types of *that*-CPs can be traced back to – and thus be predicted from – different lexical specifications of the complementizers.

1 Einleitung

Komplementierer, die seit Bresnan (1970, 1972, 1973) als tiefenstrukturell repräsentierte syntaktische Kategorie und nicht mehr als durch zyklisch applizierende Transformationen insertierte Elemente[1] gehandelt werden, spielen gleichermaßen in der älteren wie der jüngeren Geschichte der generativen Grammatik eine entscheidende Rolle für die Konzeption von Satzstrukturen.

Mit der Integration sogenannter *minor categories* in den Kanon der projizierenden und somit phrasenbildenden Kategorien[2], der unter anderen durch Arbeiten von Stowell (1981), Fukui/Speas (1986) und Abney (1987) initiierten Zweiteilung des Inventars syntaktischer Kategorien in lexikalische und funktionale und den daraus resultierenden Implikationen für die Architektur von Sätzen nehmen Komplementierer sowie die strukturelle Position, die sie besetzten, eine zentrale Rolle in der gegenwärtigen generativen Grammatiktheorie – wie beispielsweise der Prinzipien- und Parameter-Theorie (PPT) und dem Minimalistischen Programm (MP)[3] – ein.

---

* Der vorliegende Artikel ist im Rahmen des Sonderforschungsbereichs 282 "Theorie des Lexikons", Projekt A2: "Grammatische Eigenschaften englischer Präpositionen, Konjunktionen und Adverbien im Lexikon" entstanden. Ich danke Thilo Tappe und Friederike Pfingsten für anregende Diskussionen und Gisa Rauh, Elisabeth Löbel und Martin Neef für hilfreiche Kommentare.

1 Vgl. Rosenbaum (1967) und Lakoff (1968).

2 Vgl. Stowell (1981), Abney (1987) und Chomsky (1986, 1989a).

3 Vgl. Chomsky (1986, 1989b, 1993, 1994, 1995).

Entscheidend ist, daß mit der Uniformierung von Sätzen[4], das heißt mit der Integration von Komplementierern und deren Projektion, sprich CP, sowie mit deren Zuteilung zum Universum der funktionalen Kategorien nicht nur eine Position für objektsatzeinleitende subordinierende Konjunktionen, sondern auch eine Kopfposition als Landeplatz für Verbbewegung sowie eine Spezifikatorposition als Landeplatz für Operatoren zur Verfügung stehen.

Aus der Menge der Lexeme, die in der PPT und dem MP die syntaktische Kategorie *complementizer* konstituieren, nämlich *that*, *for*, *if* und *whether*[5], steht in vorliegendem Artikel das Element *that* im Vordergrund, das sich gemäß den Merkmalspezifikationen in (1), die Bezug nehmen sowohl auf das Format des strukturellen Komplements als auch auf selegierbare Eigenschaften des Komplementierers und seiner Projektion, von den Elementen *for*, *if* und *whether* klar abgrenzen läßt:

(1)

	that	for	if	whether
wh	−	−	+	+
finite	+	−	+	±

Das Merkmal, das bezüglich des Formats des Komplements, das heißt für die interne Struktur von CP als relevant erachtet wird, ist das Finitheitsmerkmal. Bezüglich der Selektion von CP und somit bezüglich feiner spezifizierten Distributionskriterien steht das Merkmal für Interrogativität im Vordergrund. Diese Merkmale werden kodiert als [±fin] für (In)Finitheit und [±wh] für (Nicht)Interrogativität.[6] Während *if* und *whether* gemäß dem positiv spezifizierten [wh]-Merkmal im Kontext interrogativer Regenten wie in (2) erscheinen, sind die Projektionen der für dieses Merkmal negativ spezifizierten Elemente *that* und *for* in genau diesen Kontexten unzulässig. Dazu die Beispiele in (3):

(2) a. Joe asked if Tom knew about the gossip.
b. She wondered whether to invite them or not.

(3) a. *Bill asked that Tom had been dating Jane.
b. *She wondered for you to leave right now.

Umgekehrt sagt die [±wh]-Spezifikation voraus, daß CPs, deren Kopf als [−wh] spezifiziert ist, im Kontext nicht-interrogativer Regenten erscheinen (4), während diejenigen CPs, deren Kopf positiv für [wh] spezifiziert ist, in diesen Kontexten unzulässig sind (5):

(4) a. Bill said that Tom had been dating Jane.
b. It would be inconvenient for you to leave right now.

(5) a. *Joe said if Tom knew about the gossip.
b. *It would be inconvenient whether to invite them or not.

Die Finitheitsspezifikation bezieht sich auf die morphologischen Eigenschaften des verbalen Nukleus des Komplements von C. CPs, die durch *that* in (6) und *if* in (7) eingeleitet sind, sind

---

4 Die Annahme, Sätze seien strukturell uniform, das heißt CPs, wurde durch Bresnans Arbeiten (1970, 1972, 1973) initiiert.

5 Vergleiche jedoch Kayne (1990:17ff.) und Chomsky/Lasnik (1993:56), die vorschlagen, *whether* nicht als C-Kopf, sondern als specCP-Element zu analysieren.

6 Vgl. Bresnan (1970, 1972), Chomsky (1977) und Grimshaw (1977, 1979).

stets finit, diejenigen, die durch *for* in (8) eingeleitet werden, stets infinit. *Whether*-initiale CPs wie in (9) können sowohl finit als auch infinit sein:

(6) a. Everybody thought that he reached India.
b. *Everybody thought that he to reach India.

(7) a. The King asked if Columbus had reached India.
b. *The King asked if Columbus to reach India.

(8) a. They hoped for Columbus to reach India.
b. *They hoped for Columbus reached India.

(9) a. Columbus wondered whether to take some Indians on the ship.
b. Columbus wondered whether he should take some Indians on the ship.

Ausgehend von dieser groben (Sub)Klassifikation von Komplementierern will ich im folgenden für das Element *that* aufzeigen, daß diese Merkmale nicht nur unzureichend sind, sondern auch daß die Datenlage es kaum erlaubt, die traditionelle Auffassung, es gebe nur einen Komplementierer *that*, beizubehalten. Ein erster Differenzierungsvorschlag liegt mit der Arbeit Melvolds (1991) vor, die dafür plädiert, zwei Komplementierer *that* anzunehmen, einen d-strukturell repräsentierten, der faktive CPs einleitet, und einen auf PF insertierten, der nicht-faktive CPs einleitet. Zusätzlich zu den beiden von Melvold postulierten Komplementierern *that*, die ich im folgenden als indikativische Komplementierer bezeichnen werde, ist ein dritter Komplementierer *that* anzunehmen, der konjunktivische CPs einleitet.

Ziel ist es, die lexikalisch determinierten Eigenschaften der drei Komplementierer *that* zu isolieren und zu zeigen, daß diese nicht nur bezüglich der Selektion von CPs und in bezug auf deren interne Struktur determinierend sind, sondern auch mit Hinblick auf CP-interne Bewegungsprozesse und Extraktionen auf CP.

Vorliegender Artikel ist wie folgt strukturiert: Im nächsten Abschnitt werden die theoretischen Grundannahmen dargelegt, auf denen die Analyse der Komplementierer und ihrer Projektionen basiert. Abschnitt 3 konzentriert sich auf die Distribution und die interne Struktur von CPs, deren Kopf das Element *that* ist. Ich werde dafür argumentieren, insgesamt drei Köpfe *that* anzunehmen, wobei die primäre Unterscheidung sich auf den Modus des eingebetteten Satzes bezieht. Es wird unterschieden zwischen indikativischen (3.1) und konjunktivischen (3.2) *that*-CPs. Innerhalb der indikativischen durch *that* eingeleiteten CPs wird eine weitere Unterscheidung als unabdingbar erachtet, nämlich die zwischen faktiven und nicht-faktiven. Abschnitt 4 faßt die Ergebnisse der Analyse zusammen.

2 Theoretische Grundannahmen

Zentral in generativen Modellen wie der PPT und dem MP ist die Lizensierung phrasaler Kategorien in der Projektion eines Kopfes.

In prä-minimalistischen Modellen wurde die Struktur von Phrasen, das heißt die Projektion von Köpfen, als durch das X'-Schema aufgebaut und lizensiert verstanden:

(10) a. X'=X X"
b. X"=X" X' (nach Chomsky (1989a:89))

Der Minimalismus hingegen geht davon aus, daß es a priori kein Phrasenstrukturschema gibt, sondern daß Strukturen durch die Operation *merge* konstruiert werden. *Merge* operiert zunächst über lexikalischen Einheiten, die zu *partial trees* kombiniert werden, appliziert dann aber selbstrekursiv, das heißt über dem Produkt der durch *merge* gebildeten Konstrukte.[7]

Unabhängig von der Wahl des Modells – PPT oder MP – und damit ungeachtet des Strukturbildungsmechanismus, durch den Phrasen aufgebaut werden, gibt es maximal zwei phrasale Positionen innerhalb der Projektion eines Kopfes, die lizensiert werden müssen, die Spezifikatorposition und die Komplementposition:

(11)

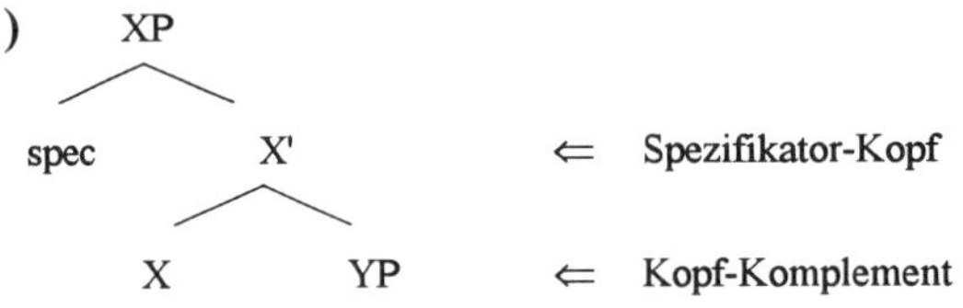

Bevor ich auf diese beiden phraseninternen Positionen eingehe, will ich kurz das theoretische Modell des MP skizzieren, in dem ich meine Analyse vornehmen will.

Das MP sieht – anders als noch das unmittelbare Vorgängermodell, nämlich die PPT[8] – zwei Repräsentationsebenen vor, die Ebene der Logischen Form (LF) und die der Phonologischen Form (PF), die sowohl als Schnittstellen zum konzeptuell-intentionalen System und zum artikulatorisch-perzeptuellen System gehandelt werden als auch als *bare output conditions*, das heißt als Wohlgeformtheitsbedingungen über Strukturen. Ein sprachlicher Ausdruck gilt dann – und nur dann – als wohlgeformt, wenn er sowohl auf LF als auch auf PF konvergiert, andernfalls wird die Struktur als eine nicht-wohlgeformte ausgefiltert (*crash*).[9] Entscheidend in bezug auf Konvergenz ist das Prinzip der "Vollständigen Interpretation" (*Full Interpretation*), das besagt, daß auf LF nur LF-relevante Information erscheinen darf, auf PF nur PF-relevante.

Sprachliche Ausdrücke werden durch die strukturbildende Operation *numeration* aufgebaut, die vollständig flektierte Einheiten, die als Merkmalbündel konzipiert sind, aus dem Lexikon auswählt und diese dem Komputationssystem und somit der Operation *merge* zuführt, die sukzessiv über Paaren von Elementen, die einfach oder komplex sein können, operiert und aus diesen jeweils größere Einheiten formt (vgl. Chomsky (1995:396)). Diese Strukturen werden im Laufe der Derivation – in der sowohl weitere *merge*-Operationen als auch Bewegungen (*move*) stattfinden können – einer weiteren Operation, nämlich *spell-out* zugeführt, die eine Zweiteilung in LF-relevante und PF-relevante Information vornimmt und somit dem Prinzip der "Vollständigen Interpretation" zuarbeitet.

---

7 Diese beiden Strukturbildungsmechanismen unterscheiden sich darin, daß das X'-Schema eine "all at once operation" (Chomsky (1993:21)) ist, und zwar dergestalt, daß strukturelle Positionen wie die des Komplements und des Spezifikators automatisch generiert werden, während sie durch *merge* als eine Art "Selbstmontageoperation" erst geschaffen werden.

8 In der PPT werden vier Repräsentationsebenen angenommen: d-Struktur, s-Struktur, Logische Form (LF) und Phonologische Form (PF).

9 Vgl. Chomsky (1994:4, 1995:390).

Move, die zweite Operation des Komputationssystems, appliziert über den durch *merge* generierten Strukturen, wobei jedwede Bewegung motiviert ist, das heißt, fakultative Bewegung ist nicht vorgesehen. Im MP sind Bewegungen durch die Bedingungen *procrastinate* und *greed* restringiert. *Procrastinate* ist eine Ökonomiebedingung, die fordert, daß Bewegung – so es denn keine zwingende Notwendigkeit für sie gibt – so lange wie möglich, nämlich bis LF, hinausgezögert wird, wo die relevanten Merkmale überprüft werden. Zwingend notwendig ist eine prä-*spell-out* Bewegung, wenn voraussehbar ist, daß – fände die Bewegung nicht vor *spell-out* statt – die Struktur an einer der beiden Schnittstellen nicht konvergiert. Dies ist beispielsweise der Fall, wenn starke Merkmale im Spiel sind, die nicht auf PF vorhanden sein dürfen, also vor *spell-out* eliminiert werden müssen. Diese Art der Bewegung, die gewissermaßen weitsichtigerweise – nämlich um dem *crash* auf PF vorzubeugen – stattfindet, wird als *greed* bezeichnet.[10]

Im folgenden werde ich die eingangs dargestellten phraseninternen Relationen – nämlich die von Kopf und Spezifikator und die von Kopf und Komplement – in dem soeben skizzierten Modell erläutern.

In den Projektionen funktionaler Köpfe – und um die geht es im Falle des Komplementierers *that* – wird die Spezifikatorposition unter Merkmalkongruenz (*specifier-head agreement*) lizensiert. Merkmalkongruenz wird aufgefaßt als "feature sharing"[11] zwischen Kopf und Spezifikator.

Ursprünglich wurde die Notwendigkeit von Merkmalkongruenz zwischen Kopf und Spezifikator für sogenannte ϕ-Merkmale wie Person, Numerus, Genus und Kasus, also morphosyntaktische Merkmale, postuliert.[12] Mit dem Aufkommen zahlreicher funktionaler Projektionen jedoch, die nicht notwendigerweise syntaktische Repräsentationen traditioneller morphologischer Kategorien sind und auch nicht mit diesen interagieren, wird der Mechanismus der Merkmalkongruenz ausgeweitet auf Operatorenmerkmale wie [wh]. So formuliert Rizzi (1991:2), May (1985:17) folgend, eine Wohlgeformtheitsbedingung über die Spezifikator-Kopf-Beziehung, die als das *Wh-Criterion* bezeichnet wird.

(12) The *Wh*-Criterion
   a. A *Wh*-Operator must be in a Spec-head configuration with an $X^0_{[+wh]}$.
   b. An $X^0_{[+wh]}$ must be in a Spec-head configuration with a *Wh*-Operator.

Die Kernaussage in (12), nämlich daß Kopf und Spezifikator in Merkmalen übereinstimmen müssen, trifft generell auf Spezifikator-Kopf-Relationen in funktionalen Projektionen zu.[13]

Zur Veranschaulichung der Spezifikator-Kopf-Kongruenz, die im folgenden zu modifizieren sein wird, möge das Beispiel in (13) dienen:

---

10 Vergleiche dazu Chomsky (1993:32), der *greed* als eine Operation charakterisiert, die auf morphologischen Eigenschaften beruht: "[...] certain features must be checked in the checking domain of the head, or the derivation will crash."

11 Vgl. Chomsky (1986:24).

12 Es sei darauf hingewiesen, daß Chomsky (1981:330) in Erwägung zieht, auch [–wh] als ϕ-Merkmal zu erfassen.

13 So nimmt es denn nicht wunder, daß Rizzis *Wh-Criterion* bald als Schablone für operatorbasierte Spezifikator-Kopf-Kongruenzphänomene adaptiert wurde (vgl. Haeberli/Haegemans (1995:91) *Neg Criterion* oder Dubinsky/Williams' (1995:134) *Temporal Operator Criterion*).

(13)

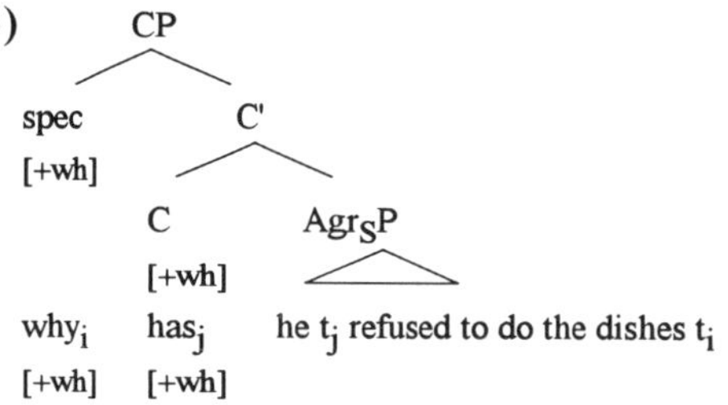

[+wh] ist ein starkes Merkmal, das vor *spell-out* eliminiert werden muß, um nicht eine Konvergenzverletzung auf PF herbeizuführen. Dieses starke Merkmal wird dadurch eliminiert, daß sich die Phrase, an der es erscheint, overt nach specCP bewegt.

Unter der Annahme, Auxiliare seien potentiell lexikalische Träger der [+wh]-Markierung[14], wie von Rizzi (1991:4) vorgeschlagen, sowie der Annahme, [+wh] sei ein starkes Merkmal, bewegt sich das Auxiliar in (13) overt nach C, um dort vor *spell-out* seine Merkmale überprüfen zu lassen. Beide Bewegungen in (13) sind *greed*-gesteuert, das heißt, sie finden overt statt, um Inkonvergenzen auf PF vorzubeugen. Sowohl der Kopf – durch Auxiliarbewegung nach C – als auch der Spezifikator – durch *wh*-Bewegung nach specCP – enthalten lexikalisches Material, das das starke Merkmal [+wh] trägt, auf dessen Grundlage die Spezifikator-Kopf-Kongruenz etabliert wird.

Die Lizensierung der Komplementposition eines funktionalen Kopfes wird ebenso wie die der Spezifikatorposition durch einen Merkmalüberprüfungsmechanismus gewährleistet, der allerdings nicht auf Spezifikator-Kopf-Kongruenz, sondern ausschließlich auf Kopfbewegung beruht.

Verbale Kopfbewegung nach C ist im Englischen – anders als in Verbzweitsprachen wie beispielsweise dem Deutschen – nur in Matrixinterrogativa "sichtbar", mit der Einschränkung, daß das Subjekt nur mit Auxiliar- und Modalverben wie in (14), nicht aber mit Vollverben wie in (15) invertiert.[15] [16]

(14)

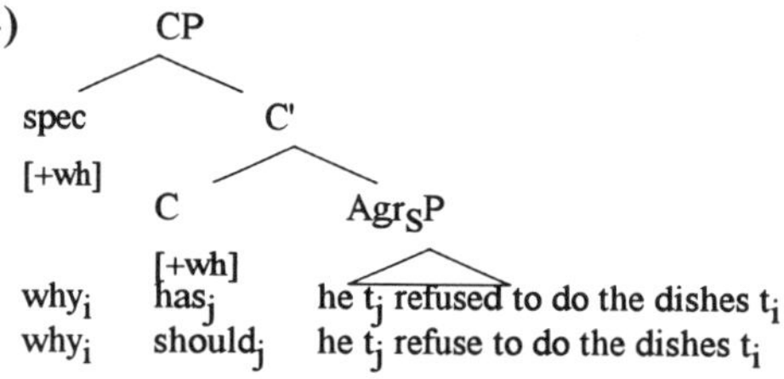

---

[14] Diese Annahme muß ebenso für Modalverben gemacht werden, da auch sie in Matrixinterrogativa mit dem Subjekt invertieren.

[15] Das Faktum, daß im Englischen nur Auxiliar- und Modalverben invertieren, das heißt Kopfbewegung nach C vollziehen, erklärt sich aus dem nur rudimentär vorhandenen verbalen Flexionssystem (vgl. Roberts (1993) und Pollock (1989)).

[16] Es sei darauf hingewiesen, daß overte Kopfbewegung in eingebetteten Kontexten im Englischen marginal möglich ist. Die relevanten Kontexte sind die sogenannte semi-indirekte Rede wie in (i) und kontrafaktische Konditionale wie in (ii) (vgl. Iatridou/Embick (1994) und Grimshaw (1994)).

(i) I wondered was he a spy.

(ii) Had she fixed the car, he would not have had the accident.

(15)

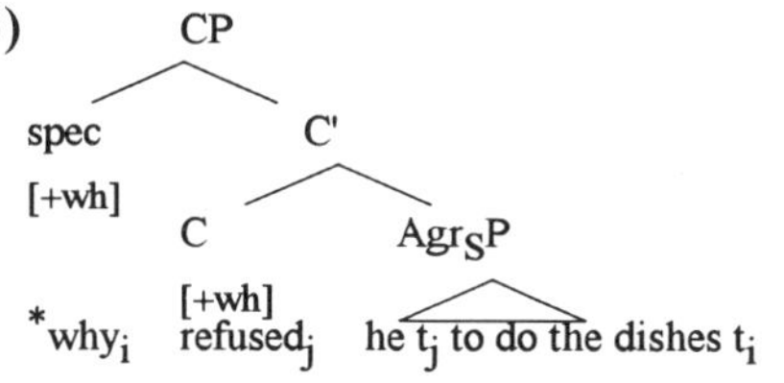

Die soeben erwähnte Einschränkung, nämlich daß Kopfbewegung im Englischen *nur* in Matrixinterrogativa sichtbar ist, weist bereits darauf hin, daß es auch "unsichtbare" Kopfbewegung gibt. Die Unterscheidung zwischen "sichtbarer" und "unsichtbarer", beziehungsweise "overter" und "verdeckter" Kopfbewegung korreliert mit der relativen Stärke von Merkmalen, die – wie oben erwähnt – entweder stark oder schwach sein können, wobei starke Merkmale overte Bewegung, das heißt vor *spell-out*, auslösen und schwache zu verdeckter beziehungsweise LF-Bewegung führen. Die Notwendigkeit von Bewegung – sei sie overt oder verdeckt – dient der Überprüfung von Merkmalen, die sowohl an der zu bewegenden Entität als auch an deren Zielposition repräsentiert sind.

Als ein starkes Merkmal wurde [+wh] gewertet, das allerdings kein morphosyntaktisches Merkmal, sondern ein Operatormerkmal ist. In den betrachteten Fällen, wie beispielsweise in (13), ist [+wh] sowohl an der bewegten Entität als auch an deren derivierter Position markiert, wobei die Bewegung in die Zielposition dem Zwecke der Merkmalüberprüfung und schließlich der Eliminierung der Merkmale dient.

In der Einleitung habe ich kurz die Subklassifikation von Komplementierern in der PPT und dem MP auf der Basis der Merkmale [±wh] und [±fin] dargestellt. Finitheit ist ein Merkmal, das morphosyntaktisch relevant ist. Während das Finitheitsmerkmal im Englischen prinzipiell als ein schwaches Merkmal gewertet werden muß, liegt es im Deutschen sowohl in schwacher als auch in starker Ausprägung vor. In durch Subordinatoren eingeleiteten Sätzen im Deutschen wird Finitheit als ein schwaches Merkmal gewertet[17]; damit verhindert *procrastinate* die Verbbewegung vor *spell-out*:[18]

(16)

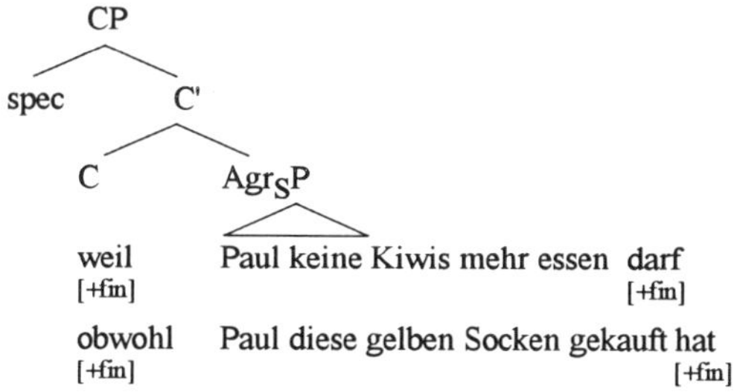

---

[17] Siehe jedoch Wilder/Cavar (1994:24), die [+fin] als starkes Merkmal in englischen Matrixinterrogativa werten, da in diesen Konstruktionen overte Verbbewegung nach C vorliegt. In Haumann (1996) habe ich dafür argumentiert, Finitheit im Englischen als prinzipiell schwaches Merkmal zu werten. Verbstellungsvariation im Englischen, wie etwa in Matrixinterrogativa und kontrafaktischen Konditionalen, ist nicht auf ein starkes Finitheitsmerkmal zurückzuführen, sondern auf starke Operatorenmerkmale (siehe unten).

[18] Vgl. Wilder/Cavar (1994:24f., 31).

In Matrixsätzen hingegen wird das Finitheitsmerkmal als ein starkes gewertet, das – um dem vorprogrammierten PF-*crash* vorzubeugen – vor *spell-out* eliminiert werden muß. Die overte Bewegung des Verbs nach C verletzt das Prinzip *procrastinate* und folgt *greed*:[19]

(17)

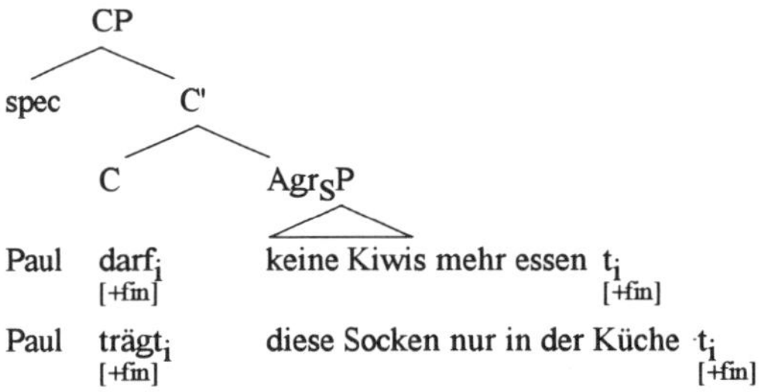

Während die Verbbewegung in (16) aufgrund des schwachen Finitheitsmerkmals bis LF hinausgezögert werden kann und somit dem Prinzip *procrastinate* Genüge tut, muß sie in (17), da das Finitheitsmerkmal stark ist, dem Prinzip *greed* folgen, um der Inkongruenz auf PF vorzubeugen.

Die Situation im Englischen entspricht der, die in (16) dargestellt ist. Verbbewegung – ohnehin auf Auxiliare und Modalverben beschränkt – findet zwecks Finitheitsüberprüfung nach *spell-out* statt, da das Finitheitsmerkmal ein schwaches ist und als solches nicht zu PF-Inkongruenzen führen kann.

Im folgenden werde ich die eingangs skizzierten phraseninternen Relationen, nämlich die Kopf-Komplement- und die Spezifikator-Kopf-Relation, in *that*-initialen Argumentsätzen untersuchen.

3 Die Analysen von *that*

3.0 Einige Vorbemerkungen

Die durch *that* eingeleiteten Sätze in (18) teilen zwei Eigenschaften: sie sind finit und nicht interrogativ:

(18) a. Bresnan claimed that "complementizers" is a rebarbative word.
b. Having heard her arguments, he concluded that she was right.
c. He pointed out that movement out of adjuncts is impossible.
d. She realized that she had run out of coffee.
e. The situation demanded that the dishes be done immediately.
f. It is required that he shave before noon.

Diese beiden Eigenschaften, nämlich Finitheit und Nicht-Interrogativität, sind unter (1) durch die Merkmale [+fin] und [–wh] repräsentiert worden, wobei ersteres als morphosyntaktisches Merkmal und letzteres als Operatormerkmal beschrieben wurde. Bevor ich zur eigentlichen

[19] Hinzu kommt, daß das Subjekt seine Basisposition – specVP – verläßt, um in specCP seine starken nominalen Kongruenzmerkmale überprüfen zu lassen.

Analyse von *that* sowie von *that*-CPs komme, möchte ich eine erste Modifikation der in (1) gegebenen Matrix vornehmen. Die Modifikation, die auf den ersten Blick irrelevant für *that* erscheinen mag, betrifft das Merkmal [+wh]. Bezüglich dieses Merkmals ist anzumerken, daß es in der Regel zur Kodierung von zweierlei Arten Information dient: Zum einen wird durch dieses Merkmal der Operatorstatus von lexikalischen und phrasalen Entitäten und somit die obligatorische *wh*-Bewegung markiert, zum anderen aber kodiert dieses Merkmal Interrogativität.[20] Obligatorische *wh*-Bewegung und Interrogativität sind durch diese Kodierung untrennbar miteinander verbunden, so daß jedwede *wh*-initiale CP als interrogativ interpretiert werden müßte. Dies ist eindeutig nicht der Fall. Relativsätze wie in (19) sind zwar *wh*-initial, nicht aber interrogativ. Dasselbe gilt für die *wh*-initialen internen Argumente der faktiven Regenten *figure out* und *realize* in (20).

(19) a. The man *who* found out about Paul having eloped with Jane is Jane's husband.
b. The gene *which* has recently been discovered is responsible for loss of hair.

(20) a. Fred figured out *who* Paul eloped with.
b. The scientists realized immediately *what* they had discovered. (Melvold (1991:101))

Um diese beiden Arten von Information voneinander zu trennen, folge ich Rizzis (1991:21f.) Vorschlag, demzufolge obligatorische *wh*-Bewegung durch [+wh] und Interrogativität durch [+Q][21] kodiert werden. Auf der Grundlage der Merkmale [wh] und [Q], die binär sind, wird eine Typologie von C und CP wie in (21) erzielt:[22] [23]

(21)	+wh	+Q	*wh*-initiale Interrogativa
	+wh	−Q	Relativsätze
	−wh	+Q	Matrixalternativfragen
	−wh	−Q	*that*-CPs und Matrixdeklarativa

Aufgrund dieser Argumente will ich annehmen, daß *that* zunächst wie in (22) zu repräsentieren ist:

(22) that [+fin], [−Q][24]

Die [−Q] Spezifikation stellt sicher, daß *that*-CPs weder interrogativ interpretiert werden noch im Kontext interrogativer Köpfe wie in (23) erscheinen:

(23) *Bresnan wondered that "complementizers" is a rebarbative word.

---

20 Vergleiche Rizzi (1990:67f.; 1991:21f.), der auf dieses Phänomen hinweist und entsprechende Lösungsvorschläge für die Dissoziierung der beiden Informationen macht (siehe unten).

21 [+Q] entspricht dem ursprünglich von Baker (1970) eingeführten *question morpheme*.

22 (21) erhebt keinen Anspruch auf Vollständigkeit.

23 Es sei angemerkt, daß Rizzi (1990:68) eine Typologie von C vorstellt, die auf den Merkmalen [±wh] und [±pred(icative)] basiert:

+wh −pred:	(I wonder)what	0	[you saw t]
+wh +pred:	The thing which	0	[you saw t]
−wh +pred:	The thing Op	that	[you saw t]
−wh −pred:	(I know)	that	[you saw it]

24 Zwecks Redundanzvermeidung erscheint das Merkmal [−wh] nicht.

Ungeachtet der Tatsache, daß die CPs in (18) als [+fin] und [–Q] zu charakterisieren sind, unterscheiden sie sich in verschiedenen Punkten, die ich in diesem Abschnitt skizzieren will, da sie gewissermaßen die Vorlage für die folgenden Abschnitte liefern.

Während das eingebettete finite Verb in (18a) bis (18d) im Indikativ erscheint, erscheint es in (18e) und (18f) im Konjunktiv. Die CPs in (18a) und (18b) unterscheiden sich von (18c) und (18d) darin, daß erstere als Komplemente der nicht-faktiven Verben *claim* und *conclude* erscheinen, letztere als Komplemente der faktiven Verben *point out* und *realize*.

Die Unterscheidung faktiv vs. nicht-faktiv beruht darauf, daß nur den Komplementen faktiver Verben ein Wahrheitswert zugeordnet werden kann, während die Komplemente nicht-faktiver Verben lediglich assertiven Charakter haben. Während die Unterscheidung zwischen Indikativ und Konjunktiv auf morphosyntaktische Eigenschaften, nämlich Modus, Bezug nimmt, liegen der Unterscheidung zwischen Faktivität und Nichtfaktivität keine morphosyntaktischen, sondern – wie im folgenden zu zeigen sein wird – operatorbasierte Eigenschaften zugrunde.

Im folgenden werde ich zwischen zwei Komplementierern, dem indikativischen *that*, gekennzeichnet durch das Subskript $\textit{that}_{\text{ind(ikativ)}}$, und dem konjunktivischen, gekennzeichnet als $\textit{that}_{\text{konj(unktiv)}}$, unterscheiden, wobei innerhalb der Klasse von $\textit{that}_{\text{ind}}$ eine weitere Subklassifizierung nötig sein wird, nämlich die – von Melvold (1991) vorgeschlagene – in den faktiven Komplementierer $\textit{that}_{\text{ind}}$ und den nicht-faktiven Komplementierer $\textit{that}_{\text{ind}}$.

3.1 That_{ind}

Als ein weiteres definierendes Charakteristikum von indikativischen $\textit{that}_{\text{ind}}$-CPs, das heißt zusätzlich zu den Eigenschaften [+fin] und [–Q], führen beispielsweise Bresnan (1972:65,69), Ransom (1986,1988:367) und Napoli (1993:387) Definitheit an, das heißt, $\textit{that}_{\text{ind}}$ wird als *definitizer* in bezug auf den Satz, den dieses Element einleitet, gewertet. Mit anderen Worten: CPs, die durch $\textit{that}_{\text{ind}}$ eingeleitet sind, kann ein Wahrheitswert zugeordnet werden, da diese distributionell festgelegt sind auf Argumentpositionen von "predicates which assert or presuppose truth value, or which imply knowledge or certainty" (vgl. Bresnan (1972:65)).[25]

Definitheit, wie im folgenden gezeigt werden wird, kann nicht als definierendes Charakteristikum für den $\textit{that}_{\text{ind}}$-initialen Argumenttyp gelten, da $\textit{that}_{\text{ind}}$-CPs sich auf zwei Subklassen verteilen: faktive und nicht-faktive, wobei nur die ersteren mit Definitheit assoziiert sind. Nicht-faktive $\textit{that}_{\text{ind}}$-CPs haben assertiven Charakter.[26]

Die Verben *regret*, *realize*, *point out* und *admit* in (24a) bis (24d) sind faktive Prädikate, und die Ereignisse, auf die ihre $\textit{that}_{\text{ind}}$-CP Argumente referieren, sind definit in dem Sinne, als sie als wahr präsupponiert werden. Den Argumenten nicht-faktiver Prädikate wie *believe*, *conclude*, *figure* und *claim* in (25a) bis (25d) kann kein Wahrheitswert zugeordnet werden.

(24) a. She regretted that she had not accepted the offer.
b. She realized that she had run out of coffee.

---

[25] Ähnlich wie Bresnan geht auch Ransom (1988:367) davon aus, daß $\textit{that}_{\textit{ind}}$ "[...] signals the modality of the complement, namely that it is inclined to be true."

[26] Vgl. Kiparsky/Kiparsky (1971), Hooper (1976), Melvold (1991) und Watanabe (1992).

c. He pointed out that movement out of adjuncts is impossible.
d. She admitted that she had broken the mugs.

(25) a. He believes that the world is flat.
b. Having heard her arguments, he concluded that she was right.
c. He figured that there was another problem.
d. She claimed that "complementizers" is a rebarbative word.

Faktive und nicht-faktive CPs unterscheiden sich nicht nur bezüglich ihrer Interpretation, sondern auch syntaktisch. Während Extraktion aus faktiven CPs stets zur Ungrammatikalität führt (26)[27], resultiert die Extraktion aus nicht-faktiven CPs in wohlgeformten Strukturen (27):

(26) a. ?Who$_i$ did Fred confess that he fired t$_i$?
b. *How$_i$ did Bill reveal that Anne solved the problem t$_i$?

(27) a. Who$_i$ did John believe that Susan invited t$_i$?
b. How$_i$ did Bill believe that Anne solved the problem t$_i$? (nach Melvold (1991:102))

Des weiteren unterscheiden sich faktive (28) und nicht-faktive CPs (29) darin, daß nur in letzteren der Komplementierer weggelassen werden kann[28]:

(28) a. *She regrets she had not accepted the offer.
b. *She realized she had run out of coffee.
c. *He pointed out movement out of adjuncts is impossible.

(29) a. He believes the world is flat.
b. Having heard her arguments, he concluded she was right.
c. He figured there was another problem.

Um die Extraktionsunterschiede zwischen faktiven und nicht-faktiven CPs wie in (26) und (27) systematisch erfassen zu können, schlägt Melvold (1991) vor, faktive CPs als Operatorkonstruktionen zu beschreiben. CPs dieses Typs zeichnen sich laut Melvold dadurch aus, daß ihre Spezifikatorposition – im Gegensatz zu der nicht-faktiver CPs – einen Operator beherbergt, der diese Position als intermediären Landeplatz für *wh*-Bewegung unerreichbar macht.[29] Die Spezifikatorposition nicht-faktiver CPs enthält nach Melvold keinen Operator, so daß diese Position als intermediäre Position für *wh*-Bewegung zur Verfügung steht.

Auf der Grundlage der Asymmetrie, die in bezug auf die Extraktion aus faktiven und nichtfaktiven CPs zu konstatieren ist, schlägt Melvold (1991) vor, zwei Komplementierer *that*$_{ind}$ anzunehmen.

---

[27] Extraktion aus faktiven CPs, die häufig als *factive islands* bezeichnet werden (vgl. Cinque (1990:29f.), Melvold (1991:102), Rizzi (1990:105f.)), ist vergleichbar mit der Extraktion aus *wh*-Inseln, wobei Argumentextraktion (i), im Vergleich zur Adjunktextraktion (ii), marginal akzeptabel ist:
(i) ?Who$_i$ do you wonder [$_{CP}$ why$_j$ they will [$_{VP}$ [$_{VP}$ invite t$_i$] t$_j$]]]
(ii) *Why$_j$ do you wonder [$_{CP}$ who$_i$ they will [$_{VP}$ [$_{VP}$ invite t$_i$] t$_j$]]]?

[28] Vgl. Melvold (1991) und Authier (1992).

[29] Der Operator, der in der Spezifikatorposition faktiver CPs beherbergt ist, dient in Melvolds System der Bindung der Ereignisvariablen, die in der Argumentstruktur des verbalen Nukleus kodiert ist. In nicht-faktiven CPs, so Melvold, wird die Ereignisvariable existentiell gebunden. Eine ähnliche Analyse schlägt Rizzi (1990:106) vor.

Der Komplementierer *that*$_{ind}$, der faktive CPs einleitet – im folgenden als *that*$_{ind-1}$ gekennzeichnet – wird als semantisch "gehaltvoll" aufgefaßt, da die CPs, die durch ihn eingeleitet werden, als definit im Sinne von Bresnan (1972), Ransom (1986, 1988) und Napoli (1993) interpretiert werden. Diese Eigenschaft kodiert Melvold (1991:104) mit dem Merkmal [+ def(initeness)], das den Operator in specCP lizensiert.[30] Als semantisch gehaltvolles Element ist der als [+def] markierte Komplementierer *that*$_{ind}$ vor *spell-out* repräsentiert.[31]

Das Element *that*$_{ind}$, das nicht-faktive CPs einleitet, – im folgenden *that*$_{ind-2}$ – wird, da es nach Melvold (1991:104) semantisch leer ist, auf PF insertiert.[32] Die Unterscheidung von prä- und post-*spell-out* präsentem *that*$_{ind-2}$ erklärt laut Melvold den Kontrast zwischen (28) und (29).

Ein weiterer relevanter syntaktischer Unterschied zwischen faktiven und nicht-faktiven CPs besteht bezüglich CP-interner Bewegungsprozesse wie eingebetteter Topikalisierung, Negativinversion und interner *wh*-Bewegung.[33] Um diese Kontraste angemessen beschreiben zu können, werden noch einige Bemerkungen zu *that*$_{ind-2}$ in nicht-faktiven CPs nötig sein. Dabei sind zwei Aspekte relevant: Dieser Komplementierer ist fakultativ, und aus den CPs, als deren Kopf er erscheint, kann *wh*-extrahiert werden. Diese beiden Aspekte definieren CPs, die als interne Argumente sogenannter Brückenverben oder -prädikate erscheinen. Diese Korrelation allerdings ist nicht unproblematisch, da auch nur jeweils eines der beiden Phänomene auftreten kann. Fehlt *that*$_{ind-2}$, ist keine *wh*-Extraktion möglich, wie die Beispiele in (30) zeigen.[34]

(30) a. Who$_i$ did John believe *(that) Susan invited t$_i$?
b. How$_i$ did Bill believe *(that) Anne solved the problem t$_i$?

Die Präsenz von *that*$_{ind-2}$ korreliert nicht nur mit *wh*-Extrahierbarkeit, sondern auch mit der Verfügbarkeit von eingebetteter Topikalisierung und Negativinversion:

(31) a. John says *(that) Sue$_i$, Bill doesn't like t$_i$.[35]
b. John thinks *(that) pasta$_i$, Mary detests t$_i$.

(32) a. Mary kept saying *(that) never in her life$_i$ had she t$_i$ seen such a thing.
b. I thought *(that) never again$_i$ would the solution t$_i$ be so tantalizingly near.

Während – wie die Daten in (31) und (32) zeigen – eingebettete Topikalisierung und Negativinversion in nicht-faktiven CPs zulässig sind, sofern *that*$_{ind-2}$ erscheint, sind diese beiden Prozesse in faktiven CPs mit unterschiedlichen Grammatikalitätsurteilen versehen. Watanabe (1992), in Anlehnung an Kiparsky/Kiparsky (1971), erklärt eingebettete Topikalisierung und Negativinversion in faktiven CPs für unzulässig:

(33) a. *John regretted that 'Gone with the Wind'$_i$, we went to see t$_i$.
b. *John regretted that never$_i$ had he t$_i$ seen 'Gone with the Wind'. (nach Authier (1992:334))

---

30 Das Merkmal [+def] stellt darüber hinaus sicher, daß CPs, deren Kopf als [+def] markiert ist, selegierbar sind.

31 Melvold, die ihre Analyse im Rahmen der PPT vorlegt, analysiert dieses *that* als d-strukturell repräsentiert.

32 Vergleiche auch Müller/Sternefeld (1993:492) bezüglich der PF-Insertion von *that*.

33 Vgl. Kiparsky/Kiparsky (1971), Hooper (1976), Melvold (1991) und Watanabe (1992).

34 Siehe Kiparsky/Kiparsky (1971), Melvold (1991) und Müller/Sternefeld (1993).

35 Dieses Beispiel sowie (32a) ist Authier (1992:329f.) entnommen.

Die Daten in (34) jedoch legen nahe, daß Watanabes Generalisierung zu stark ist, da sowohl eingebettete Topikalisierung als auch Negativinversion zulässig sind:[36]

(34) a. She regrets that under no circumstances would he accept the offer.
b. He pointed out that under no circumstances would movement out of adjuncts yield grammatical results.
c. He pointed out that Mary, he wouldn't accept as chairperson although Joan would be acceptable to him.

Ein weiterer Unterschied zwischen faktiven und nicht-faktiven CPs betrifft die CP-interne *wh*-Bewegung. Sie ist nur in faktiven CPs zulässig, wie der Kontrast zwischen (35) und (36) zeigt:

(35) a. Fred figured out who_i Peter eloped with t_i.
b. The scientists realized immediately $what_i$ they had discovered t_i.[37]
c. Fred figured out why_i Paul eloped with Jane t_i.
d. The scientists realized immediately how_i they had discovered the gene t_i.

(36) a. *Fred insisted who_i Peter eloped with t_i.
b. *The scientists claim $what_i$ they had discovered t_i.
c. *Fred insisted out why_i Paul eloped with Jane t_i.
d. *The scientists claimed how_i they had discovered the gene t_i.

Aufgrund der in (21) gemachten Unterscheidung von *wh*-initialen CPs in interrogative und nicht-interrogative vermittels des Merkmals [±Q] kann erklärt werden, warum *wh*-initiale CPs in (35) als interne Argumente faktiver und somit nicht-interrogativer Köpfe erscheinen können. Wäre diese Subklassifizierung von *wh*-initialen CPs nicht getroffen worden, so würden diese CPs – unter der Annahme, [+wh] impliziere Interrogativität – als indefinit charakterisiert werden[38], was den Selektionseigenschaften faktiver Köpfe zuwider liefe.

Die Typologie, die in (21) aufgestellt wurde, erlaubt es, alle *wh*-initialen CPs als [+wh] zu erfassen, wobei [+wh] lediglich die Obligatorität von overter *wh*-Bewegung kodiert. Die CPs, die in den Beispielen in (35) und (36) als interne Argumente fungieren, sind *wh*-initial und nicht-interrogativ und tragen somit die Merkmalspezifikation in (37):

(37) [+wh] [−Q]

Die *wh*-Elemente, die diese CPs einleiten, haben den Status einfacher Pronomina und nicht den interrogativer Operatoren.

Im folgenden werde ich eine Modifikation von Melvolds (1991) Analyse vornehmen, die es erlaubt, die offenkundige Affinität von Definitheit und Nichtinterrogativität auf der einen Seite und Indefinitheit und Interrogativität auf der anderen systematisch zu erfassen.

---

[36] Eine weitere Diskrepanz findet sich in der Beschreibung interner Prozesse in CPs, die als Argumente faktiver Nomina fungieren. Authier (1992:332) argumentiert, daß in diesen CPs sowohl eingebettete Topikalisierung als auch Negativinversion ausgeschlossen sind. Wie die Daten in (i) zeigen, ist diese Generalisierung nicht zulässig:
(i) She wondered whether to take seriously the claim that under no circumstances can CPs iterate.
He ignored the fact that under no circumstances would these elements resist movement.
She resented the fact that under no circumstances could she be crowned Queen.

[37] Die Beispiele (35a), (35b), (36a) und (36b) sind Melvold (1991:101) entnommen.

[38] Interrogativa sind per definitionem indefinit (vgl. Bresnan (1972) und Baker (1970)).

Wie eingangs erläutert, nimmt Melvold (1991:104) an, daß die Selektion faktiver CPs durch entsprechende Köpfe über das Merkmal [+def] in C gesteuert wird: *that*$_{\text{ind-1}}$ sei als [+def] markiert und lizensiere einen Iota-Operator in specCP, der die Ereignisvariable in V bindet. Ich möchte der in der relevanten Literatur vielfach gemachten Annahme folgen, wonach die Ereignisvariable in V durch ein Tempuselement und nicht durch einen Operator in specCP gebunden wird.[39] Ferner will ich annehmen, daß zwischen dem Kopf C, der als [+def] markiert ist, und dem Spezifikator von CP eine Spezifikator-Kopf-Kongruenzrelation auf der Basis von [+def] instantiiert wird, die analog zum *wh*-Kriterium als Wohlgeformtheitsbedingung formuliert werden kann:

(38) a. A [+def]-Operator must be in a Spec-head configuration with an $X^0_{[+def]}$.
b. An $X^0_{[+def]}$ must be in a Spec-head configuration with a [+def]-Operator.

Entscheidend für die Beschreibung der CP-internen *wh*-Bewegung in den Beispielen in (35) ist, daß in der Spezifikatorposition von CP, die als [+def] und [−Q] markiert ist, *wh*-bewegte Phrasen mit der Markierung [+wh], [−Q] erscheinen können:

(39)
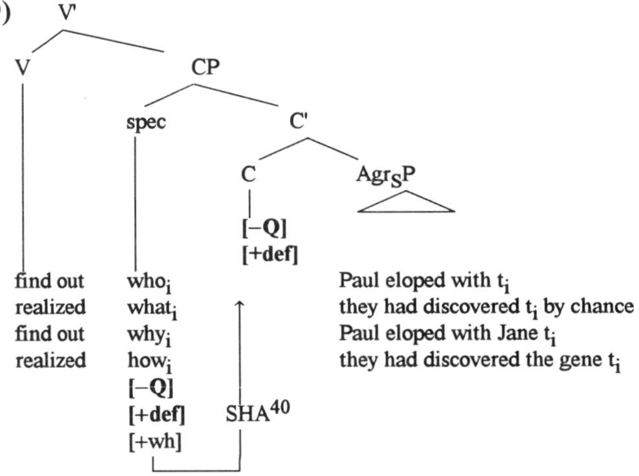

Sobald *wh*-Elemente aus der eingebetteten CP herausbewegt werden, werden sie als interrogativ, also als [+wh], [−def], [+Q] interpretiert, wobei die Bewegung an die Satzspitze mit Auxiliarbewegung nach C einhergeht. *Wh*-Bewegung aus eingebetteten CPs des Typs [+def], [−Q] führt zu sogenannten Inselverletzungen, wobei die Extraktion von Argumenten wie in (40) generell zu schwachen und die von Adjunkten wie in (41) zu starken Verletzungen führt:[41]

(40) ?Who$_i$ did Fred figure out that Paul eloped with t$_i$?

(41) *How$_i$ did the scientists realize that they had discovered the gene t$_i$?

39 Vgl. Higginbotham (1985), Pollock (1989), Roberts (1993) und andere.
40 SHA bezeichnet *specifier-head agreement*, also Spezifikator-Kopf-Kongruenz.
41 Vgl. Cinque (1990:29f.), Melvold (1991:102) und Rizzi (1990:105f.).

Wh-Elemente wie die in (40) und (41) sind – entgegen denen in (39) – als [+wh], [−def], [+Q] markiert. Die Spezifikatorposition der CP jedoch, aus der sie hinausbewegt werden, ist als [+def], [−Q] markiert, so daß sie nicht als intermediäre Position für Elemente des Typs [+wh], [−def], [+Q] fungieren kann. Das bedeutet, daß weder das so markierte Element noch dessen Spur in specCP lizensiert werden kann, da aufgrund der maximal distinkten Merkmale keine Spezifikator-Kopf-Kongruenz möglich ist:

(42)

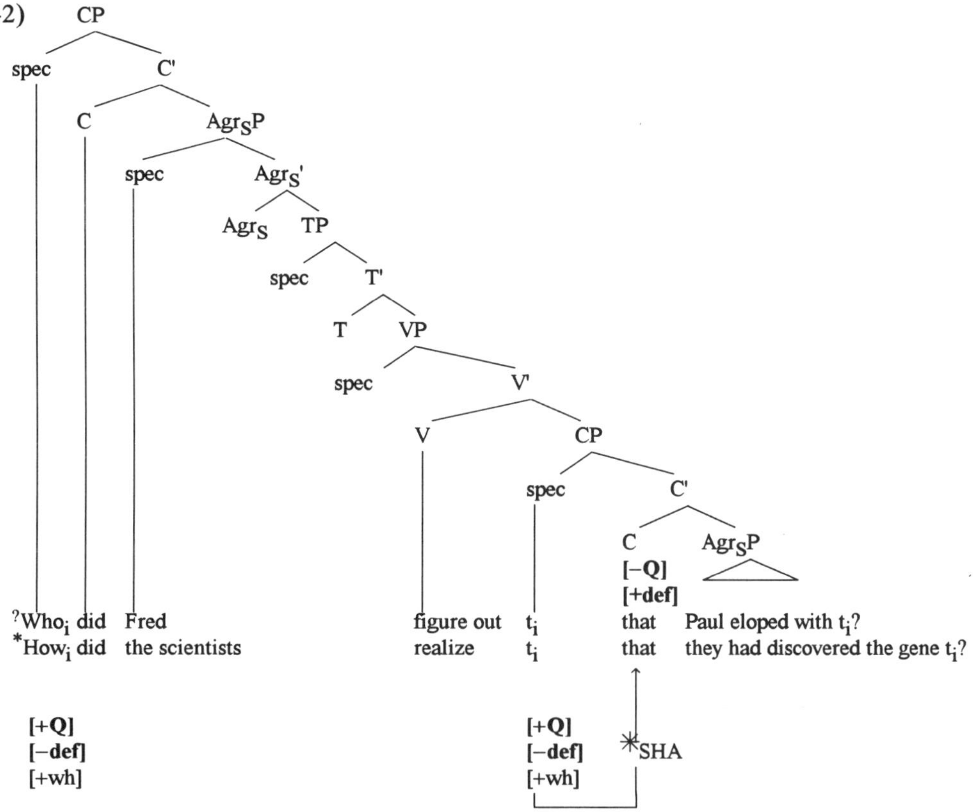

Wie die Beispiele in (39) und (42) zeigen, können für faktive CPs sowohl die interne *wh*-Bewegung als auch die zur Ungrammatikalität führende *wh*-Extraktion aus CP aufgrund der Merkmale [+def] und [−Q] unter Spezifikator-Kopf-Kongruenz erklärt werden.

Betrachtet man nun nicht-faktive CPs, so wird deutlich, daß die Verhältnisse genau entgegengesetzt liegen: Während interne *wh*-Bewegung – wie aus den Beispielen in (36), hier als (43) wiederholt, ersichtlich – zur Ungrammatikalität führt, erzielt *wh*-Bewegung aus nicht-faktiven CPs generell grammatische Resultate – und dies sowohl bei Argument- als auch bei Adjunktextraktion. Dazu die Daten in (44):

(43) a. *Fred insisted who$_i$ Paul eloped with t$_i$.
b. *The scientists claim what$_i$ they had discovered t$_i$.

c. *Fred insisted why$_i$ Paul eloped with Jane t$_i$.
d. *The scientists claim how$_i$ they had discovered the gene t$_i$.

(44) a. Who$_i$ did John believe that Susan invited t$_i$?
b. How$_i$ did Bill believe that Anne solved the problem t$_i$?

Da nicht-faktive CPs, im Gegensatz zu faktiven, nicht-definit sind, will ich annehmen, daß sie als [−def] markiert sind. Ebenso wie faktive sind sie nicht-interrogativ, das heißt [−Q]. Kopf und Spezifikator stimmen in den Merkmalen [−def] und [−Q] überein, auf deren Grundlage schließlich die Spezifikator-Kopf-Kongruenz etabliert wird. Auf der Basis dieser Merkmale kann wiederum das syntaktische Verhalten dieser CPs erfaßt werden kann.

Wie die Daten in (43) belegen, können CPs, die als [−def], [−Q] markiert sind, nicht overt *wh*-initial sein. Sie können jedoch – wie durch (44) belegt – die Spur eines Elements des Typs [+wh], [−def], [+Q] beherbergen. Dies ist möglich, weil [+Q] kompatibel mit [−def] ist:

(45)
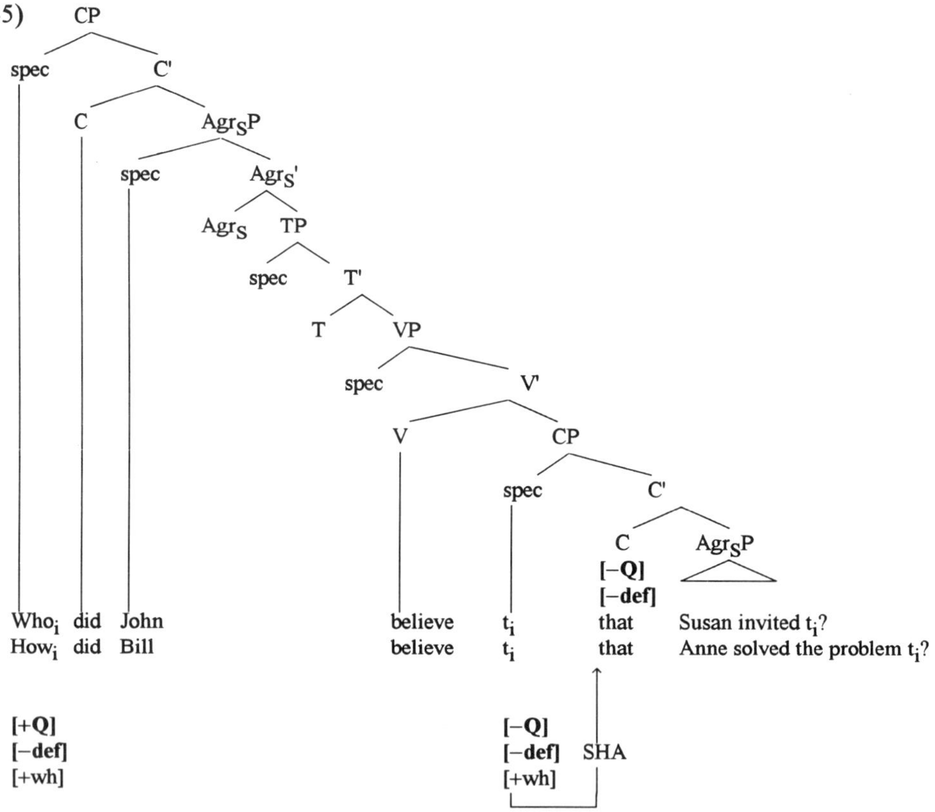

Das Faktum, daß aus nicht-faktiven CPs *wh*-extrahiert werden kann, wird durch Spezifikator-Kopf-Kongruenz erklärt, denn die *wh*-bewegten Elemente stimmen mit der [−def]-Markierung von C und CP überein. Daß sie im Wert für das Merkmal [Q] entgegengesetzt spezifiziert sind, erweist sich wegen der prinzipiellen Kompatibilität von Indefinitheit und Interrogativität als unproblematisch.

Daß interne *wh*-Bewegung, das heißt Bewegung, bei der das *wh*-Element in der Spezifikatorposition einer als [–def], [–Q] markierten CP erscheint, ausgeschlossen ist, liegt nicht etwa daran, daß keine Spezifikator-Kopf-Kongruenz etabliert werden kann. Wie im Zusammenhang mit der *wh*-Extraktion aus diesen CPs gezeigt, ist [+Q] kompatibel mit [–def].

Overte *wh*-Bewegung nach specCP ist aufgrund der Selektionseigenschaften der regierenden Köpfe *insist* und *claim* in (43) auszuschließen. Die internen Argumente dieser Köpfe müssen nicht-interrogativ sein, das heißt, specCP darf keinen interrogativen *wh*-Operator enthalten. Das entscheidende Merkmal, das die Ungrammatikalität von (44) induziert, ist also [+Q][42]. [+Q]-markierte Entitäten können nicht als interne Argumente von [–Q]-selegierenden Köpfen erscheinen:

(46)

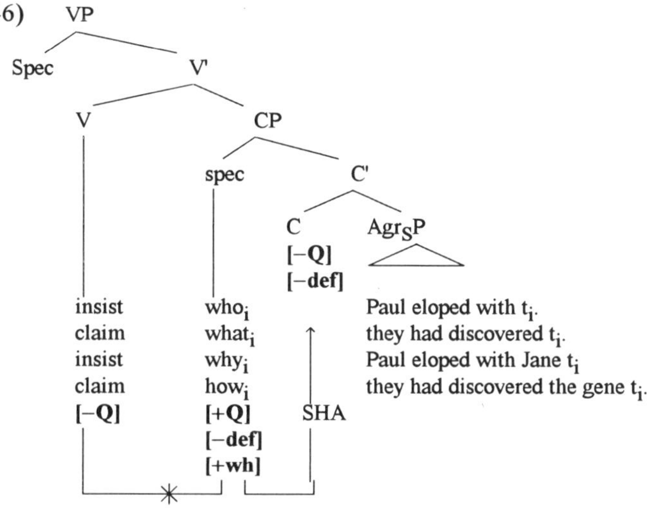

In diesem Abschnitt habe ich versucht, die syntaktischen Unterschiede zwischen faktiven und nicht-faktiven CPs auf die lexikalischen Eigenschaften der sie einleitenden Elemente zurückzuführen. Dabei habe ich – dem Vorschlag von Melvold (1991:104ff.) folgend – angenommen, daß es zwei Komplementierer *that*$_{ind}$ gibt:

(47) *that*$_{ind-1}$ [+def], [–Q] leitet faktive CPs ein

(48) *that*$_{ind-2}$ [–def], [–Q] leitet nicht-faktive CPs ein

Beide Komplementierer leiten finite CPs ein. (In)Finitheit ist im Gegensatz zu den Operatormerkmalen [±def] und [±Q] – wie in Abschnitt 2 dargelegt – ein morphosyntaktisches Merkmal, das sowohl an einem verbalen Kopf als auch in dessen Zielposition C lokalisiert ist – wie in (49) und (50) angegeben:

(49) *that*$_{ind}$ [+def], [–Q], [+fin] leitet faktive CPs ein

(50) *that*$_{ind}$ [–def], [–Q], [+fin] leitet nicht-faktive CPs ein

42 Als [–def] und [+wh] markierte Entitäten werden als [+Q] interpretiert.

Im Englischen ist [±fin] ein schwaches Merkmal, das heißt verbale Kopfbewegung zwecks Merkmalüberprüfung gehorcht dem Prinzip *procrastinate* und findet somit erst auf LF statt. Die LF-Repräsentation für die Beispiele in (51) und (52) ist in (53) dargestellt.

(51) The scientists realized immediately that$_{[+def]}$ gene X causes loss of hair.
[–Q]
[+fin]

(52) The scientists claimed that $_{[-def]}$ gene X causes loss of hair.
[–Q]
[+fin]

(53)

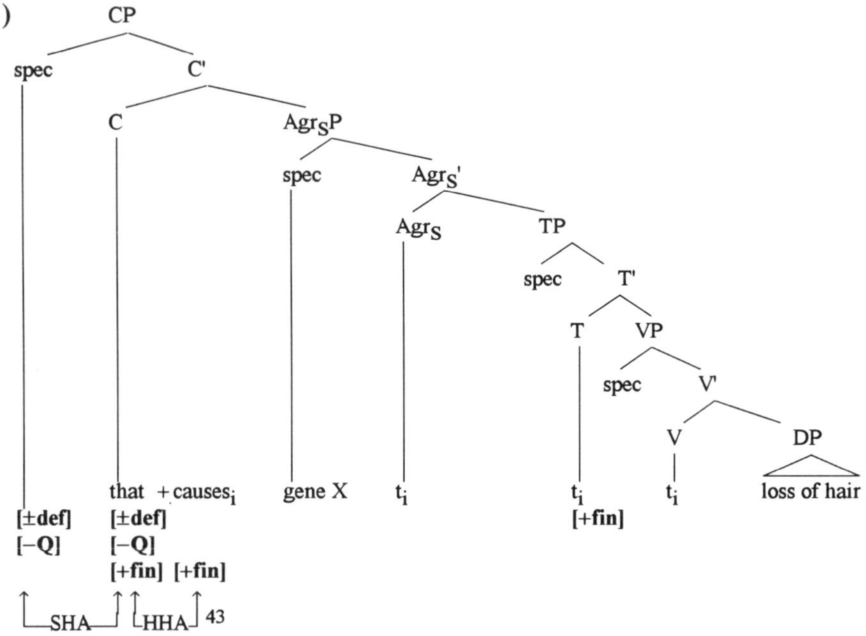

Im folgenden Abschnitt werde ich konjunktivische CPs mit den beiden indikativischen CP-Typen vergleichen. Dabei wird – wie bisher – die Relation von Kopf und Spezifikator sowie die von Kopf und Komplement zentral sein.

3.2 That$_{konj}$

Auf der Grundlage der in 3.1 vorgenommenen Analyse werde ich mich in diesem Abschnitt auf einen dritten Typ von *that* konzentrieren, nämlich den Komplementierer, der konjunktivische CPs einleitet.

---

43 Die Kennzeichnung HHA gibt *head-head agreement* an, das heißt, bewegter Kopf und Zielkopf tragen dieselben morphosyntaktischen Merkmale. Intermediäre Kopflandepositionen wie T und Agr_S, in denen ebenfalls morphosyntaktische Merkmale wie Tempus und Personenkongruenz überprüft werden, kennzeichne ich mit t_i, ohne jedoch die einzelnen Merkmalüberprüfungen aufzuführen.

Bevor ich zum expliziten Vergleich von konjunktivischen CPs mit faktiven und nicht-faktiven indikativischen CPs komme, will ich der Frage nachgehen, ob die konjunktivischen Verben im Englischen wie in (54), die formidentisch mit verbalen Stammformen sind, als finit oder infinit beschrieben werden müssen.

(54) a. It is required that he *shave* before noon.
b. The situation demanded that the dishes *be* done immediately.
c. She insisted that he *bring* out the trash on Mondays.
d. She suggested that the rehearsal *take* place at her home.

Aufgrund der Tatsache, daß konjunktivische Verbformen keine overte Flexionsmorphologie – wie etwa Tempus oder Numerus – aufweisen, werden sie von Lakoff (1968), Bresnan (1972) und van Gelderen (1993:114f.) inter alia als inifinite Verbformen beschrieben.

Trotz dieses morphologischen "Defekts" lassen sich gute Gründe dafür finden, diese Verbformen als finit zu klassifizieren. So stellt etwa Radford (1988:291) heraus, daß die Annahme, es handle sich bei konjunktivischen Verben um infinite Verbformen, aus der kontrastiven Perspektive wenig plausibel ist. In Sprachen, die ein reiches Flexionssystem aufweisen – zum Beispiel das Deutsche –, flektieren konjunktivische Verben für Numerus und Tempus :

(55) a. Du sagst, du gehest $_{\text{2. sg. Präs. konj.}}$ nach Hause.
b. Du sagst, er gehe $_{\text{3. sg. Präs. konj.}}$ nach Hause.
c. Ich wünschte, du gingest $_{\text{2. sg Imperf. konj.}}$ nach Hause.
d. Ich wünschte, er ginge $_{\text{3. sg. Imperf. konj.}}$ nach Hause.

Ein schlagkräftigeres Argument für den finiten Status konjunktivischer Verben im Englischen jedoch leitet sich aus dem Tatbestand ab, daß das Subjekt konjunktivischer Verben im Nominativ erscheint – in einem Kasus also, der typischerweise nur von finiten Verben zugewiesen wird:[44]

(56) a. I suggest that *he* be on time.
b. It is necessary that *he* do the dishes.
c. The situation demanded that *he* grade the papers.

---

44 Während das Subjekt von infiniten Verben ein leeres pronominales Element, nämlich PRO sein kann wie in (i) oder ein overtes nominales mit obliquem Kasus wie in der *exceptional case marking*-Konstruktion in (ii), ist das Subjekt von konjunktivischen Verben stets ein overt nominales mit Nominativmarkierung, das heißt, PRO und obliques Subjekt sind – wie (iii) zeigt – unzulässig:
(i) He pretended *PRO* to have done the dishes.
(ii) I heard *him* come home late and cough.
(iii) *She suggested *PRO* take place at her home.
*She insisted *him* drive her home.

Das zuletzt genannte Argument werte ich als hinreichende Evidenz dafür, daß es sich bei konjunktivischen Verben um finite Verbformen handelt, das heißt um mit [+fin] markierte Elemente.[45]

Ein weiteres morphosyntaktisches Merkmal, das diese Verbformen charakterisiert, ist das Modusmerkmal [+konj]. Dieses Merkmal ist nicht nur relevant in bezug auf Verbbewegung nach C, die im Englischen verdeckt, also auf LF, stattfindet[46], sondern auch in bezug auf die Selegierbarkeit konjunktivischer CPs durch regierende Köpfe wie *suggest*, *necessary* und *demand* in (56). Ebenso wie das Finitheitsmerkmal ist [+konj] sowohl am Verb als auch in dessen Zielposition kodiert:

(57)

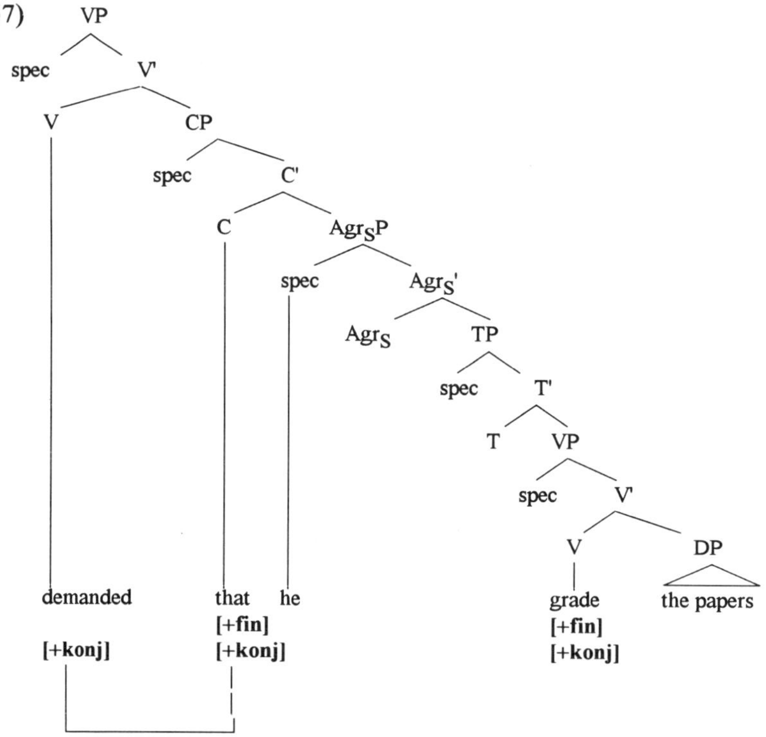

Ich komme nun zum Vergleich konjunktivischer CPs mit den beiden Typen indikativischer CPs. Eine Eigenschaft, die konjunktivische CPs sowohl mit faktiven als auch mit nicht-faktiven teilen, ist Nichtinterrogativität. Sie können – ebenso wie die beiden indikativischen Typen – nicht als interne Argumente interrogativer Köpfe fungieren:

(58) *She wondered that he grade the papers.

Somit ist der Komplementierer $\textit{that}_{\text{konj}}$ als [–Q]-Element zu spezifizieren.

---

45 In Haumann (1996) liegt eine ausführliche Diskussion zur Finitheit konjunktivischer Verben vor.

46 Im Deutschen kann das Konjunktivmerkmal ebenso wie das Finitheitsmerkmal ein starkes sein und somit dem Prinzip *greed* unterliegen, das heißt, es findet overte Verbbewegung – wie in den Beispielen in (55) – statt.

Die Interpretation konjunktivischer CPs hingegen korrespondiert mit der nicht-faktiver insofern, als ihnen kein Wahrheitswert zugeordnet werden kann. Was sie zum Ausdruck bringen, ist eine Assertion.[47] Wie sich im folgenden zeigen wird, ist dies nicht die einzige Gemeinsamkeit, die nicht-faktive und konjunktivische CPs teilen.[48]

Die Eigenschaft, nicht wahrheitswertfähig zu sein, ist in Abschnitt 3.1 mit Indefinitheit korreliert worden, die als [–def] kodiert wurde.

Neben den morphosyntaktischen Merkmalen [+fin] und [+konj] ist *that*$_{\text{konj}}$ durch die Operatorenmerkmale [–Q] und [–def] zu charakterisieren. Die Notwendigkeit der Spezifikation von *that*$_{\text{konj}}$ durch [–Q] und [–def] werde ich im folgenden anhand einiger syntaktischer Phänomene aufzeigen.

In Abschnitt 3.1 ist dargelegt worden, daß auf der Grundlage der den Merkmalen [Q] und [def] zugeordneten Werte Aussagen und Voraussagen über das syntaktische Verhalten der durch diese Merkmale spezifizierten Konstruktionen gemacht werden können. Dabei spielten die Merkmale [–Q], [+def] und [–def] eine entscheidende Rolle bezüglich der Selegierbarkeit von CPs. Die Merkmale [+def] und [–def] – jeweils in Verbindung mit [–Q] – wurden als relevant in bezug auf CP-interne *wh*-Bewegung sowie auf *wh*-Extraktionen aus CP gewertet.

CPs, deren Kopf den als [–Q] und [+def] markierten Komplementierer *that*$_{\text{ind-1}}$ enthält, weisen sich dadurch aus, daß sie interne *wh*-Bewegung, nicht aber *wh*-Extraktion zulassen, während diejenigen CPs, deren Kopf *that*$_{\text{ind-2}}$ die [–Q]- und [–def]-Spezifikation trägt, keine interne *wh*-Bewegung, wohl aber *wh*-Extraktion zulassen. Das komplementäre Verhalten bezüglich der kurzen und langen *wh*-Bewegung wurde auf der Grundlage der beiden Merkmale erklärt.

Für den Komplementierer *that*$_{\text{konj}}$ sind bislang zwei morphosyntaktische Merkmale isoliert worden, nämlich [+fin] und [+konj]. Aufgrund der Tatsache, daß CPs, deren Kopf *that*$_{\text{konj}}$ ist, nicht als interne Argumente interrogativer Köpfe erscheinen, ist *that*$_{\text{konj}}$ als [–Q] zu spezifizieren. Daß CPs, die durch *that*$_{\text{konj}}$ eingeleitet werden, als nicht-definit interpretiert werden, spricht für die Annahme, daß dieser Kopf als [–def] zu charakterisieren ist.

Im folgenden will ich zeigen, daß es syntaktische Evidenz für die in (59) vorgeschlagene Merkmalspezifikation gibt:

(59) *that*$_{\text{konj}}$ [–def], [–Q], [+fin], [+konj]

Gemäß dieser Spezifikation unterscheiden sich konjunktivische CPs von indikativischen und nicht-faktiven lediglich in dem Modusmerkmal [+konj].[49] Auf der Grundlage dieser Spezifikation steht zu erwarten, daß konjunktivische CPs sich syntaktisch analog zu den nicht-faktiven, indikativischen verhalten. Und genau dies ist der Fall.

---

47 Vgl. Haider (1986:53) und Roberts (1993:57f.).

48 Nicht-faktive und konjunktivische CPs unterscheiden sich darin, daß der Komplementierer in konjunktivischen CPs immer obligatorisch ist:
It is *required* *(that) he shave before noon.
Dies ist die einzige Eigenschaft, die konjunktivische CPs mit faktiven CPs teilen.

49 Der Vollständigkeit halber sind die Merkmalmatrizes in (49) und (50) um das Modusmerkmal für den Indikativ, nämlich [–konj], zu ergänzen:
that$_{\text{ind-1}}$ [+def], [–Q], [+fin], [–konj]
that$_{\text{ind-2}}$ [–def], [–Q], [+fin], [–konj]

Wie auch nicht-faktive CPs lassen konjunktivische CPs eingebettete Inversion zu:[50] [51]

(60) a. She insisted that *under no circumstances* he bring out the trash on Mondays.
b. She suggested that *never again* he read these stupid poems to her.

Des weiteren ist *wh*-Extraktion aus konjunktivischen CPs zulässig. Dies gilt gleichermaßen für Argument- und Adjunktextraktion wie (61) und (62) zeigen:

(61) a. What$_i$ did she insist that he not forget t$_i$?
b. What$_i$ did she suggest that he read t$_i$?

(62) a. How$_i$ did she insist that he drive home t$_i$?
b. Why$_i$ did she suggest that he behave t$_i$?

CP-interne *wh*-Bewegung ist – wie auch in den nicht-faktiven CPs – unzulässig, da die regierenden Verben keine als [+Q] ausgewiesenen Argumente selegieren:

(63) a. *She insisted what$_i$ he not forget t$_i$?
b. *She suggested why$_i$ he read these stupid poems t$_i$?

Diese Phänomene beruhen auf der Interaktion *wh*-bewegter Elemente mit specCP, die qua Spezifikator-Kopf-Kongruenz als [–def] und [–Q] ausgewiesen ist. Die Struktur in (64) faßt die (Un)Möglichkeit der verschiedenen *wh*-Bewegungen zusammen:

50 Anders als in nicht-faktiven CPs ist interne Topikalisierung in konjunktivischen CPs nur marginal akzeptabel:
??She considered it imperative that Shakespeare's sonnets$_i$, Tom not read t$_i$ at night.

51 Es sei an dieser Stelle darauf hingewiesen, daß Sprecher des Britischen Englisch diese Sequenzen nur dann akzeptieren, wenn das Modalverb *should* erscheint:

She insisted that *under no circumstances* **should** he bring out the trash on Mondays.
She suggested that *never again* **should** he read these stupid poems to her.

(64)

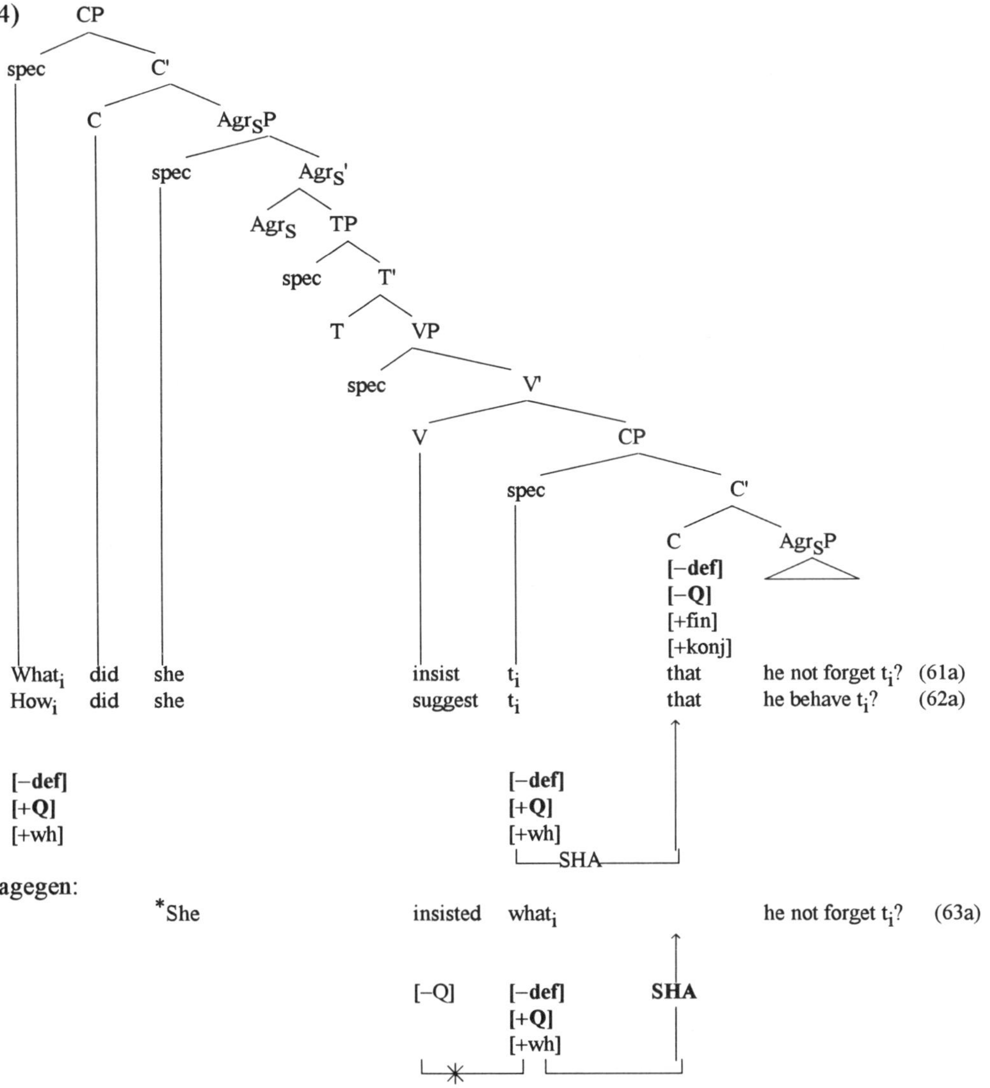

Wh-Extraktion aus konjunktivischen CPs wie in (61) und (62) ist gleichermaßen für Argumente und Adjunkte zulässig. Die *wh*-bewegten Elemente sind als [−def], [+Q] und [+wh] markiert und können aufgrund der Kompatibiltät von [+Q] mit [−def] den Spezifikator von CP als intermediäre Position einnehmen. Da die Verben, die konjunktivische CPs regieren, keine [+Q] Argumente selegieren, kann das *wh*-bewegte Element, das ja als [+Q] markiert ist, nicht in specCP verbleiben – daher die Ungrammatikalität in (63). Diese syntaktischen Eigenschaften sind aufgrund der in (59) angeführten Merkmalmatrix voraussagbar.

4 Resümee und Ausblick

In den vorangehenden Abschnitten ist auf der Grundlage der Selektion von *that*-initialen CPs durch regierende Köpfe, der (Un)Zulässigkeit CP-interner *wh*-Bewegung sowie der (Un)Zulässigkeit von *wh*-Extraktion aus *that*-initialen CPs dafür argumentiert worden, drei Komplementierer der Form *that* anzunehmen: zwei indikativische[52] und einen konjunktivischen.

Sowohl die Selegierbarkeit der drei Typen *that*-initialer CPs als auch die (Un)Möglichkeit von *wh*-Bewegung – sowohl CP-intern als auch aus CP hinaus – wurde auf der Grundlage von Merkmalspezifikationen erklärt. Während die Selegierbarkeit von *that*-initialen CPs sowohl auf morphosyntaktischen Merkmalen wie [±konj] als auch auf Operatorenmerkmalen wie [±Q] und [±def] beruht, sind Bewegungsprozesse ausschließlich auf die Operatorenmerkmale [±Q] und [±def] zurückzuführen.

In (65) bis (67) sind die Merkmalspezifikationen der drei Komplementierer aufgeführt.

(65) *that*$_{\text{ind-1}}$ [+def], [−Q], [+fin], [−konj] leitet indikativische, faktive CPs ein

(66) *that*$_{\text{ind-2}}$ [−def], [−Q], [+fin], [−konj] leitet indikativische, nicht-faktive CPs ein

(67) *that*$_{\text{konj}}$ [−def], [−Q], [+fin], [+konj] leitet konjunktivische CPs ein

Die drei Typen von *that* und somit die durch sie eingeleiteten CPs sind bezüglich des morphosyntaktischen Merkmals für Finitheit identisch spezifiziert, nämlich als [+fin]. Bezüglich des Modusmerkmals unterscheiden sie sich jedoch.

Eine identische Spezifikation der Komplementierer *that* liegt auch in bezug auf das Interrogativitätsmerkmal vor. Die den Elementen *that* und somit den drei CP-Typen gemeinsame [−Q]-Spezifikation sagt voraus, daß die CPs nicht als interne Argumente interrogativer Köpfe fungieren können.

Als grundlegend distinktiv hat sich das Merkmal für Definitheit erwiesen, auf dessen Grundlage die (Un)Möglichkeit der *wh*-Extraktion aus CP ableitbar ist. Während als [+def] markierte CPs Extraktionsinseln sind, kann aus den als [−def] markierten CPs frei *wh*-extrahiert werden.[53] *Wh*-Extraktion aus CP wurde als Extraktion von als [+Q] markierten Elementen beschrieben. [+Q]-markierte Elemente sind mit als [−def] markierten Positionen wie der Spezifikatorposition nicht-faktiver und konjunktivischer CPs kompatibel, nicht aber mit der als [+def] markierten Spezifikatorposition faktiver CPs.

Während nicht-faktive CPs mit konjunktivischen CPs alle syntaktischen Eigenschaften mit Ausnahme der Fakultativität des Komplementierers teilen, haben sie keinerlei gemeinsame Eigenschaften mit faktiven CPs .

---

52 Argumente für die Annahme von zwei Komplementierern *that* finden sich bereits in Melvold (1991).

53 Ähnliche Effekte sind bei der *wh*-Extraktion aus DPs beobachtbar. Während *wh*-Extraktion aus indefiniten DPs generell zu grammatischen Resultaten wie in (i) führt, führt *wh*-Extraktion aus definiten DPs wie in (ii) zur Ungrammatikalität (vgl. Abney 1987; Melvold 1991):

(i) [Which famous artist]$_i$ did you see a picture of t_i?
[Which famous artist]$_i$ did you see pictures of t_i?

(ii) *[Which famous artist]$_i$ did you see the picture of t_i?

Im Deutschen wird die Affinität zwischen nicht-faktiven CPs mit konjunktivischen CPs noch deutlicher. In beiden Typen von CP ist der Komplementierer fakultativ, und beide Typen von CP können als Verbzweit-CPs realisiert werden:[54]

(69) Ich glaube, Paul hat diese Socken nur gekauft, um mich zu ärgern.

(70) Sie sagte, Paul habe diese Socken nur gekauft, um sie zu ärgern.

Ausgehend von der hier vorgenommenen Analyse kann das Komplementierersystem im Englischen, das sich gemäß dem generativen Standard – zusätzlich zu den drei hier diskutierten Komplementierern *that* – aus den eingangs genannten Elementen *for*, *if* und *whether* zusammensetzt[55], systematischer beschrieben werden, als es bis dato der Fall ist. So kann beispielsweise der Komplementierer *if* auf der Grundlage der in dieser Arbeit als relevant erachteten Merkmale wie in (71) spezifiziert werden:

(71) if [–def], [+Q], [+fin]

CPs, die durch diesen interrogativen Komplementierer eingeleitet werden, sind stets finit. Die Interpretation dieser CPs ist eine interrogative und somit naturgemäß eine nicht-definite.

Die Merkmale, die hier isoliert wurden, sind nicht nur in bezug auf die Elemente *that* und *if* relevant, sondern sie können als kategoriale Eigenschaften von C gewertet werden – wie etwa im Falle der Verbzweitkonstruktionen im Deutschen, wo C durch Verbbewegung gefüllt wird.

Leere C-Köpfe, das heißt solche, die kein basisgeneriertes lexikalisches Material enthalten, wie etwa C in eingebetteten Verbzweitkontexten im Deutschen oder in eingebetteten Fragesätzen, Relativsätzen und Alternativmatrixfragen im Englischen, sind durch die hier aufgeführten Merkmale erfaßbar, und es können über diese Merkmale Voraussagen über das syntaktische Verhalten ihrer Projektionen gemacht werden.[56]

Literatur

Abney, Steven P. (1987): The English Noun Phrase in Its Sentential Aspects. – Cambridge, Mass.: MIT (unpublished diss.).

Authier, Jean-Marc (1992): "Iterated CPs and embedded topicalization". – In: Linguistic Inquiry 23, 329-36.

Baker, C. Leroy (1970): "Notes on the description of English questions: the role of an abstract question morpheme." – In: Foundations of Language 6, 197-219.

Bresnan, Joan (1970): "On complementizers: toward a syntactic theory of complement types." – In: Foundations of Language 6, 297-321.

– (1972): Theory of Complementation in English Syntax. – Cambridge, Mass.: MIT (unpublished diss.).

– (1973): "Syntax of the comparative clause constructions in English". – In: Linguistic Inquiry 4, 275-343.

Chomsky, Noam (1977): "On *wh*-movement". – In: P. Culicover, T. Wasow, A. Akamajian (eds.): Formal Syntax. (New York: Academic Press) 71-132.

---

54 Alternativ zu dem Postulat, [+fin] sei im Deutschen mal ein schwaches und mal ein starkes Merkmal, wäre zu überlegen, ob die (Nicht)Verfügbarkeit von Verbzweit in eingebetteten Kontexten nicht systematischer durch die Annahme, [–def] sei ein starkes Merkmal, zu erfassen ist.

55 In Haumann (1996) wird dafür argumentiert, daß das englische Komplementierersystem außer den drei Elementen *that* nur den interrogativen Komplementierer *if* enthält. Kayne (1990) folgend wird *whether* als ein in specCP basisgenerierter Interrogativoperator, das Element *for* als nicht-selegierbarer Kasuszuweiser in infiniten Argumenten beschrieben.

56 Vgl. Haumann (1996).

– (1981): Lectures on Government and Binding. – Dordrecht: Foris Publications.
– (1986): Barriers. – Cambridge, Mass.: The MIT Press.
– (1989a): "A generalization of X-bar-theory". – In: A. Borg, S. Somekh, P. Wexler (Hgg.): Studia Linguistica et Orientalia Memoriae Haim Blanc Dedicata (Wiesbaden: Otto Harrassowitz Verlag) 86-93.
– (1989b): Some Notes on the Economy of Derivation and Representation. – Cambridge, Mass.: The MIT-Press (MIT Working Papers in Linguistics 10) 43-74.
– (1991): "Some notes on the economy of derivation". – In: R. Freidin (ed.): Principles and Parameters in Comparative Grammar (Cambridge, Mass.: The MIT Press) 417-454.
– (1993): "A minimalist program for linguistic theory". – In: K. Hale, S. J. Keyser (eds.): The View from Building 20. Essays in Linguistics in Honor of Sylvain Bromberger (Cambridge, Mass.: The MIT Press) 1-52.
– (1994): Bare Phrase Structure. – Cambridge, Mass.: The MIT-Press (MIT Occasional Papers in Linguistics 5).
– (1995): "Bare Phrase Structure". – In: G. Webelhuth (ed.): Government and Binding Theory and the Minimalist Program (Oxford: Blackwell) 383-439.
Chomsky, Noam, Howard Lasnik (1993): "The theory of principles and parameters". – In: J. Jacobs, A. von Stechow, W. Sternefeld, T. Vennemann (Hgg.): Syntax. Ein internationales Handbuch zeitgenössischer Forschung (Berlin: Walter de Gruyter) 506-569.
Cinque, Guglielmo (1990): Types of A'-Dependencies – Cambridge, Mass: The MIT-Press.
Dubinsky, Stanley, Kemp Williams (1995): "Recategorization of prepositions as complementizers: The case of temporal prepositions in English". – In: Linguistic Inquiry 26, 125-37.
Fukui, Naoki, Margaret Speas (1986): "Specifiers and Projection". – Cambridge, Mass.: The MIT-Press (MIT Working Papers in Linguistics 8) 128-172.
Grimshaw, Jane (1977): English *Wh*-Constructions and the Theory of Grammar. – Amherst: UMass (unpublished diss.).
– (1979): "Complement selection and the lexicon". – In: Linguistic Inquiry 10, 279-326.
– (1994): Projection, Heads, and Optimality. – New Brunswick: Rutgers University (unpublished manuscript).
Haeberli, Eric, Liliane Haegeman (1995): "Clause structure in Old English: Evidence from negative concord". – In: Journal of Linguistics 31, 81-108.
Haider, Hubert (1986): "V-second in German". – In: H. Haider, M. Prinzhorn (eds.): Verb Second Phenomena in Germanic Languages. (Dordrecht: Foris) 49-76.
Haumann, Dagmar (1996): The Syntax of Subordination. – Wuppertal: BUGH (unpublished diss.).
Higginbotham, James (1985): "On semantics". – In: Linguistic Inquiry 16, 547-593.
Hooper, Joan B. (1976): "On assertive predicates". – In: J. Kimball (ed.): Syntax and Semantics 4, 91-124.
Iatridou, Sabine, David Embick (1994): "Conditional inversion". – In: Proceedings of the North East Linguistic Society 24, 189-203.
Kayne, Richard (1990): Romance Clitics, Verb Movement, and PRO. – New York: CUNY (unpublished manuscript).
Kiparsky, Paul, Carol Kiparsky (1971): "Fact". – In: D. Steinberg, L. Jacobovits (eds.): Semantics: An Interdisciplinary Reader in Philosophy, Linguistics and Psychology. (Cambridge: Cambridge University Press) 345-69.
Lakoff, Robin (1968): Abstract Syntax and Latin Complementation – Cambridge, Mass: The MIT Press.
May, Robert (1985): Logical Form. Its Strutcure and Derivation. – Cambridge, Mass: The MIT Press.
Melvold, Janis (1991): "Factivity and definiteness". – Cambridge, Mass.: The MIT-Press (MIT Working Papers in Linguistics 15) 97-117.
Müller, Gereon, Wolfgang Sternefeld (1993): "Improper movement and unambiguous binding". – In: Linguistic Inquiry 24, 461-507.
Napoli, Donna J. (1993): Syntax. Theory and Problems. – Oxford: University Press.
Pollock, Jean-Yves (1989): "Verb movement, UG and the structure of IP". – In: Linguistic Inquiry 20, 365-424.
Radford, Andrew (1988): Transformational Grammar. – Cambridge: Cambridge University Press.
Ransom, Evelyn (1986): Complementation. – Amsterdam: Benjamins.

– (1988): "The grammaticalization of complementizers". – In: Proceedings of the 14th Annual meeting of the Berkeley Linguistic Society 14, 364-74.

Rizzi, Luigi (1990): Relativized Minimality. – Cambridge, Mass: The MIT Press.

– (1991): Residual Verb Second and the *Wh*-Criterion. Technical Report in Formal and Computational Linguistics, 2. Université de Genève.

Roberts, Ian (1993): Verbs and Diachronic Syntax. A Comparative History of English and French. – Dordrecht: Kluwer.

Rosenbaum, Peter (1967): The Grammar of English Predicate Complement Constructions. – Cambridge, Mass.: The MIT Press.

Stowell, Timothy (1981): Origins of Phrase Structure. – Cambridge, Mass.: MIT (unpublished diss.)

Van Gelderen, Elly (1993): The Rise of Functional Catgeories. – Amsterdam: Benjamins.

Watanabe, Akira (1992): "Larsonian CP recursion, factive complements and selection". – In: Proceedings of the North East Linguistic Society 23, 523-37.

Wilder, Chris, Damir Cavar (1994): "X^0-Bewegung und Ökonomie". In: B. Haftka (Hg.): Was determiniert Wortstellungsvariation? Studien zu einem Interaktionsfeld von Grammatik, Pragmatik und Sprachtypologie. (Opladen: Westdeutscher Verlag) 11-32.

Autorenverzeichnis

Stefanie Eschenlohr
TU Berlin
Institut für Linguistik
Sekretariat TEL 16-01
Ernst-Reuter-Platz 7
D-10587 Berlin

Peter Gallmann
Universität Zürich
Deutsches Seminar
Rämistr. 74
CH-8001 Zürich

Dagmar Haumann
Bergische Universität – Gesamthochschule Wuppertal
Fachbereich 4
Sprach- und Literaturwissenschaften
Anglistik/Amerikanistik
Gaußstr. 20
D-42097 Wuppertal

Elisabeth Löbel
Universität zu Köln
Institut für Sprachwissenschaft
Meister-Ekkehart-Str. 7
D-50923 Köln

Susan Olsen
Universität Leipzig
Institut für Anglistik
Augustusplatz 9
D-04109 Leipzig

Gisa Rauh
Bergische Universität – Gesamthochschule Wuppertal
Fachbereich 4
Sprach- und Literaturwissenschaften
Anglistik/Amerikanistik
Gaußstr. 20
D-42097 Wuppertal

Renate Steinitz
Zentrum für Allgemeine Sprachwissenschaft
Typologie- und Universalienforschung
Jägerstr. 10/11
D-10117 Berlin

Universitätsbibliothek * Salzburg *